Peter Tompkins wurde 1919 in Athens, Georgia, geboren. Er wuchs in Europa auf und studierte an verschiedenen Universitäten, bevor er sich in den USA als Wissenschaftspublizist (vorwiegend naturwissenschaftliche und archäologische Themen) einen Namen machte. So legte er mit »Die Wiege der Sonne« als Gegenstück zu »Cheops« auch ein Sachbuch über Mittelamerikas Großreiche vor. Seine sorgfältig recherchierten Bücher zeichnen sich durch eine anschauliche Darstellungsweise wie auch durch Informationsreichtum und Übersichtlichkeit aus.

April 1979
Vollständige Taschenbuchausgabe
Droemersche Verlagsanstalt Th. Knaur Nachf.
München/Zürich
Lizenzausgabe mit freundlicher Genehmigung des Scherz Verlages
Bern und München
Titel der Originalausgabe »Secrets of the Great Pyramid«
Copyright © 1973 by Peter Tompkins
Gesamtdeutsche Rechte beim Scherz Verlag, Bern und München
Übertragung aus dem Amerikanischen von Peter Drube
Bildquellen Originalausgabe – Günter R. Reitz, Hannover –
Andrzej Dziewanowsky, Warschau – M. Lavrillier, Paris
Umschlaggestaltung Atelier Blaumeiser
Satz Appl, Wemding
Druck und Bindung Ebner Ulm
Printed in Germany
ISBN 3-426-03591-X

Peter Tompkins:
Cheops

Die Geheimnisse der Großen Pyramide –
Zentrum allen Wissens der alten Ägypter

Mit 229 zum Teil farbigen Abbildungen

Droemer Knaur

Inhalt

Einleitung 7

Wie man die Pyramide im Altertum sah 11
Erforschung während des Mittelalters 17
Neue Wege der Forschung während der Renaissance 33
Die Pyramide im Zeitalter der Aufklärung 43
Erforschung mit Meißel und Schießpulver 58
Erste wissenschaftlich begründete Theorien 72
Erste Bestätigung wissenschaftlicher Theorien 81
Erste Widerlegung wissenschaftlicher Theorien 102
Wissenschaftliche Vertiefung der Theorien 113
Die Pyramide – ein Theodolit für Landmesser 123
Ein archaischer Kalender in Stein 127
Die sinnreichste Sternwarte der Welt 147
Astronomische Tempel Ägyptens 163
Ein geodätisches und geographisches Wahrzeichen 177
Der Goldene Schnitt 191
Der hohe Stand altägyptischer Geodäsie 196
Altes Wissen gerät in Vergessenheit 212
Wer war der Baumeister der Pyramide? 215
Warum wurden die Gänge in der Pyramide verriegelt? 238
Die Pyramide als Tempel geheimer Einweihung 253
Weitere geheime Gänge und Kammern 265
Die Pyramide im Dienste der Astrologie 278
Chronologie der ägyptischen Geschichte 286
Personen- und Sachregister 290

Die Numerierung im Text entspricht der Numerierung der Illustrationen.

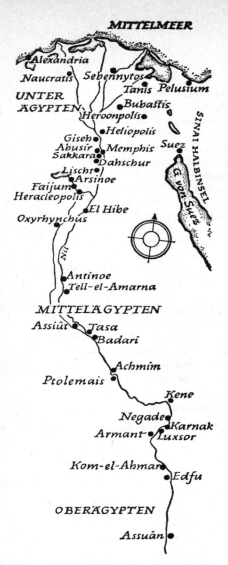

Das alte Ägypten der Pharaonen: Alle historischen Stätten liegen direkt am Nil oder nur wenige Kilometer von dieser Lebensader entfernt.

Einleitung

Ist die Große Pyramide die in Stein ausgedrückte Verkörperung eines uns verlorengegangenen Wissens? Wurde das letzte der heute noch erhaltenen Sieben Weltwunder, das man häufig als das erhabenste Denkmal der Geschichte bezeichnet, von geheimnisvollen Baumeistern entworfen, die mehr von den Rätseln unseres Weltalls wußten als die Geschlechter, die ihnen folgten?

Seit Jahrhunderten schon ist eine Erörterung über diese Frage im Gange, und sie wird von hervorragenden Gelehrten und Forschern ebensooft leidenschaftlich verneint wie bejaht. Obgleich allgemeine Übereinstimmung darüber besteht, daß die Große Pyramide wenigstens 4000 Jahre alt ist, kann doch niemand mit Gewißheit sagen, von wem oder warum sie erbaut wurde.

Bis vor kurzem gab es keinen schlüssigen Beweis dafür, daß die Bewohner Ägytens bereits vor 5000 Jahren zu den exakten astronomischen und mathematischen Berechnungen fähig waren, die sie benötigten, um den Ort und die genaue Ausrichtung für diese Pyramide zu ermitteln und sie an dem festgelegten Platz in der von uns bewunderten Weise zu errichten.

Es wurde dem Zufall zugeschrieben, daß die Fundamente der Pyramide mit einer nur winzigen Abweichung exakt nach den vier Himmelsrichtungen orientiert sind; daß bestimmte Größenverhältnisse in ihrem Aufbau wiederholt und in unmißverständlicher Weise den Wert für π wiedergeben (das heißt für jene konstante Größe, mit der der Durchmesser eines Kreises zu multiplizieren ist, um den Kreisumfang zu ermitteln), und das mit einer Genauigkeit bis auf mehrere Dezimalstellen; daß ihre Hauptkammer in den Ausmessungen den »heiligen« Dreiecken mit den Seitenlängen $3:4:5$ und $2:\sqrt{5}:3$ ($a^2 + b^2 = c^2$) entspricht, jenen Dreiecken also, die Pythagoras berühmt machen sollten und die nach Platos *Timaios* als Bausteine des Kosmos zu gelten haben. Man hielt es ferner für zufällig, daß die Winkel und Seitenflächen der Pyramide ein hochentwickeltes Verständnis für trigonometrische Werte bezeugen und daß ihre äußere Gestalt aufs genaueste den grundlegenden Größenverhältnissen des Goldenen Schnitts entspricht, die sowohl von den Meistern des Cinquecento als auch von den bedeutendsten modernen Architekten als ideale Maße betrachtet werden.

Nach der Ansicht moderner Gelehrter wurde in Ägypten die grob berechnete Größe π frühestens gegen 1700 v. Chr. angewandt – wenigstens ein Jahrtausend nach dem Bau der Pyramide. Der Lehrsatz des Pythagoras entstand danach im 5. Jahrhundert v. Chr., und die Entwicklung der Trigonometrie wird Hipparchos zugeschrieben, der im 2. Jahrhundert v. Chr. lebte. Das meinen jedenfalls die Ägyptologen, und das vertreten sie in ihren Veröffentlichungen.

Nun hat sich ergeben, daß der ganze Fragenkomplex neu überdacht werden muß.

Moderne Untersuchungen über die alten ägyptischen Hieroglyphen und die in Keilschrift überlieferten mathematischen Tafeln der Babylonier und Sumerer haben erwiesen, daß es im Mittleren Osten tatsächlich mindestens 3000 Jahre v. Chr. schon eine hochstehende und blühende exakte Wissenschaft gab und daß Pythagoras, Eratosthenes, Hipparchos und andere Griechen, die als Begründer der Mathematik auf unserem Planeten gelten, nur die Bruchstücke einer uralten Wissenschaft aufgriffen, die von unbekannten Vorgängern in fernen Ländern entwickelt worden war.

Wie die meisten der großen Tempel des Altertums wurde auch die Große Pyramide auf der Grundlage einer hermetischen Geometrie entworfen, die nur einem kleinen Kreis von Eingeweihten bekannt war. Nur Reste dieses Wissens sind der klassischen Antike und dem Hellenismus übermittelt worden.

Solche und auch andere Entdeckungen unserer Zeit lassen die gesamte Geschichte der Großen Pyramide in einem neuen Licht erscheinen. Die Ergebnisse dieser vertieften Einsichten sind umwälzend. Die allgemein verbreitete, autoritativ vertretene Annahme, daß diese Pyramide nur ein Grabdenkmal zur bleibenden Verherrlichung irgendeines ruhmsüchtigen Pharaos sei, hat sich als falsch erwiesen.

Ein ganzes Jahrtausend hindurch haben sich Männer der verschiedensten Berufe und Stände abgemüht, den wahren Sinn der Pyramide zu ergründen. Ein jeder von ihnen hat eine neue, an sich zutreffende Seite an diesem Bauwerk entdeckt. Wie das bei Stonehenge und anderen megalithischen, der Zeitrechnung dienenden Denkmälern der Fall war, ist für die Große Pyramide nachgewiesen worden, daß sie eine Art Kalender war, mit dessen Hilfe die Länge des Jahres einschließlich des schwer zu ermittelnden Tagesbruchteils von 0,2422 gemessen werden konnte, und zwar mit der gleichen Genauigkeit, wie sie uns ein modernes Teleskop ermöglicht. Man hat herausgefunden, daß sie als Theodolit diente, als ein praktisch unzerstörbares Instrument zur Landvermessung, das sich durch große Präzision und Einfachheit auszeichnete. Sie ist außerdem ein so fein eingestellter Kompaß, daß moderne Kompasse nach ihr berichtigt werden.

Die Pyramiden von Giseh: (v. r. n. l.) die Cheops-Pyramide (147 m), die Chephren-Pyramide (143 m) und die Pyramide des Mykerinos (66,40 m).

Ferner ist nachgewiesen worden, daß die Große Pyramide ein sorgfältig gewählter geodätischer Punkt ist, eine ein für allemal festgelegte Markierung, von der aus in großartiger Weise die Geographie der Alten Welt aufgebaut wurde. Wir wissen heute auch, daß diese Pyramide ein Observatorium war, das die Herstellung von genauen Sterntabellen und Karten für den Nordhimmel ermöglichte, und daß die sorgfältig getroffene Anlage ihrer Seiten und Winkel die Voraussetzung für eine hochentwickelte Kartenprojektion zur Darstellung der nördlichen Hemisphäre schuf. Sie ist in der Tat ein maßstabgetreues Modell dieser Hemisphäre mit einer korrekten Angabe der geographischen Breiten- und Längengrade.

Es ist zudem durchaus möglich, daß die Pyramide ein altes und vielleicht auch universales System von Maßen und Gewichten enthält, das als ein Modell für das bisher vernünftigste Verfahren von Zeit- und Längenmessung gelten kann. Dieses Modell beruht auf der scheinbaren Drehung des Himmels um die verlängerte Erdachse und stellt ein System dar, das vor einem Jahrhundert bei uns zum erstenmal von dem englischen Astronomen Sir John Herschel gefordert wurde und dessen Exaktheit sich durch die Messung der Umlaufbahnen von Satelliten erwies.

Wer auch immer die Große Pyramide erbauen ließ, es ist nunmehr sicher, daß er den genauen Umfang unseres Planeten und bis auf mehrere Dezimalstellen die Länge des Jahres kannte – Zahlenwerte, die erst im 17. Jahrhundert aufs neue entdeckt wurden. Es ist sehr wahrscheinlich, daß ihre Baumeister über die mittlere Länge der Erdbahn Bescheid wußten, daß sie vertraut waren mit der spezifischen Dichte unseres Planeten, mit dem 26000-Jahre-Zyklus der sogenannten Präzession der Äquinoktien, der Fallbeschleunigung und der Lichtgeschwindigkeit.

Aber es bedurfte der Technik eines Sherlock Holmes, um in alldem, was man den Erbauern der Großen Pyramide zuschrieb, das Gesicherte vom Phantastischen zu unterscheiden. Dazu erfolgten die an der Pyramide gemachten Entdeckungen auf recht ungewöhnliche Weise, wobei selbst die Radiographie vermittels kosmischer Strahlen eine Rolle spielte.

Wie man die Pyramide im Altertum sah

Ungefähr 16 Kilometer westlich von Kairo erhebt sich ein Felsplateau, zu dem eine Allee aus Akazien, Tamarinden und Eukalyptusbäumen führt. Es mißt etwa 1600 Meter im Quadrat und beherrscht die üppigen Palmenwälder des Niltales, auf die man aus einer Höhe von etwa 45 Metern herabblickt. Auf dieser künstlich geeebneten Fläche, welche die Araber Giza nennen und die im Deutschen meist als Giseh bezeichnet wird, steht die Große Pyramide des Cheops. Gegen Westen erstrecken sich die unendlichen Weiten der Libyschen Wüste.

Die Pyramide bedeckt eine Fläche von rund fünf Hektar, was etwa der Ausdehnung von sieben Häuserblocks im Zentrum von New York entspricht. Auf dieser Basis, die bis auf Zentimeter genau waagrecht geebnet worden ist, türmen sich an die zweieinhalb Millionen Kalkstein- und Granitblöcke, von denen jeder zwei bis siebzig Tonnen wiegt, zu einem imposanten Gebilde, das in 201 stufenförmigen Schichten die Höhe eines modernen vierzigstöckigen Gebäudes erreicht. In seinen Umrissen scharf abgehoben gegen den wolkenlosen blauen Himmel Ägyptens, ist es weithin sichtbar.

Für das feste Mauerwerk der Pyramide wurden mehr Steinblöcke benötigt als für sämtliche Dome, Kirchen und Kapellen, die jemals in England gebaut worden sind. Als eine technische Leistung der Baukunst steht sie bis zur Errichtung des Boulder-Dammes in den USA unerreicht da. Moderne Ingenieure staunen immer wieder über die ungeheuren Probleme, die beim Bau der Pyramide aufgetreten sein müssen, und über die nur bei Feinmechanikern übliche Präzision, mit der diese Probleme gelöst wurden. In ihrer ursprünglichen Form, als die Außenverkleidung aus poliertem Kalkstein noch vollständig erhalten war, muß die Pyramide ein phantastischer und wahrhaft blendender Anblick gewesen sein. Denn im Unterschied zum Marmor, der der Erosion durch Zeit und Wetter unterliegt, wird der Kalkstein mit der Zeit immer glänzender und härter.

In der Nähe der Cheopspyramide erheben sich zwei weitere Pyramiden, von denen die eine, etwas kleiner als die des Cheops, dessen Nachfolger Chephren zugeschrieben wird, während die dritte, noch kleinere, von Chephrens Nachfolger Mykerinos erbaut worden sein soll. Zusammen mit sechs sehr viel kleineren Pyramiden, die vermutlich für die Frauen und Töchter des Cheops erbaut wurden, bilden sie den sogenannten Giseh-Komplex. Ungefähr hundert weitere pyramidenartige Bauwerke von unterschiedlicher Größe, alle mehr oder weniger verfallen, reihen sich längs des westlichen Nilufers flußaufwärts, zumeist im Abstand von

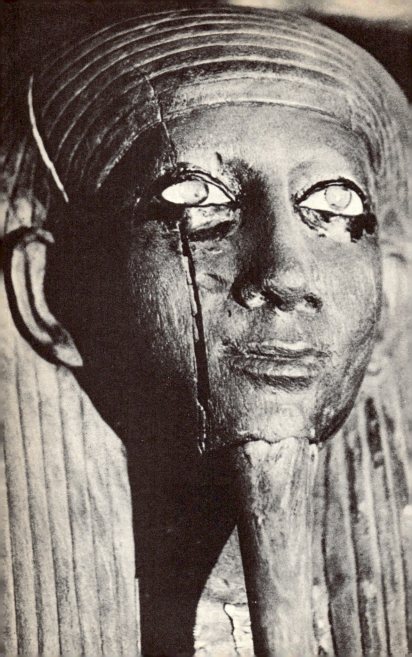

einem Breitengrad oder etwa 110 Kilometern. Aber im Mittelpunkt unserer Darstellung steht die Große Pyramide, die in ihrer Monumentalität und ihren Größenverhältnissen unerreicht ist.

Welchen Anblick die Große Pyramide bei ihrer Vollendung oder auch während der ersten zwei Jahrtausende ihres Bestehens bot, ist uns nicht überliefert. In den auf uns gekommenen ägyptischen Texten findet sich keine Beschreibung von ihr. In Legenden wird sie als vielfarbig, mit Figuren und Inschriften geschmückt geschildert. Der arabische Historiker Abd al-Latif, der im 13. Jahrhundert lebte, berichtet, daß die Pyramide einst mit nicht deutbaren Schriftzeichen bedeckt war, und zwar in einer solchen Vielzahl, daß sie zehntausend Seiten gefüllt hätten. Seine Kollegen nahmen an, daß es sich dabei um *Graffiti*, also eingekratzte Inschriften und Initialen handelte, die ungezählte Scharen von Touristen aus alter Zeit hinterließen.

Es gibt leider nur sehr wenige Augenzeugenberichte aus der griechischen Antike. Thales, der Vater der griechischen Geometrie, der die Pyramide irgendwann im 6. vorchristlichen Jahrhundert besuchte, soll ihre ägyptischen Wächter durch die Art in Erstaunen gesetz haben, wie er die Höhe des Bauwerks einwandfrei bestimmte. Er maß einfach ihren Schatten zu einer Zeit, als die Länge seines Schattens genau seiner Körpergröße entsprach. Leider hinterließ er uns keine eingehende Beschreibung der Pyramide.

Die Werke anderer klassischer Autoren, die, wie wir wissen, über die Pyramide berichtet haben, sind leider nur in Bruchstücken erhalten. Das gilt für Euhemeros, Duris von Samos, Aristagoras, Antisthenes, Demetrius von Phaleron, Demoteles, Artemidoros von Ephesos, Dionysios von Halikarnaß, Alexander Polyhistor, Butorides und Apion.

Herodot, der die Pyramide ungefähr 440 v. Chr. besuchte, zu einer Zeit also, als ihre Entstehung für ihn so weit zurücklag wie die griechische Antike für uns, berichtet, daß jede ihrer vier Seitenflächen noch vollständig mit einem Mantel aus sorgfältig polierten Kalksteinplatten bekleidet war (I), deren Fugen so dicht waren, daß man sie kaum sehen konnte. In seinen *Historien*, die uns den ersten umfassenden Bericht über Ägypten geben, behandelt er auch andere Aspekte der Pyramide. Aber nicht alles, was er uns berichtet, darf wörtlich genommen werden.

Diodorus Siculus, der griechische Historiker, der kurz nach Christi Geburt lebte, berichtet von den Seiten der Großen Pyramide, die eine Gesamtfläche von ungefähr neun Hektar ausmachten, daß ihre polierten Deckplatten »vollständig vorhanden und in einem makellosen Zustand«

König Hor, gefunden in Dahschur (13. Dynastie).

Abb. 1 Pyramide mit poliertem Kalksteinmantel (Rek.).

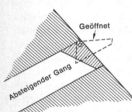

Abb. 2 Ursprünglicher Verschluß des Eingangs zur Großen Pyramide.

waren. Plinius d. Ä., der römische Naturforscher, schildert uns, wie Eingeborene sich einen Spaß daraus machten, zum Vergnügen der römischen Touristen an den polierten Seitenflächen der Pyramide emporzuklettern.

Ein Mann, der uns vermutlich über die Pyramiden eine Menge hätte sagen können, und zwar in den siebzehn Büchern seiner *Geographika*, war der Grieche Strabo aus Kleinasien. Er unternahm im Jahre 24 v. Chr. eine Reise nilaufwärts, aber sein Bericht darüber ist verlorengegangen.

In dem uns erhaltenen Anhang zu dieser Schrift findet sich nicht viel mehr als die Beschreibung eines Eingangs auf der Nordseite der Großen Pyramide. Dieser bestand aus einer schwenkbaren Steinplatte, die aufgeklappt werden konnte, sich aber so genau in das Mauerwerk einfügte, daß man sie von außen nicht erkennen konnte.

Strabo berichtet, daß diese kleine Öffnung den Zugang zu einem sehr engen und niedrigen Stollen freigab (2, 2a). Dieser führte in einer Länge von rund 115 Metern zu einer feuchten, von Ungeziefer wimmelnden Grube, die in einer Tiefe von nicht ganz fünfzig Metern unter der Grundfläche der Pyramide aus dem gewachsenen Fels ausgehauen war. Daß diese Grube zur Zeit der Römer besucht wurde, läßt sich aus den Schriftzeichen schließen, die vermutlich von griechischen und römischen Touristen mit rauchenden Fackeln an die roh behauene Decke geschrieben worden sind.

Irgendwann während der ersten nachchristlichen Jahrhunderte ging das Wissen von der genauen Lage dieser Tür verloren. In jener Zeit schwand ja so vieles aus dem Bewußtsein, was man in der Antike erforscht hatte; vor allem das Tatsachenwissen verfiel einer wachsenden Geringschätzung. Den christlich bekehrten Ägyptern wurde der Zugang zu den alten Tempeln verboten, die entweder von der Kirche zu ihrem eigenen Gebrauch umgewandelt oder gar dem Erdboden gleichgemacht wurden. Tausende von Statuen und Inschriften fielen der Zerstörung anheim. Die Hieroglyphen wurden für nichtssagende Zeichen gehalten, und das blieb so während der nächsten 1500 Jahre.

Die große Bibliothek von Alexandria, die zur Zeit Cäsars in Flammen aufging, um von M. Antonius wieder aufgebaut zu werden, wurde auf Befehl des Kaisers Theodosius 389 n. Chr. von einem christlichen Mob zerstört. Alles Antike galt damals als heidnisch und somit als sündhaft. Wer sich für Mathematik und Astronomie interessierte, wurde wegen seines Forschungsdranges und seiner Wißbegier verfolgt und sogar hingerichtet. Selbst Frauen schonte man nicht, wie das Schicksal der Hypatia zeigt, einer schönen Frau, die von einer aufgehetzten Menge in eine Kirche gezerrt wurde, wo man ihr die Kleider vom Leibe riß und mit Austernschalen so lange die Haut abschabte, bis sie verstarb. Diese Aufwiegelung war das Werk von Mönchen, die der geistlichen Autorität von St. Kyrill, damals Bischof von Alexandria, unterstanden. Hypatias Verbrechen bestand darin, daß sie als Tochter des berühmten alexandrini-

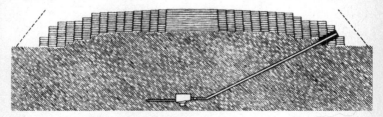

Abb. 2a   Ein niedriger Stollen führt 50 Meter unter die Pyramidenbasis.

schen Mathematikers Theon dessen Werke herausgab, Mathematik lehrte und überhaupt ein hervorragender philosophischer Kopf war, dazu hochgeachtet wegen ihrer Schönheit, Keuschheit und Gelehrsamkeit. Solange sich eine solche Einstellung während des frühen Mittelalters behaupten konnte, wurde nur wenig Notiz von der Großen Pyramide des Cheops genommen.

Erforschung während des Mittelalters

Es blieb den Arabern vorbehalten, eine Renaissance wissenschaftlichen Forschens und damit auch des Interesses an der rätselhaften Großen Pyramide einzuleiten. Als sich die Anhänger Mohammeds im Sturm der Herrschaft über den Nahen Osten bemächtigt hatten und im Jahre 640 n. Chr. auch Alexandria einnahmen, fanden sie dort keine Bibliothek von nennenswerter Bedeutung vor. Aber es war doch eine Stadt mit viertausend Palästen, viertausend öffentlichen Bädern und vierhundert Theatern. Die Araber waren so sehr vom Reichtum der Stadt und der Größe der christlichen Flotte beeindruckt, daß sie beschlossen, es hierin den Christen gleichzutun.

Die Begeisterung der Mohammedaner für die Seefahrt weckte ihr Interesse an der Geographie; und die Navigation machte wiederum Vertrautheit mit Astronomie und Mathematik erforderlich. Das Bemühen um solches Wissen sollte die Aufmerksamkeit der arabischen Gelehrten auf die Geheimnisse der Großen Pyramide lenken. In ihrem Wissensdurst machten sie sich daran, alles ihnen greifbare altgriechische oder im Sanskrit aufgezeichnete Schrifttum ins Arabische zu übersetzen. Und so suchten sie in den Klöstern nach seltenen Abschriften aus den Werken Euklids, Galens, Platos, Aristoteles' und auch altindischer Gelehrter. Während ringsherum Unwissenheit Trumpf war, wurden so die Kalifen von Bagdad, die das religiöse Erbe Mohammeds verwalteten, bald zu den aufgeklärtesten und mächtigsten Herrschern der damaligen Welt. Unter dem Kalifen Harun al Raschid, dessen großartiges Wirken in *Tausendundeiner Nacht* verherrlicht wird, bezahlte man die Übersetzer in Gold, und zwar berechnete man den Lohn nach dem Gewicht des übersetzten Manuskripts.

Haruns Sohn Abdullah al-Ma'mun, der 813 auf den Thron kam, gründete Universitäten, förderte Literatur und Wissenschaften und machte Bagdad, das auch Dar al-Salam, »Stadt des Friedens«, genannt wurde, zu einer Stätte gelehrten Wissens und Forschens mit einer eigenen Bibliothek und einer Sternwarte.

Der junge al-Ma'mun, nach Gibbon »ein Fürst von seltener Geistesbildung, der imstande war, sich mit Gewinn und Bescheidenheit an den Versammlungen und Erörterungen der Gelehrten zu beteiligen«, veranlaßte eine arabische Übersetzung von Ptolemäus' bedeutender astronomischer Abhandlung *Almagest*. Dieses Werk, das ursprünglich den Titel *Großes astronomisches System* führte, enthält eine Fülle astronomischer und geographischer Tatsachen, dazu das älteste uns erhaltene Register der Sterne – all das Wissen, das dem Westen jahrhundertelang

entschwunden war, sich für die Araber aber beim Aufbau ihres wachsenden Reiches als sehr wertvoll erwies.

Al-Ma'mun, der verkünden ließ, daß ihm Aristoteles im Traum erschienen sei, beauftragte siebzig Gelehrte, ein »Abbild der Erde« und die »erste Sternkarte in der Welt des Islam« herzustellen. Obgleich diese Karten später verlorengingen, wurden sie noch in der ersten Hälfte des 10. Jahrhunderts von dem arabischen Historiker al-Masudi benutzt. Um die Feststellung des Ptolemäus zu überprüfen, daß der Umfang der Erde 18000 Meilen betrage, befahl al-Ma'mun seinen Astronomen, die tatsächliche Länge eines Breitengrades zu ermitteln, und zwar wählte man dafür die Ebene von Palmyra nördlich des Euphrats. Von einem festgelegten Punkt aus bewegten sich die Beobachter nach Norden und Süden, bis sie mit Hilfe astronomischer Beobachtungen feststellten, daß sich die Breite um einen Grad geändert hatte. Mit hölzernen Stäben maßen sie die festgelegte Strecke aus und kamen dabei zum Ergebnis, daß ein Breitengrad $56^{2/3}$ arabischen Meilen oder rund 103,7 Kilometern entsprach. Diese Berechnung kam der Wahrheit näher als die Angaben des Ptolemäus, aber die Araber waren dennoch nicht in der Lage, den Erdumfang exakt zu berechnen. Noch niemand hatte bisher den ganzen Erdteil umschifft, und außerdem vertraten die meisten Gelehrten noch die Ansicht, daß die Erde eine flache Scheibe sei.

Al-Ma'mun, der über einen geradezu modern anmutenden Nachrichtendienst unter der Leitung seines Postministers verfügte – allein in Bagdad standen 1700 ältere Frauen in dessen Dienst –, erfuhr, daß die Große Pyramide eine geheime Kammer mit Karten und Tabellen des Himmels und der Erde enthalte. Obgleich diese Himmels- und Landkarten aus grauer Vorzeit stammten, seien sie doch von großer Genauigkeit. Es wurde auch berichtet, daß sich in dieser Kammer ungeheure Schätze und seltsame Gegenstände befänden, wie zum Beispiel »Waffen, die nicht rosten«, und »Glas, das sich biegen läßt, ohne zu zerbrechen«.

Arabische Historiker, unter ihnen einer mit dem imposanten Namen Abu Abd Allah Mohammed ben Abdurakin Alkaisi, haben uns darüber berichtet, wie al-Ma'mun versuchte, in das Innere der Pyramide zu gelangen. Im Jahre 820 bildete der junge Kalif eine Arbeitsgruppe aus Ingenieuren, Baumeistern, Handwerkern und Maurern, die einen Zugang zur Pyramide ausfindig machen sollten. Tagelang suchten sie die polierte Fläche der Nordseite nach dem geheimen Eingang ab, ohne eine Spur von ihm zu entdecken.

Al-Ma'mun, der sich nicht geschlagen geben wollte, soll laut den uns

Abb. 5 Der Eingang zur Großen Pyramide.

erhaltenen Berichten beschlossen haben, einen Stollen geradewegs in die feste Steinmasse des Baues vorzutreiben, in der Hoffnung, daß dieser dann im Innern irgendwann auf einen der Gänge stoßen würde. Da es nicht gelang, mit Hammer und Meißel die gewaltigen Kalksteinblöcke zu durchbrechen, wie oft auch die Werkzeuge von bereitstehenden Schmieden neu geschärft wurden, wandte man ein primitiveres, aber wirksames Verfahren an. Dicht vor den Steinblöcken wurden Feuer angezündet, und sobald die Blöcke glühend heiß waren, goß man kalten Essig darüber, bis sie barsten. Mit Rammböcken wurden dann die gespaltenen Blöcke entfernt.

Al-Ma'muns Männer drangen über dreißig Meter tief in den festen Kern der Pyramide vor, indem sie einen engen Gang ausschachteten. Das Unternehmen war sehr beschwerlich, vor allem wurde es immer heißer und stickiger in diesem Gang (3), da die zur Beleuchtung angezündeten Kerzen und Fackeln viel Sauerstoff verbrauchten und die Luft vergifteten.

Schon war der Kalif im Begriff, das ganze Unternehmen abzubrechen, als einer der Arbeiter einen dumpfen Laut hörte, der offensichtlich vom Fall eines schweren Steins ganz in der Nähe, links von ihrem Stollen, herrührte. Man ging mit neuen Kräften ans Werk, und indem man sich nun weiter nach links hielt, stieß man auf einen Gang, der »sehr finster und unheimlich wirkte und in dem man nur sehr schwer vorwärts kam«. Dieser Gang maß etwa 110 Zentimeter in der Breite, 120 in der Höhe und hatte die steile Neigung von 26° (4). Auf dem Boden lag ein großer prismenförmiger Steinblock, der sich aus der Decke des Ganges gelöst hatte.

Indem sie diesen nach Norden führenden Gang hinaufkrochen, entdeckten die Araber nach etwa 25 Metern den ursprünglichen geheimen Eingang zur Pyramide (5). Er lag 15,25 Meter über der Basis, daß heißt zehn Steinschichten höher, als al-Ma'mun vermutet hatte, und 7,30 Meter östlich von der Hauptachse der nördlichen Seitenfläche.

Nachdem sie diesen geheimen Eingang entdeckt hatten, kehrte al-Ma'mun mit seinen Männern wieder um. Wiederum mußten sie sich mühsam den niedrigen, sehr schlüpfrigen und steilen Gang herabtasten, der in den gewachsenen Fels des Plateaus gehauen war. Als sie am unteren Ende ankamen, waren sie sehr enttäuscht. Sie fanden dort lediglich eine unvollendete, grob ausgehauene unterirdische Kammer und nichts als Schutt und Staub darin. Von der Südwand der Kammer ging ein noch engerer, waagerechter Stollen aus, der nach 15,5 Metern blind endete. Im nicht geebneten Fußboden entdeckte man die Öffnung eines Schachtes, der 9,30 Meter tief war und zu keinem anderen Raum führte.

Abb. 3 Al Ma'muns Stollen.

Aus den Spuren von rauchenden Fackeln an der Decke schlossen die Araber, daß die Kammer während der Antike bekannt war. Jedenfalls waren alle Schätze, die sie möglicherweise enthalten hatte, daraus verschwunden.

Das Interesse der Araber richtete sich nun auf den mächtigen prismenförmigen Stein, der aus der Decke des absteigenden Gangs herausgefallen war. Er hatte, wie er schien, das Ende eines großen rechteckigen, schwarzroten Granitpfropfens verdeckt, der anscheinend den Zugang zu einem neuen Gang versperrte. Es sah so aus, als ob dieser Gang aufwärts in das Innere der Pyramide führte. Von einem solchen Gang war nichts

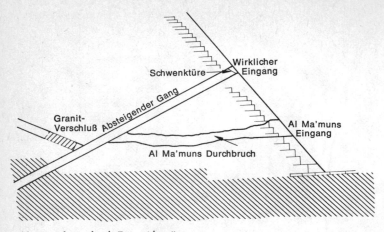

Abb. 4 Schnitt durch Pyramidengänge.

Abb. 6 (links) Durch diese Höhle versuchten die Araber, die Granitblöcke zu umgehen.

Abb. 7 Dann folgte dieser schlüpfrige Gang.

Ursprüngliche Kalksteinverkleidung.

bei Strabo oder in den Werken anderer klassischer Schriftsteller erwähnt worden. Al-Ma'mun sah sich vor der Möglichkeit, einem Geheimnis auf die Spur zu kommen, das seit der Fertigstellung der Pyramide nicht gelüftet worden war.

Die Männer des Kalifen versuchten, den Granitpfropfen zu zerschlagen oder zu entfernen; aber er war festgeklemmt, von nicht zu bestimmender Länge und offensichtlich mehrere Tonnen schwer. Angespornt durch die Aussicht, einen neuen Gang zu entdecken, der zu irgendeiner verborgenen Schatzkammer führte, befahl al-Ma'mun seinen Werkleuten, einen Stollen durch die weicheren Kalksteinblöcke der benachbarten Wände zu treiben und so den Granitpfropfen zu umgehen.

Selbst dieses Verfahren stellte sich als mühsamer heraus, als man dachte. Als die Araber mit ihrem Stollen am ersten Granitblock, der eine

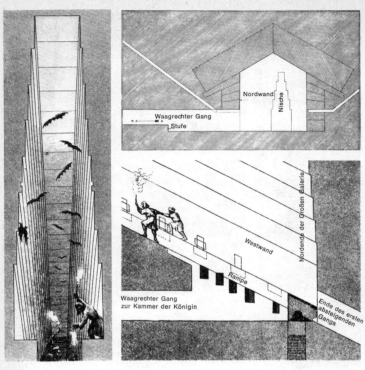

Abb. 8 (oben) Kammer der Königin.

Abb. 9 (links) Große Galerie.

Abb. 10 (unten) Schnitt durch die Große Galerie und ihre Konstruktion.

Länge von über 1,80 Metern hatte, vorbeigekommen waren, stießen sie auf einen zweiten, ebenso harten, festgeklemmten Pfropfen und dahinter auf einen dritten Block dieser Art. Bis jetzt hatten sich die Araber fast fünf Meter vorgearbeitet. Hinter dem dritten Granitpfropfen stießen sie auf einen Gang, der durch einen Kalksteinblock versperrt war, den man mit Meißeln zerteilen und dann Stück für Stück entfernen konnte.

Es wird uns nicht berichtet, auf wieviel solche Pfropfen die Araber stießen, aber es ist durchaus möglich, daß sie an die zwanzig oder gar noch mehr davon wegräumen mußten, bevor sie sich einen Zugang zu einem engen aufsteigenden Gang bahnen konnten (6), der wiederum weniger als 1,20 Meter hoch und ebenso eng war. Auf Händen und Füßen, mit vor sich ausgestreckten Fackeln, mußten al-Ma'mun und seine Leute diesen dunklen und schlüpfrigen Gang hinaufkriechen, der den gleichen steilen Neigungswinkel von 26° aufwies. Nach etwa fünfzig Metern konnten sie sich endlich an einer ebenen Stelle aufrichten.

Vor ihnen erstreckte sich ein neuer waagerechter Gang, nicht höher als der, in dem sie sich so mühsam emporgearbeitet hatten (7). Zentimeter für Zentimeter bahnten sie sich ihren Weg bis zum Ende dieses Ganges, der in einen rechteckigen, mit Kalkstein verkleideten Raum mündete. Der Raum hatte einen nicht eingeebneten Boden und eine Art Pultdach, ebenfalls aus Kalksteinplatten. Wegen des bei den Arabern verbreiteten Brauches, ihre Frauen in Grabkammern mit giebelförmigen Decken zu bestatten, im Gegensatz zu den flach gedeckten Gräbern für Männer, wurde der Raum unter dem Namen »Kammer der Königin« (8) bekannt.

In der Ostwand des kahlen Raumes, der eine Länge von knapp 5,5 Metern hatte und fast quadratisch war, befand sich eine leere Nische, die ihrer Größe nach Platz für eine überlebensgroße Statue geboten hätte. In der Annahme, daß sich hinter dieser Nische vielleicht der Zugang zu einer zweiten Kammer verbarg, trieben die Araber an deren Rückseite einen Stollen in das feste Mauerwerk, gaben aber ihre Bemühungen bald wieder auf und kehrten um.

Als die Männer wieder an dem Punkt angelangt waren, wo sie den niedrigen Aufwärtsgang verlassen hatten, fiel ihnen im Licht ihrer Fackeln eine unheimliche Leere über ihren Köpfen auf. In den Wänden bemerkten sie Löcher, offensichtlich zur Aufnahme von Querbalken, die andeuteten, daß der Aufwärtsgang einst weitergeführt worden war und somit den niedrigen Stollen zur Kammer der Königin verbarg und versperrte.

Die Araber halfen sich gegenseitig einen steilen Absatz empor, und im Lichte ihrer Fackeln sahen sie, daß sie sich auf dem Fußboden einer engen, aber großartigen, etwa 8,5 Meter hohen Galerie befanden (9), die mit der gleichen Steigung wie der Aufwärtsgang in das dunkle und geheimnisvolle Innere der Pyramide hinaufführte (10).

Der Mittelstreifen dieses neuen Ganges, der jetzt allgemein als die »Große Galerie« bezeichnet wird, war sehr schlüpfrig; aber zu beiden Seiten befanden sich zwei schmale, in regelmäßigen Abständen eingekerbte Rampen, die den Füßen einen besseren Halt boten.

Im Lichtschein ihrer Fackeln kletterten die Araber auf diesen Rampen empor (11), die nach ungefähr 46,5 Metern zu einem riesigen, fast einen Meter hohen Steinblock führten (12), der ihnen den Weg versperrte. Als sie ihn erstiegen hatten, befanden sie sich am oberen Ende der Galerie, auf einer Plattform von 1,85 mal 2,45 Metern.

Abb. 12 (oben) Steinblock am oberen Ende der Galerie.

Abb. 11 (links) Die Rampen in der Großen Galerie und die Kerben, deren Bedeutung noch umstritten ist.

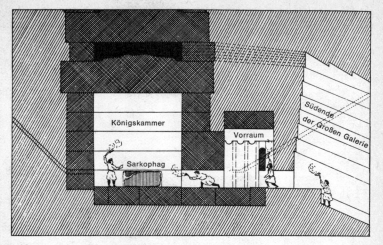

Abb. 13 Königskammer und Vorraum am Südende der Großen Galerie. Die gewaltigen Granitquader sind millimetergenau gefügt.

Hinter dieser Plattform ging die große Galerie in einen waagerechten Gang über, dessen Decke nicht viel mehr als einen Meter hoch war und auf diese Weise eine Art Sperrtor zu einer kleinen Vorkammer bildete.

Hinter diesem Sperrtor mußten al-Ma'muns Männer wieder gebückt durch einen kurzen Tunnel gehen, der zu einer zweiten Kammer führte (13). Die Fackeln erhellten einen großen wohlproportionierten Raum, dessen Wände, Fußboden und Decke sorgfältig bearbeitet und geglättet waren. Sie bestanden aus roten Granitblöcken, die man mit größter Sorgfalt aneinandergefügt hatte. Es war in der Tat »ein wahrhaft edles Gemach«, etwa 10,5 Meter lang, 5,2 Meter breit und 5,8 Meter hoch. Wegen seiner flachen Decke nannten es die Araber »Königskammer« (14).

Die Leute al-Ma'muns durchsuchten fieberhaft jeden Winkel der Kammer, konnten aber nichts entdecken, was ihnen irgendwie wertvoll oder bemerkenswert erschien. Nicht die geringste Spur eines Schatzes, lediglich ein großer offener Sarkophag aus sorgfältig poliertem, schokoladefarbigem Granit fand sich in der Mitte des Raumes. Sein Deckel fehlte.

Einige arabische Schriftsteller berichten uns, daß al-Ma'mun in diesem Sarkophag eine Steinplastik fand, die einen Mann darstellte. Sie sagen ferner, daß diese Plastik hohl war und in ihrem Innern ein menschlicher

Abb. 15 1356 baute Sultan Hasan in Kairo die herrliche Moschee aus den polierten Kalksteinen des Pyramidenmantels.

Körper lag, der einen goldenen, mit Edelsteinen besetzten Brustharnisch trug. Quer über seine Brust soll ein Schwert von unschätzbarem Wert gelegen haben, und seine Stirn schmückte ein geschliffener Rubin von der Größe eines Eies, der hell wie das Tageslicht leuchtete. Diese Schriftsteller berichten auch, daß die Statue eine geheimnisvolle Inschrift trug, die niemand zu entziffern vermochte. Aber es haben sich keine Zeugnisse gefunden, die solche Berichte bestätigten.
Al-Ma'mun stand vor zwei Möglichkeiten. Entweder war dieses großartige Mausoleum lediglich für eine einzige leere Sargkiste erbaut worden, oder man hatte die Kammer zu irgendeiner früheren Zeit völlig ausgeraubt. Aber wie und durch wen das möglich war, konnte man sich schwer vorstellen, vor allem, wenn man an die große Zahl von granitenen Sperrblöcken dachte, welche die Araber aus dem Weg räumen mußten, um in dieses Mausoleum zu gelangen.
In ihrer grenzenlosen Enttäuschung rissen die Araber einen Teil des Fußbodens auf, schlugen mit Hämmern gegen die wundervollen Granitwände und gruben sogar von einer Ecke der Kammer aus einen kurzen Stollen; aber all das führte zu nichts.
Eine Legende berichtet uns, daß al-Ma'mun eines Nachts heimlich einen

Abb. 14 Das Innere der Königskammer mit dem Sarkophag.

Goldschatz in der Pyramide verstecken ließ, um damit seine enttäuschten Männer zu beschwichtigen. Dieser Schatz entsprach genau dem Lohn, den er ihnen schuldete. Klugerweise schrieb er diesen Zufall der Weisheit und dem Vorherwissen Allahs zu.

Vier Jahrhunderte lang blieb daraufhin die Große Pyramide am Rande der Wüste von Menschenhand unberührt. Fast völlig intakt in ihrer glattpolierten Kalksteinverkleidung, warf sie weiterhin ihren scharfbegrenzten Schatten, der sich im Rhythmus der Jahreszeiten verlängerte und verkürzte. Ein arabischer Historiker, der die Pyramide im frühen 13. Jahrhundert besuchte, verglich sie mit einer großen weiblichen Brust über dem Herzen Ägyptens. Er berichtete, daß sie noch vollständig erhalten war, bis auf die Öffnung in ihrem Mantel, die al-Ma'mun hatte herausschlagen lassen.

Später zerstörte eine Reihe von Erdbeben weite Gebiete Nordägyptens, und die Nachkommen der Werkleute al-Ma'muns rächten sich für deren Enttäuschung über die ausgeplünderten Schatzkammern der Pyramide, indem sie die kostbaren Kalksteinplatten der Verkleidung herausbrachen und damit die neue Hauptstadt El Kahirah, »Die Siegreiche«, aufbauten. Im Laufe mehrerer Generationen brachten sie es fertig, den gesamten Mantel der Pyramide zu entfernen. Sie bauten sogar zwei Brücken allein zu dem Zweck, die schwereren Steinplatten, die für den Bau einer Reihe von Moscheen und Palästen bestimmt waren, mit Kamelen über den Fluß nach Kairo schleppen zu können.

Eine der berühmteren der aberhundert Moscheen Kairos mit ihren typischen Minaretts wurde im Jahre 1356 von Sultan Hasan fast gänzlich aus Steinen errichtet, die man sich von der Pyramide geholt hatte (15). Vierzig Jahre später, als der französische Baron d'Anglure während der Regierungszeit Barluks, des Nachfolgers von Hasan, nach Ägypten kam, wurde er Zeuge der fortschreitenden Zerstörung des Pyramidenmantels, dessen polierte Decksteine von arabischen Steinmetzen für ihre Zwecke entfernt wurden. D'Anglure war so naiv, den märchenhaften Bericht ernst zu nehmen, wonach die Pyramiden vom biblischen Joseph im Auftrag des Pharaos erbaut worden seien, um als Kornspeicher die Erträge der »sieben fetten Jahre« aufzunehmen. Aber in seinem altertümlichen Französisch gibt er uns eine sehr anschauliche Schilderung darüber, wie die arabischen Arbeiter bei der Ausplünderung der als Steinbruch behandelten Pyramide zu Werke gingen. Er schreibt: »Gewisse Steinmetzen brachen gewaltsam die mächtigen, behauenen Verkleidungssteine dieser Kornspeicher aus ihrem Mantel heraus und ließen sie einfach zu Tal stürzen.«

Diese rücksichtslose Entfernung des Kalksteinmantels der Pyramide legte ihr stufenförmiges Kernmauerwerk frei und setzte es den zerstörenden Einflüssen von Wind und Wetter, Regen und Sand aus. Es zeigte sich, daß die den Kern der Pyramide bildenden Blöcke unter der Verkleidung entweder aus reinem Kalkstein oder aus nummulitischem Kalkstein bestanden, der eine große Menge von Versteinerungen enthielt, scheibenförmige Kalkgehäuse von vorweltlichen Wurzelfüßern.

Rings um die ausgeplünderte Pyramide häuften sich die Trümmer von zerbrochenen Kalksteinen und Schutt aller Art, und zwar in einer solchen Höhe, daß sie schließlich den Eingang zudeckten, den sich al-Ma'mun in der Nordseite des Bauwerks herausgebrochen hatte. Aber die Entfernung des Pyramidenmantels legte auch zwei mächtige Querbalken frei, die in das Mauerwerk eingelassen waren und die bewegliche Deckplatte hielten, mit der die enge Pforte des absteigenden Ganges ursprünglich bedeckt war.

Nur machte sich jetzt niemand mehr etwas daraus, die Pyramide zu betreten.

Neue Wege der Forschung während der Renaissance

Der Schleier des Aberglaubens umwob das alte Bauwerk. Im Volke hielt sich hartnäckig die Vorstellung, daß dort Gespenster ihr Unwesen trieben und daß es von giftigem Ungeziefer wimmle. Nach Meinung der Araber ging zur Mittagszeit und bei Sonnenuntergang eine nackte Frau mit Hauern statt Zähnen in der Pyramide um; sie lockte die Menschen in ihre Gewalt, um sie mit Wahnsinn zu schlagen.
Als Rabbi Benjamin ben Jonah aus Navarra, ein abenteuerlicher Reisender aus dem 12. Jahrhundert, von Abessinien her das Plateau von Giseh erreichte, notierte er: »Die Pyramiden, die hier zu sehen sind, wurden mit Hilfe von Zauberei erbaut.«
Abd al-Latif, der in Bagdad nicht nur Medizin, sondern auch Geschichte lehrte, faßte sich ein Herz und wagte sich kurz nach Benjamins Besuch in die Große Pyramide hinein, aber er gestand, daß er in ihrem stickigen Innern vor Furcht ohnmächtig geworden sei und mehr tot als lebendig wieder hauskam.
Der schlimme Ruf der Pyramide verbreitete sich in allen Landen. Und als der legendäre englische Forscher Sir John Mandeville der Überlieferung nach im 14. Jahrhundert Ägypten besuchte, soll er beklagt haben, daß ihm der Mut fehlte, die Pyramide zu betreten, weil es in ihr von Schlangen wimmelte. Aber diese Schlangen gehörten ebenso ins Reich der Fabel wie seine *Reisen* selbst, die vermutlich von einem Notar in Lüttich verfaßt wurden, der niemals seine engere Heimat verlassen hatte.
Erst als der frische Wind der Renaissance einige der Hirngespinste mittelalterlichen Obskurantismus zerrissen und das Interesse an der Naturwissenschaft neu entfacht hatte, gab es für Europäer einen genügenden Anreiz zum Besuch der Pyramide und zur wissenschaftlichen Erforschung ihres Innern.
Im Jahre 1638 entschloß sich John Greaves, ein 36 Jahre alter Mathematiker und Astronom, der in Oxford studiert hatte und später Mathematik in London lehrte, zu einer Reise nach Ägypten. Ihn trieb nicht bloße Neugier. Wie al-Ma'mun hoffte auch er, in der Pyramide einen Anhaltspunkt für die korrekte Berechnung der Dimensionen unserer Erde zu finden. Obgleich der Geist des vorausgehenden Jahrhunderts zu großen Forschungsreisen geführt und Magellan mit seiner Schiffsmannschaft erfolgreich die erste Weltumsegelung unternommen hatte, lag es mit der Wissenschaft der Geographie und Astronomie noch sehr im argen.

Seschat, die Göttin der Schrift (Luxor).

Niemand hatte versucht, das von Ptolemäus oder al-Ma'mun angewandte Verfahren zur Ermittlung der Entfernung zwischen zwei Breitengraden zu verbessern. Und somit kannte niemand den tatsächlichen Umfang der Erde.

Einen Fingerzeig, wie man hier erfolgreich verfahren könnte, gab Girolamo Cardano, ein erstaunlicher Mailänder Arzt und Mathematiker aus dem frühen 16. Jahrundert, der mit Leonardo da Vinci befreundet war. Er war davon überzeugt, daß es bereits vor den Griechen bemerkenswerte naturwissenschaftliche Erkenntnisse gegeben hatte und daß man schon Hunderte, wenn nicht Tausende von Jahren vor den Alexandrinern zum Beispiel den Begriff der Breitengrade gekannt und ihre Ausdehnung genauer berechnet hatte als Eratosthenes, Ptolemäus oder al-Ma'mun. Um das nachzuprüfen, mußte man seiner Meinung nach in Ägypten Nachforschungen anstellen. Pythagoras sollte ja die Ansicht vertreten haben, daß die Maße des Altertums von ägyptischen Vorbildern abgeleitet worden seien und daß diese wiederum auf einem unveränderlichen, natürlichen Standard basierten. Deshalb bestand die Möglichkeit, daß die Pyramiden erbaut worden waren, um die Ausmaße der Erde zu registrieren und eine unzerstörbare Einheit für lineare Messungen zu liefern.

Greaves war vordem einmal nach Italien gereist, um dort Gebäude und Statuen aus der Antike zu vermessen. Er wollte dadurch das ursprüngliche Längenmaß der alten Römer feststellen. Nach dem von ihm gewonnenen Ergebnis war dieses Grundmaß ein Fuß, der um 28 Tausendstel kürzer war als der englische Fuß mit 0,3048 Metern.

Jetzt wandte sich Greaves der Aufgabe zu, die Längeneinheit herauszufinden, die dem Aufbau der Pyramide zugrunde lag – Fuß, Schritt, Elle oder Handbreite. Er trat an die Stadtverwaltung von London heran, um von ihr eine finanzielle Unterstützung zur Förderung seines Unternehmens zu erwirken. Aber sein Gesuch wurde abgelehnt. Glücklicherweise sprang der Erzbischof von Canterbury ein. Dieser schätzte Greaves sehr hoch ein und war außerdem hinlänglich interessiert an seltenen arabischen und persischen Manuskripten, die vielleicht im Osten aufzutreiben waren, weshalb er das Patronat über die geplante Reise übernahm. So war Greaves in der Lage, sich mit den erforderlichen Instrumenten auszurüsten, um das Innere und Äußere der Pyramide ausmessen und auch die Deklination und den genauen Aufgangspunkt der Sterne über der Pyramide feststellen zu können. Die ihm gewährte finanzielle Unterstützung erlaubte es ihm ferner, sich einige Wochen in Kairo aufzuhalten.

Obgleich Greaves als Mathematiker eher ein Stubengelehrter und dazu ein eingefleischter Antiquitätensammler war, erwies er sich als For-

schungsreisender nicht ohne Mut. Als er zur Pyramide kam, erkletterte er den Schuttkegel, der sie bis zu einer Höhe von knapp zwölf Metern umgab, und zwängte sich vorsichtig in den absteigenden Gang hinein, wobei er nach seinen eigenen Worten »wie eine Schlange vorwärts kroch«. Mit Entsetzen fand er sich in einem wilden Wirbel aufflatternder Fledermäuse, die größer und widerwärtiger waren, als er sich das je hatte vorstellen können.
Um die Fledermäuse zu verscheuchen und sich mehr Luft zu verschaffen, feuerte Greaves seine Pistolen ab. Das erzeugte in dem engen Stollen der Pyramide einen Widerhall wie von Kanonenschüssen.
Indem er sich in dem abschüssigen Gang immer weiter vorarbeitete, kam Greaves zu der Stelle, wo der von al-Ma'mun angelegte Tunnel in den absteigenden Gang mündete. Es war ihm jedoch unmöglich, weiter nach unten vorzudringen, denn der Schutt, den al-Ma'muns Männer nach der Zertrümmerung der in der oberen Passage angebrachten Sperrblöcke zurückgelassen hatten, erwies sich als ein unüberwindliches Hindernis.
Greaves folgte darauf den Spuren der Araber, benutzte die Öffnung die sie um die massiven Granitpfropfen herum gehauen hatten, und gelangte in den niedrigen aufsteigenden Gang. Nachdem er das obere Ende dieses Ganges erreicht hatte, folgte er wie seinerzeit al-Ma'mun dem kurzen Gang bis zur Kammer der Königin. Aber der Gestank des Ungeziefers darin war so unerträglich, daß er sofort wieder umkehrte.
Alles an dieser Pyramide war Greaves ein Rätsel. Die steile Neigung der großen Galerie schien ihre Verwendung als Grabkammer auszuschließen, aber die Schwierigkeit, sich auf ihrem sehr glatten und stark geneigten Fußboden zu bewegen, machte es wahrscheinlich, daß sie auch nicht als eine Art Treppe gedacht war. Dafür sprach auch die Tatsache, daß man erst nach Überwindung des davorliegenden, sehr niedrigen Stollens in diese Galerie gelangte.
Dennoch war der englische Forscher von der Pyramide tief beeindruckt. Er bezeichnete sie als »ein erhabenes Bauwerk, das den Vergleich mit den prächtigsten und kostbarsten Baudenkmälern nicht zu scheuen hat, sowohl in Hinblick auf seine künstlerische Eigenart als auch die Qualität des verwendeten Materials«. Greaves berichtete, daß die Pyramide aus poliertem Kalkstein bestehe, der sehr gleichmäßig in große, rechteckige Platten zugeschnitten worden sei. Die Fugen zwischen den Platten und Blöcken seien mit bloßem Auge kaum wahrzunehmen, so fest sei alles miteinander verbunden.
Als Greaves in die Königskammer gelangte, konnte er es nicht fassen, daß ein so gewaltiges und erhabenes Bauwerk wie die Pyramide einer einzigen Kammer wegen gebaut worden sei, zumal diese Kammer ledig-

Abb. 16 (oben)   Granitmantel um Königskammer und Vorraum.

Abb. 17 (links)   Eingang zum Stollen (Senkschacht) ins Innere.

lich einen leeren Sarkophag enthielt. Er konnte sich auch keinen rechten Grund für den Sperrgang vor der Öffnung der Kammer denken; ebensowenig ließ sich der Sinn ihrer Vorkammer erklären und warum die Wandverkleidung dieser Räume aus Granitblöcken und nicht wie der Kern der Pyramide aus Kalksteinblöcken bestand (16). Als geborener Naturwissenschaftler bemühte sich Greaves, alle an dem Bauwerk beobachteten Daten sorgfältig aufzuzeichnen.

In London hatte er sich eine etwa drei Meter lange Meßlatte anfertigen lassen, und zwar auf der Grundlage des in der dortigen Guild Hall aufbewahrten Standards für einen englischen Fuß. Mit dieser Meßlatte, auf der in gleichen Abständen zehntausend Teilstriche eingeritzt waren, maß er sorgfältig Länge, Breite und Höhe der Königskammer und auch des leeren Steinsarges, dessen Länge er »bis auf den tausendsten Teil eines Fußes« bestimmte.

Auf dem Rückweg durch die große Galerie machte Greaves eine überraschende Entdeckung. Aus einer der beiden Seitenrampen war gewaltsam ein Steinblock herausgebrochen worden, und ein senkrechter Stollen schien nach unten in das Innere der Pyramide zu führen (17). Die Öffnung war nur rund neunzig Zentimeter weit, aber da in die Seitenwände dieses Schachtes in kurzen Abständen jeweils zwei gegenüberliegende Vertiefungen eingehauen waren, konnte Greaves in ihm fast zwanzig Meter tief hinabsteigen, bis er an eine Stelle kam, wo sich der Schacht zu einer kleinen Kammer oder Grotte weitete (18). Unterhalb dieser Grotte führte der Schacht weiter in das unheimliche Dunkel der Pyramide hinunter. Aber die Luft in ihm war so widerwärtig, und es wimmelte darin so sehr von Fledermäusen, daß der Engländer umkehrte, nachdem er durch eine herabgeworfene brennende Fackel, die auf dem Grund des Schachts weiterglimmte, dessen Tiefe ermittelt hatte. Er stand vor einem neuen Rätsel der Pyramide.

Abb. 18 Schacht und Grotte im Felsgrund.

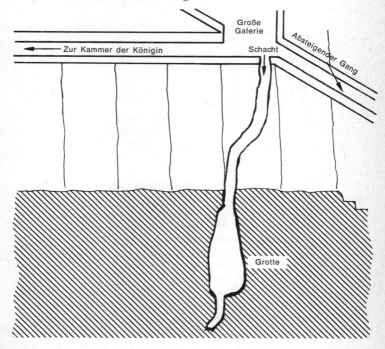

Nachdem Greaves wieder ins Freie gelangt war, bestieg er die Spitze der Pyramide. Von dort aus bot sich ihm ein großartiger Blick auf die Minaretts von Kairo, das Mokattamgebirge jenseits des Nils und die Umrisse der Pyramiden von Abusir, Sakkara und Dahschur im Süden.

Während des Abstiegs zählte Greaves zum ersten Male die sichtbaren Lagen sorgfältig behauener Steinblöcke, aus denen die Pyramide bestand. Er stellte 207 solcher Schichten fest und schätzte daraus die Gesamthöhe des Bauwerks auf 146,6 Meter, unter Berücksichtigung der fehlenden Kappe sogar auf rund 150 Meter. Diese Schätzung wich nur um wenige Meter von der tatsächlichen Höhe der Pyramide ab.

Für die Grundfläche ermittelte Greaves eine Länge von 211,23 Metern, wobei er sich um etwa 21 Meter verrechnet hatte, aber rings um die Basis der Pyramide hatten sich so viele Steintrümmer angehäuft, daß er den Beginn der ersten Steinschicht über dem Fundament nirgends ermitteln konnte.

Nach England zurückgekehrt, wurde Greaves in Anerkennung seiner Untersuchungen an der Pyramide zum Savilian-Professor der Astronomie der Universität Oxford ernannt. Alle Tatsachen und Daten, die er ermittelt hatte, wurden mit äußerster Sorgfalt aufgezeichnet und in einer wissenschaftlichen Abhandlung, seiner *Pyramidographia*, veröffentlicht.

Die von ihm gezogenen Schlußfolgerungen führten zu einer lebhaften Kontroverse, bei der sich Ablehnung und Zustimmung die Waage hielten. Selbst der berühmte Dr. William Harvey, der Entdecker des Blutkreislaufs, beteiligte sich daran. Harvey zeigte sich erstaunt darüber, daß Greaves keine Luftschächte entdeckt und beschrieben hatte, durch die die Kammern im Innern der Pyramide mit Außenluft versorgt werden konnten. Nach Harvey mußten solche Schächte existiert haben, denn sonst wäre die Luft in der Königskammer unerträglich geworden, weil »wie wir wissen, niemals dieselbe Luft zweimal eingeatmet wird und man für jedes Atemholen immer wieder frische Luft braucht«. Harveys Vermutung war durchaus berechtigt, aber das stellte sich erst zwei Generationen später heraus.

Greaves hatte in der Tat in der Süd- und Nordwand der Kammer zwei Lücken oder Einbuchtungen bemerkt, die sich einander genau gegenüber befanden. Aber er erklärte sich ihre schwarze Färbung durch den Ruß brennender Lampen, die man in diesen Nischen abzustellen pflegte.

Bevor Greaves nach England zurückkehrte, übergab er seine Instrumente, einschließlich der eigens von ihm angefertigten drei Meter langen Meßlatte, einem jungen Venetianer namens Tito Livio Burattini, der ihn zu der Pyramide begleitet hatte. Dieser war nicht minder als der Engländer darauf bedacht, die genauen Maße der Pyramide zu ermitteln

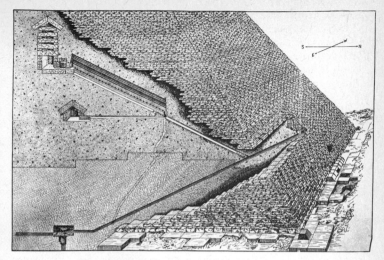

Kammern und Gänge im Innern der Großen Pyramide. Rechts Reste der ursprünglichen Basisverkleidung.

und vor allem auch die dem ursprünglichen Bauplan zugrundeliegende Längeneinheit – Elle, Fuß oder Handbreite – herauszufinden.
Burattinis Ägyptenreise war durch den Jesuitenpater Athanasius Kircher aus Krakau finanziell unterstützt worden. Der Pater war nach Rom übergesiedelt und stand mit Galileo Galilei über die Frage einer universal gültigen Längeneinheit in Briefwechsel. Darum interessierte er sich für das Vorhaben Burattinis.
Zu jener Zeit lebte Galilei völlig zurückgezogen in der Nähe von Florenz, nachdem er in einem Inquisitionsprozeß wegen seiner Verteidigung des kopernikanischen Weltsystems verurteilt worden war. Aber seine Ketzerei bestand nicht nur in der Annahme, daß die Erde und die übrigen Planeten die Sonne umkreisen, sondern auch in der These, daß sich Erde und Sonne um ihre eigenen Achsen drehen.
In seiner Jugend hatte Galilei bekanntlich im Dom von Pisa an seinem Pulsschlag die Schwingungsdauer einer pendelnden Lampe gemessen und dabei festgestellt, daß diese von der Schwingungsweite unabhängig war. Diese Erforschung des Isochronismus der Pendelbewegung durch Galilei hatte Burattini auf die Idee gebracht, man könne eine universale Norm für das Längenmaß erhalten, wenn man von der Länge eines Pendels ausgeht, das genau eine Schwingung in der Sekunde macht.

Aber das von ihm hergestellte Pendel, eine goldene Kugel, erwies sich als wenig brauchbar, weil dessen Schwingungsdauer durch Temperatur und Meereshöhe des jeweiligen Versuchsortes beeinflußt wurde.
Burattini hielt sich vier Jahre lang in Ägypten auf, wo er mit Hilfe von Greaves' Instrumenten sorgfältige Messungen durchführte, deren Ergebnisse er Pater Kircher brieflich mitteilte. Und das war ein Glück für die Wissenschaft, denn als sich Burattini von Ägypten aus nach Polen begeben wollte, wurde er auf dem Balkan von Banditen überfallen, die ihm nicht nur sein Geld wegnahmen, sondern auch alle seine Aufzeichnungen über die Pyramide, die er in Italien als Buch veröffentlichen wollte.
So blieben nur die Angaben erhalten, die er in seinen Briefen Pater Kircher mitgeteilt hatte. Aber nicht diese Daten, sondern die Meßergebnisse von Greaves brachten Sir Isaac Newton auf die Idee, daß beim Bau der Großen Pyramide zwei verschiedene Arten von Elle verwendet worden waren, nämlich eine profane und eine sakrale. Auf der Grundlage von Greaves' und Burattinis Messungen in der Königskammer errechnete er, daß eine Elle von 20,63 englischen Zoll (1 Zoll = 2,54 cm) einen Raum von 20 mal 10 Ellen ergab, also Längen mit gerader Zahl. Dieses Maß bezeichnete Newton als »profane« oder Memphiser Elle, während eine längere und geheimnisvollere Elle anscheinend 25 englische Zoll lang war.
Diese längere oder »sakrale« Elle leitete Newton von der Beschreibung ab, die der jüdische Historiker Josephus vom Umfang der Säulen im Tempel von Jerusalem gab. Nach Newtons Schätzungen hatte diese Elle eine Länge von 24,80 bis 25,02 englischen Zoll. Er glaubte jedoch, daß man durch weitere Messungen an der Pyramide und anderen Gebäuden aus dem Altertum zu genaueren Werten kommen könne.
Seine Gedanken darüber legte Newton in einer kleinen, jetzt kaum erhältlichen Schrift nieder, der er den Titel gab: *A Dissertation upon the Sacred Cubit of the Jews and the Cubit of several Nations: in which, from the Dimensions of the Greatest Pyramid, as taken by Mr. John Greaves, the ancient Cubit of Memphis is determined* (Eine Abhandlung über die Heilige Elle der Juden und die Elle einiger anderer Völker: in der, auf der Grundlage der Maße der Größten Pyramide, wie sie von Mr. John Greaves ermittelt wurden, die Länge der alten Memphiser Elle bestimmt wird).
Newtons hartnäckiges Bemühen, die genaue Länge der alten ägyptischen Elle herauszufinden, entsprang weder einer spielerischen Neugier noch dem Verlangen, einen universalen Standard für Längenmessungen

Die Cheops-Pyramide, im Vordergrund die freigelegte Basis der Sphinx.

zu finden. Seine Gravitationstheorie, die er noch nicht veröffentlicht hatte, verlangte die genaue Ermittlung des Erdumfangs. Dabei konnte er sich aber damals nur auf die alten Werte des Eratosthenes und dessen Nachfolger stützen, und auf dieser Grundlage ließ sich seine Theorie nicht exakt verifizieren.

Durch die genaue Bestimmung der alten ägyptischen Elle hoffte Newton die exakte Länge des ägyptischen »Stadion« zu ermitteln, das nach Ansicht klassischer Schriftsteller irgendwie mit der Entfernung zwischen zwei Breitengraden verknüpft war. Newton vermutete, daß die Länge dieses Stadions aus den Proportionen der Großen Pyramide abzulesen sei.

Leider waren die Messungen von Greaves und Burattini wegen des Gerölls am Fuße der Pyramide ungenau ausgefallen, und obgleich der von Newton ermittelte Wert für die Elle fast korrekt war, verhinderten diese falschen Messungen die Lösung des Problems. Mehrere Jahre hindurch beschäftigte sich Newton nicht mehr mit seiner Gravitationstheorie, bis im Jahre 1671 der französische Astronom Jean Picard die Entfernung zwischen zwei benachbarten Breitengraden – auf der Strecke von Amiens nach Malvoisine – maß und eine Ausdehnung von 111,182 Kilometern ermittelte. Diese Berechnung ermöglichte es Newton, seine allgemeine Gravitationstheorie zu verkünden, nach der sich alle Körper im Weltall proportional dem Produkt ihrer Masse und umgekehrt proportional dem Quadrat ihrer Entfernung anziehen. Damit war eine neue Ära in der Physik angebrochen.

Inzwischen waren die in den Steinen der Pyramide niedergelegten geodätischen Werte längst wieder in Vergessenheit geraten. Ihr Geheimnis blieb verborgen wie der Sinn der benachbarten Sphinx, die der Wind aus der Libyschen Wüste im Laufe der Zeit fast völlig unter dem Sand begraben hatte.

Die Pyramide im Zeitalter der Aufklärung

Im 18. Jahrhundert wurde eine Reise nach Giseh ein gefährliches Unternehmen. Obgleich Ägypten nominell noch der Oberhoheit des Osmanischen Reiches unterstand, mußte der Reisende damit rechnen, von arabischen Räuberbanden ausgeraubt oder gar umgebracht zu werden, es sei denn, er hätte sich wie seinerzeit Greaves eine Leibwache zuverlässiger Janitscharen verschafft.

So wurde erst zur Zeit der Amerikanischen Revolution eine neue wichtige Entdeckung an der Pyramide gemacht. Im Jahre 1765 verbrachte Nathaniel Davison, der spätere britische Generalkonsul in Algerien, seine Ferien in Ägypten, und zwar in der Gesellschaft von Edward Wortley Montagu, dem ehemaligen Gesandten Englands an der Hohen Pforte. Während dieser Ferien machte sich Davison daran, die Pyramide sorgfältig zu erforschen.

Unerschrockener als Greaves, ließ er eine Lampe in den von jenem entdeckten Schacht hinab, band sich ein Seil um den Leib und ließ sich dann vorsichtig in die ominöse Finsternis des Schachtes abseilen. Er gelangte dabei etwa dreißig Meter tiefer hinunter als Greaves, aber dann verhinderten Sand und Schutt ein weiteres Vordringen. Davison erschien es seltsam, daß jemand sich die ungeheure Mühe gemacht haben sollte, einen Schacht über sechzig Meter tief in das Innere der Pyramide zu treiben, nur um ihn dann blind enden zu lassen. Aber was konnte er tun? Es war äußerst eng und stickig auf dem Grunde des Schachts, und seine Kerzen hatten bald die knapp bemessene Luft dort unten verbraucht. Auch machten es ihm die vielen ungewöhnlich großen Fledermäuse fast unmöglich, seine Kerze am Brennen zu erhalten. So kehrte er um und erreichte nach einiger Mühe wieder das Freie.

Nachdem das Unternehmen im Schacht gescheitert war, versuchte Davison anderen Geheimnissen im Innern der Pyramide auf die Spur zu kommen. Es fiel ihm auf, daß an der höchsten Stelle der großen Galerie seine Stimme in merkwürdiger Weise als mehrfaches Echo zurückgeworfen wurde, und zwar schien der Widerhall von irgendeiner Stelle in der Decke zu kommen. Er band zwei lange Bambusstäbe zusammen, befestigte eine Kerze daran, und in ihrem Licht entdeckte Davison eine etwa sechzig Zentimeter weite, rechteckige Öffnung ganz oben in der Wand, unmittelbar unter der Decke.

Zu dieser Öffnung zu gelangen kostete unendliche Mühe. Die Wände der großen Galerie waren glatt poliert und boten keinerlei Halt; die Stelle, an der Davison seine Leitern anlegen mußte, war dazu äußerst eng und befand sich am Rand des fast fünfzig Meter tiefen und steilen

Abbruchs zur Sohle der großen Galerie. Dennoch brachte er es mit einiger Mühe fertig, auf sieben zusammengebundenen wackligen Leitern die Öffnung unter der Decke der Galerie zu erreichen (19). Auf der obersten Leiter mußte er feststellen, daß ihm eine dicke Schicht von Fledermauskot, die sich dort im Laufe von Jahrhunderten angehäuft hatte, ein Eindringen in die Öffnung zunächst unmöglich machte. Doch er band sich ein Taschentuch vors Gesicht und zwängte sich durch die enge Öffnung in einen niedrigen Stollen, in dem sich kaum atmen ließ. Nachdem er in diesem Stollen etwa acht Meter weit gekrochen war, gelangte er in eine Kammer, in der er nicht aufrecht stehen konnte, die aber sonst die gleichen Ausmaße hatte wie die darunterliegende Königskammer (20).

Unter der dicken Schicht von Fledermauskot konnte Davison feststellen, daß der Fußboden dieser niedrigen Kammer aus neun roh behauenen Granitplatten bestand, deren jede bis zu siebzig Tonnen wog, also ebensoviel wie eine moderne Eisenbahnlokomotive. Mit diesen Granitplatten war die darunterliegende Königskammer abgedeckt. Es überraschte Davison, daß die niedrige flache Decke der von ihm entdeckten Kammer ebenfalls aus einer Reihe solcher Granitplatten bestand.

Abgesehen davon konnte er in dieser Kammer nichts von historischem oder architektonischem Interesse entdecken. Es fand sich kein Schatz, keine Inschrift, keine Spur eines weiteren Ganges. Seine einzige Belohnung bestand darin, daß er seinen Namen an einer Wand einritzen konnte und daß die von ihm gefundene Kammer später zu seiner Ehre »Davisons Kammer« benannt wurde.

Als auf die Amerikanische Revolution die Französische folgte und Napoleon in ihrem Namen ins Feld zog, erwachte das Interesse an der Pyramide aufs neue.

Die Männer der Amerikanischen Revolution hatten es bereits unternommen, das alte Freimaurersymbol der Pyramide auf der Rückseite des Großsiegels der USA abzubilden. Als sich die Franzosen nach 1789 anschickten, Staat und Gesellschaft nach ihren ebenfalls von der Freimaurerei beeinflußten revolutionären Ideen umzugestalten, schafften sie die biblische Siebentagewoche ab und ersetzten sie durch den Zehntagerhythmus der alten Ägypter. Die französischen Sansculotten schafften die herkömmlichen kirchlichen Festtage ab und feierten statt dessen zu Ehren der Natur, des höchsten Wesens, der Menschheit, der Märtyrer der Freiheit, der Wahrheit, Gerechtigkeit, der ehelichen Treue usw. Um das alte Klafter (frz. *toise = 6 pieds de roi*) zu ersetzen, ließ die Französische Akademie den Meridianbogen von Dünkirchen nach Perpignan

Inneres des granitenen Taltempels des Chephren in Giseh.

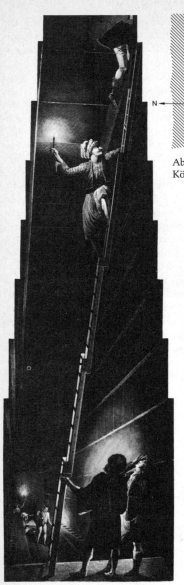

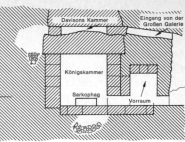

Abb. 20 Davisons Kammer über der Königskammer.

Abb. 19 (links) Napoleons Wissenschaftler untersuchen die Galerie.

ausmessen und wählte als Längeneinheit auf der Grundlage des Dezimalsystems den Meter, der nach ihrer Berechnung genau den zehnmillionsten Teil des Pariser Längengrads vom Pol bis zum Äquator ausmachte.

Am letzten Tag des Monats *Floréal* (Blütenmonat) im IX. Jahr der Revolution, nach der gewöhnlichen Zeitrechnung am 19. Mai 1798, schiffte sich der 29jährige General Bonaparte im Hafen von Toulon ein, um Ägypten zu erobern. Seine Streitmacht bestand aus 35000 Mann, die in 328 Schiffe gepfercht wurden. Ägypten war für Napoleon nur eine Etappe auf dem Weg nach Indien, dessen Besitz Frankreich die Weltherrrschaft sichern sollte. Da er sich in der Umgebung seiner Offiziere langweilte, verbrachte der General seine Zeit zumeist in der Gesellschaft einer Reihe von Gelehrten, die er auf seine Expedition mitgenommen hatte, weil sie im Rufe standen, gründliche Kenner der ägyptischen Altertümer zu sein. Zwar war es bisher noch keinem von diesen *savants* gelungen, ägyptische Hieroglyphen zu entziffern; ihr Wissen von den ältesten Epochen der ägyptischen Vergangenheit war somit sehr beschränkt.

Diese Gelehrten, insgesamt 175, die auf die einzelnen Schiffe der Flotte verteilt waren, wurden von den Offizieren nicht gerade mit ausgesuchter Höflichkeit behandelt. Man glaubte, daß diese »Graubärte« in Ägypten nichts weiter zu tun hätten, als verborgene Schätze auszugraben, und nachdem sie in Ägypten an Land gegangen waren, besorgte man für sie weder Verpflegung noch Unterkunft. Jedesmal wenn die Franzosen von den Mamelucken des Murad Bey angegriffen wurden und Napoleons Soldaten ihre berühmten »Karrees« bildeten, pflegte der Ruf zu ertönen: »Gelehrte und Esel in die Mitte!«

Das soll nicht heißen, daß die *savants* in Ägypten großen Gefahren ausgesetzt waren. Als die Franzosen die Große Pyramide erreichten (21), wurden sie zwar von zehntausend mameluckischen Reitern unter dem persönlichen Befehl von Murad, der einen leuchtendgrünen Turban trug und auf einem schneeweißen Schlachtroß ritt, angegriffen. Aber das sich anschließende Gemetzel fand ausschließlich in den Reihen der unerschrockenen Mamelucken statt. Sie, die im Rufe standen, den Horden des Dschingis-Khan erfolgreich standgehalten zu haben, waren mit ihren blitzenden Krummsäbeln für die französischen Scharfschützen und Kanoniere eine leichte Beute. Innerhalb von zwei Stunden bedeckten zweitausend gefallene Mamelucken das Schlachtfeld, während die Franzosen nur an die vierzig Mann verloren hatten.

Die Entdeckungen, die die französischen Gelehrten in der Pyramide machten, waren keineswegs sensationell. Eine der größten Schwierigkeiten, die ihnen bei ihrer Forschungsarbeit zu schaffen machte, waren die

Fledermäuse, die sich seit der Zeit Davisons noch beträchtlich vermehrt hatten.

Edmé-François Jomard, trotz seiner Jugend einer der scharfsinnigsten der die Expedition begleitenden *savants*, schildert uns, wie mühsam es für die Franzosen war, sich gebückt und kriechend in den engen Stollen vorzuarbeiten, versengt von der Hitze der Fackeln, halb erstickt aus Mangel an Luft und schweißgebadet von der großen Anstrengung.

Oberst Jean Marie Joseph Coutelle machte sich an die Untersuchung des Schachts. Aber auch er hatte seine Plage mit den Schwärmen von aufgescheuchten Fledermäusen, die ihm das Gesicht zerkratzten und mit ihrem beißenden Geruch den Atem benahmen. Als die Franzosen auf dem obersten Absatz der großen Galerie ihre Pistolen abfeuerten (22), waren auch sie erstaunt über das vielfache Echo, das wie das Grollen eines sich entfernenden Gewitters klang. Sie fanden auch Davisons Kammer, die mit einer 28 Zentimeter dicken Schicht von Fledermauskot bedeckt war. Schließlich kehrten die Franzosen wieder um, ohne irgendeine neue Entdeckung in der Pyramide gemacht zu haben.

Bei der Erforschung der äußeren Pyramide waren die Gelehrten jedoch erfolgreicher. Als Jomard bedächtig die gesamte Pyramide umschritt, war er entsetzt über den vielen Schutt und Sand, der sich im Laufe der Zeit an all ihren Seiten angehäuft hatte. Mit Hilfe von 150 ottomanischen Türken gelang es, die Nordost- und Nordwestecke des Bauwerks freizulegen, und dabei wurde eine bedeutsame Entdeckung gemacht.

Man fand nämlich die Terrasse oder *Esplanade*, auf der die Pyramide errichtet worden war, und dazu zwei flache rechteckige Vertiefungen von 3,05 mal 3,66 Metern, die in entsprechender Höhe etwa fünfzig Zentimeter tief in den gewachsenen Fels des Fundaments hineingehauen waren. Offensichtlich war dies der Platz für die ursprünglichen Ecksteine der Pyramide.

Damit hatten die französichen Gelehrten zwei feste Punkte, von denen aus die Grundfläche der Pyramide auszumessen war. Obgleich die riesigen Schutthaufen längs der Nordseite des Baues das Unternehmen erheblich erschwerten, konnte Jomard doch eine Reihe von Messungen durchführen, die für die Basis eine Länge von 230,902 Metern ergaben.

Darauf wollten die Franzosen die Höhe der Pyramide ermitteln. Jomard brauchte fast eine Stunde, um sie zu erklimmen, und es ging ihm dabei oft der Atem aus. Oben angelangt, war er begeistert von dem herrlichen Blick auf das grüne Delta des Nils im Norden, den schwarzen Streifen fruchtbaren Landes längs des Flusses und das Gewoge der Sanddünen im Westen. Die arabischen Dörfer am Horizont erschienen wie Ameisenhaufen, während Menschen am Fuße der Pyramide kaum zu erkennen

Abb. 21 Napoleon und sein Heer vor der Schlacht bei den Pyramiden.

waren. Mit einer Schleuder versuchte Jomard, einen Stein in den Sand am Fuße der Pyramide zu schießen; aber das gelang ihm nicht; sie war zu breit. Selbst den Arabern war es niemals geglückt, vom Gipfel der Pyramide aus mit ihren Pfeilen so weit zu schießen.

Um die Höhe der Pyramide zu ermitteln, maß Jomard beim Abstieg Stufe um Stufe und kam dabei auf einen Wert von 144 Metern. Nach einfachen trigonometrischen Berechnungen ergab das für die Seiten der Pyramide einen Neigungswinkel von 51° 19′ 14″ und eine Höhe von 184,722 Metern.

Weil man die Außenverkleidung der Pyramide völlig entfernt hatte, ließ sich nicht ermitteln, wie stark sie ursprünglich gewesen war. So stellte das für die Seitenhöhe ermittelte Ausmaß eher eine Schätzung dar. Aber der errechnete Wert von 184,722 Metern sollte den sehr belesenen Jomard auf eine völlig neue Spur bringen.

Er erinnerte sich, daß nach Diodorus Siculus und Strabo das von der Spitze der Pyramide auf eine Basislinie gefällte Lot angeblich die Länge eines Stadions hatte. Er wußte ferner, daß ein olympisches Stadion von sechshundert griechischen Fuß, von dem sich das neuzeitliche Wort Stadion ableitet, in der Antike eine Grundeinheit für die Landvermessung gewesen war und angeblich zum Erdumfang in Beziehung stand.

Als er sich daranmachte, die gesamte Bibliothek klassischer Schriften zu sichten, die die französischen Gelehrten in vielen Koffern mit nach Ägypten gebracht hatten, fand Jomard, daß das Stadion der alexandrinischen Griechen (laut Eratosthenes und Hipparchos) eine Länge von 185,5 Metern hatte, was in etwa der errechneten Seitenhöhe entsprach.

In der Vermutung eines möglichen Zusammenhangs wurde Jomard noch durch folgende Tatsache bestärkt. Er entdeckte nämlich, daß die von Napoleons Landmessern errechneten Entfernungen zwischen bestimmten ägyptischen Ortschaften mit den antiken Angaben in Stadien übereinstimmten, wenn man davon ausging, daß das Stadion eine Länge von 185 Metern hatte. Schließlich ermittelt Jomard bei seinem Studium der Klassiker, daß ein Stadion von sechshundert Fuß als der sechshundertste Teil eines geographischen Breitengrades betrachtet wurde.

Jomard errechnete nun, daß ein geographischer Grad auf der mittleren Breite von Ägypten 110 827,68 Meter mißt, also so viele Meter vom nächsten Breitengrad entfernt ist. Teilt man diese Ziffer durch sechshundert, so erhält man den Wert von 184,712 Metern. Das ist gerade zehn Zentimeter weniger, als er für die Seitenhöhe der Pyramide ermittelt hatte. Jomard stellte sich nun die Frage, ob die Ägypter wohl imstande gewesen waren, ihre Maßeinheiten, wie zum Beispiel das Stadion, die Elle oder den Fuß, von der Größe der Erde abzuleiten, um dieses Wissen dann in den Steinen ihrer Pyramide zu verewigen. In dieser erregenden Hypothese sah er sich durch die Berichte mehrerer griechischer Autoren bestärkt, wonach der Umfang der Grundfläche der Pyramide so festgelegt worden war, daß er einer halben Minute eines Längengrades entsprach. Das bedeutet, daß die mit 480 multiplizierte Grundkante der Pyramide der Ausdehnung eines geographischen Grades gleichkam.

Jomard teilte die 110 827 Meter, die er für einen Grad berechnet hatte, durch 480. Das ergab 230,8 Meter und stimmt bis auf zehn Zentimeter mit der Länge einer Grundkante der Pyramide überein. Um die Länge einer Elle herauszufinden, die mit diesen Maßen übereinstimmte, befragte der französische Gelehrte wiederum die Klassiker. Nach Herodot bestand ein Stadion mit der Länge von sechshundert Fuß aus vierhundert Ellen. Jomard teilte die Seitenhöhe durch vierhundert und erhielt dadurch eine Elle von 0,4618 Metern. Zu seiner großen Überraschung war das genau die Länge der modernen ägyptischen Elle.

Abb. 22 Jomard, Coutelle und Le Père erforschen die Galerie.
Daneben »Visitenkarten« aus vielen Jahrhunderten in Stein geritzt.

Nach anderen griechischen Quellen sollte die Basis der Pyramide fünfhundert Ellen lang sein. Und wiederum ging die Rechnung auf. Als Produkt aus 0,4618 mal 500 ergaben sich 230,90 Meter. Das entsprach also genau dem, was er als Länge der Basis gemessen hatte.

Jomards Ergebnisse beeindruckten seine Kollegen sehr. Aber als Gratien Le Père und Oberst Coutelle es unternahmen, die Grundkante der Pyramide nachzumessen, stellten sie fest, daß diese zwei Meter länger sei. Sie maßen auch noch einmal die Höhe mit einem eigens dazu angefertigten Instrument, und zwar Stufe für Stufe. Das Ergebnis zeigte, daß Jomard den Neigungswinkel für die Seiten der Pyramide zu niedrig angesetzt hatte und daher seine Seitenhöhe zu kurz war. Vergeblich wies Jomard darauf hin, daß er auf eine noch überraschendere Übereinstimmung gestoßen war, insofern als der vierhundertste Teil der von ihm gemessenen Grundlinie den Wert von 0,5773 Metern ergab und daß dies genau die Größe einer längeren modernen ägyptischen Elle war, der sogenannten *pyk belady*.

Jomards Kollegen wandten dagegen ein, daß es in keinem anderen alten ägyptischen Bauwerk Anzeichen dafür gebe, daß man mit solchen merkwürdigen Ellen gearbeitet hatte. Nach ihrer Ansicht war die einzige richtige Elle diejenige, die man auf dem Pegel zur Bestimmung des Nilwasserstands bei Elephantine markiert hatte und die in ihrer Länge fast genau der »königlichen« Elle von Memphis mit ihrer Länge von 0,524 Metern entsprach. Das war übrigens auch der Wert, den Newton von den Ausmaßen der Königskammer abgeleitet hatte.

Dennoch setzte Jomard unerschüttert seine Beobachtungen fort. Es kam ihm der Gedanke, daß die alten Ägypter vielleicht imstande gewesen waren, von der Sohle des absteigenden Ganges aus den Durchgang eines Zirkumpolarsterns durch den Meridian zu beobachten. Das hätte ihnen ermöglicht, die Nordrichtung festzulegen und die Seiten der Pyramide genau nach den vier Himmelsrichtungen zu orientieren. Er vertrat die Ansicht, daß es aufgrund der Länge und Enge des Ganges vielleicht sogar möglich gewesen war, solch einen Stern bei Tage zu sehen. Seine Kollegen meinten dagegen, daß die Klapptür, die Öffnung des absteigenden Ganges, eine solche Beobachtung verhindert hätte.

Napoleons Landvermesser hatten herausgefunden, daß die Pyramide genau nach den vier Himmelsrichtungen orientiert war, und daher den durch den Scheitelpunkt der Pyramide gehenden Meridian als Ausgangsbasis für ihre Messungen benutzt. Zudem stellten sie nach Aufzeichnung einer Karte Unterägyptens mit Erstaunen fest, daß dieser Meridian das Delta in zwei genau gleich große Hälften teilte und daß die durch die Pyramide gezogenen, rechtwinklig zueinander stehenden Diagonalen das gesamte Delta umschlossen (23). Die Errichtung dieses

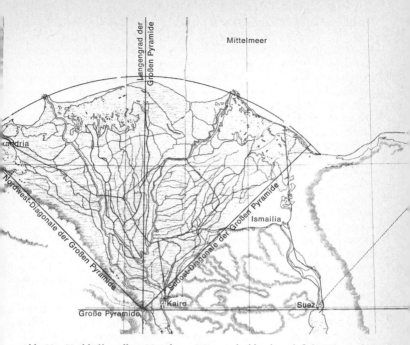

Abb. 23 Verblüfft stellten Napoleons Wissenschaftler fest, daß die Diagonalen, im rechten Winkel durch die Große Pyramide gezogen, das Nil-Delta umschließen.

Bauwerks, das ein solch vollkommenes geodätisches Wahrzeichen darstellte, konnte deshalb keinesfalls dem Zufall zugeschrieben werden, sondern setzte ein umfassendes Wissen auf den Gebieten der Astronomie und Geographie voraus.

Jomard hegte auch die Vermutung, daß die sogenannte Königskammer mit ihrem leeren Sarkophag vielleicht gar nicht als Grabstätte, sondern als ein Zentrum der Metrologie gedacht war. Sie hätte dann den Zweck gehabt, ein bestimmtes Maßsystem in Stein zu verewigen.

Bis zum Ende blieb Jomard davon überzeugt, daß die Erbauer der Pyramide über das nötige astronomische Wissen verfügt hatten, um die Länge eines geographischen Grades und damit auch den tatsächlichen Erdumfang zu errechnen, und daß sie eine hochentwickelte Wissenschaft der Geographie und Geodäsie besessen hatten, deren Grunder-

kenntnisse in der Geometrie der Großen Pyramide verkörpert worden seien.
Jomard wies in diesem Zusammenhang darauf hin, daß Herodot, Plato, Diodorus und viele andere Ägypten als Geburtsstätte der Geometrie bezeichnet hatten, daß sowohl Solon als auch Plato nach Ägypten gegangen waren, um dort diese Wissenschaft zu studieren, und daß auch Pythagoras seine geometrischen Lehrsätze, seine Rechenkunst und seine Vorstellungen von der Seelenwanderung von den Ägyptern übernommen hatte.
Jomards auf die klassische Antike eingeschworenen Kollegen wollten sich nicht mit der Idee abfinden, daß nicht ihren geliebten Griechen das Verdienst zukam, die Wissenschaft der Geometrie begründet zu haben, und somit war die Sache für sie erledigt.
Einen letzten Auftrieb erfuhr allerdings Jomards Theorie noch einmal durch Louis Desaix, einen der Lieblingsgeneräle Napoleons. Auf seinem Marsch nach Oberägypten traf der 29jährige Offizier in der Nähe von Theben auf einen großartigen Tempel, der halb unter dem Sand begraben war. An seiner Decke war der Tierkreis in Form einer Scheibe abgebildet. Dieser Tierkreis war offensichtlich eine Abbildung des Sternhimmels über Ägypten; aber er zeigte die erkennbaren Sternbilder in ganz anderen Stellungen als zur damaligen Zeit. Die französischen Gelehrten schlossen daraus, daß im Tierkreis an der Decke des Tempels der Sternhimmel so abgebildet sei, wie er sich den Ägyptern vor vielen Jahrhunderten dargeboten habe. Dies wiederum schien zu beweisen, daß die Ägypter mit der Konstellation der Sterne im Tierkreis bereits in grauer Vorzeit vertraut gewesen waren.
Aber das Unglück wollte es, daß sich in dem besagten Tempel auch eine Inschrift fand, die die Entstehung dieses Tierkreises der Zeit der Ptolemäer zuschrieb und damit an die Schwelle der Neuzeit rückte. So mußte Jomard abermals eine Hoffnung begraben.
In der Zwischenzeit war Napoleon, dessen logistischer Geist bereits überschlägig berechnet hatte, daß man aus den Steinen des Pyramidenkomplexes von Giseh eine drei Meter hohe und dreißig Zentimeter dicke Mauer um ganz Frankreich bauen könne, auf die geheimnisvolle Königskammer aufmerksam gemacht worden. Am 12. August 1799 besuchte er mit Imam Muhammed, der ihm als Führer diente, die Große Pyramide, von der er eigenhändig eine Skizze entwarf (24/25). In der Königskammer bat er darum, allein gelassen zu werden, wie das in ähnlicher Weise bereits von Alexander dem Großen berichtet wird. Als Napoleon wieder aus der Kammer herauskam, soll er sehr blaß und bewegt ausgesehen haben. Als ihn einer seiner Adjutanten scherzhaft fragte, ob er in der Kammer irgend etwas Geheimnisvolles erlebt habe,

Abb. 24 Napoleon in der Königskammer.

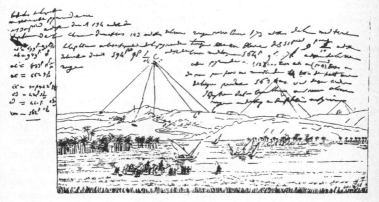

Abb. 25 Des Kaisers Notizen auf einer Skizze von den Pyramiden.

Abb. 26 Champollion und der berühmte Stein von Rosette.

erwiderte der General schroff, daß er sich darüber nicht äußern wolle, und fügte dann in etwas freundlicherem Ton hinzu, man möge diesen Vorfall nie wieder in seiner Gegenwart erwähnen.
Viele Jahre später – er hatte sich inzwischen zum Kaiser krönen lassen – machte Napoleon, obgleich er sich sonst immer noch über sein seltsames Erlebnis in der Pyramide ausschwieg, die Andeutung, daß ihn dort eine Vorahnung seines künftigen Geschicks überkommen habe. Es hat den Anschein, daß er kurz vor seinem Ende auf St. Helena im Begriff stand, das Geheimnis dieses Vorfalls Las Cases anzuvertrauen. Aber im letzten Augenblick schüttelte er den Kopf und sagte nur: »Nein. Es hat keinen Zweck. Sie würden mir doch nicht glauben.«
Als die militärische und politische Lage Napoleon zwang, Ägypten in großer Hast zu verlassen, fielen seine Gelehrten den Engländern in die Hände. Sie wurden von ihnen als Zivilisten rücksichtsvoll behandelt und durften mit all ihren Aufzeichnungen und Unterlagen das Land verlassen. Bei ihrer Ankunft in Frankreich wurden sie von dem inzwischen zum Diktator aufgestiegenen Napoleon beauftragt, ein wahrhaft monumentales Werk über die Bauwerke, die Kultur und Sprache sowie die Sitten der Ägypter vom Altertum bis zur Neuzeit herauszugeben. Mit Hilfe einer ganzen Armee von Malern und Buchdruckern sowie vierhundert Kupferstechern wurde das Werk zusammengestellt und im Laufe eines Zeitraums von fünfundzwanzig Jahren veröffentlicht. Es trug den Titel *Description de l'Egypte ou Recueil des observations et des recherches qui ont été faites en Egypte pendant l'expédition de l'armée française.*

Die Veröffentlichung umfaßte insgesamt einunzwanzig Foliobände, davon neun Textbände, während in den zwölf übrigen die Bildtafeln veröffentlicht wurden. Mit einem gewissen Recht wurde dieses Werk in seiner Konzeption und Ausführung als eine unsterbliche und bisher unerreichte Leistung bezeichnet.

Der Drucklegung des Berichts der *savants* kam der gerissene Baron Dominique Vivant Denon zuvor, der die Kupferstiche, die er während des ägyptischen Feldzugs gemacht hatte, in zwei Bänden herausgab. Seine *Voyage dans la basse et la haute Egypte* wurde sofort ein Bestseller. Europa war geradezu überwältigt von diesen erstaunlichen Bildern einer bis dahin unbekannten Welt.

In wissenschaftlicher Hinsicht war die sensationellste Ausbeute der Franzosen in Ägypten jene etwa neunzig Zentimeter große Dioritplatte mit ihrer dreisprachigen Inschrift, die von einem Hauptmann Bouchard in der Nähe der Stadt Rosette, oberhalb der Mündung des westlichen Nilarms, gefunden wurde. Die Engländer bemächtigten sich des Steins und brachten ihn in die Ägyptische Abteilung des Britischen Museums. Dort lag er zwanzig Jahre lang unentziffert, bis es einem jungen Franzosen, Jean-François Champollion, gelang, das Rätsel seiner Hieroglyphen zu lösen und damit das erste untrügerische Licht auf mehrere Jahrtausende der geheimnisvollen ägyptischen Vergangenheit zu werfen (26). Auf diese Leistung traf zu, was Napoleon etwas pathetisch bei seiner Wahl zum Mitglied des *Institut de France* sagte: »Die einzigen Siege sind die, welche der forschende Geist über die Unwissenheit erringt.«

Erforschung mit Meißel und Schießpulver

Nach Wellingtons Sieg bei Waterloo fielen die Pyramidenforschungen der französischen Gelehrten zur Zeit Napoleons der Vergessenheit anheim. Die Vertiefungen für die Ecksteine der Großen Pyramide, die sie freigelegt hatten, wurden abermals unter dem Wüstensand begraben. Es blieb einem etwas exzentrischen Italiener überlassen, die nächste wichtige Entdeckung im Innern der Pyramide zu machen. Während Napoleon auf St. Helena dahinsiechte, landete der Genueser G. B. Caviglia als Kapitän eines in Malta registrierten Schiffes in Ägypten. Von der geheimnisvollen Großen Pyramide fasziniert, gab er die Seefahrt auf, um sich hinfort nur noch der Erforschung dieser Pyramide und anderer Bauwerke auf dem Plateau von Giseh zu widmen. Er bestritt seinen Unterhalt, indem er reichen Europäern behilflich war, die Gräber in der Umgebung auszuplündern und ihren Appetit auf echte ägyptische Altertümer zu befriedigen. Bei der Freilegung der Sphinx stieß Caviglia auf die Fundamente eines verschwundenen Obelisken (27).

Caviglia, den uns ein Zeitgenosse als einen enthusiastischen Altertumsverehrer schildert, der darauf versessen war, die Geheimnisse der Pyramiden und der ägyptischen Gräber zu erforschen, soll sich in Davisons Kammer häuslich eingerichtet haben, nachdem er dieselbe gründlich vom Kot der Fledermäuse gereinigt hatte. Leider wird in dem Bericht nicht näher ausgeführt, wie dies der Italiener in einem Raum, der kaum einen Meter hoch war, zustande brachte.

Alexander William Crawford, der spätere Lord Lindsay, der mit Caviglia in Kairo bekannt wurde, charakterisiert ihn als tief religiösen Mann, der seine Bibel gründlich kannte, fortwährend daraus zitierte und ziemlich verschrobene Ideen darüber hatte, was in der Pyramide zu entdecken sei. Nach England berichtete Crawford in einem seiner Briefe: »Caviglia teilte mir mit, er habe seine Studien der Magie, des tierischen Magnetismus usw. mit einem solchen Eifer betrieben, daß es ihn fast das Leben gekostet hätte ... und dabei sei er bis an die äußerste Grenze dessen gelangt, was einem Menschen zu wissen erlaubt sei. Er fügte hinzu, daß ihn nur die Lauterkeit seiner Absichten gerettet hätte.«

Caviglia war fest davon überzeugt, daß im Innern der Pyramide ein geheimer Raum zu finden sei. Um ihn zu entdecken, stellte er eine Mannschaft arabischer Arbeiter an, die von Davisons Kammer aus einen Stollen in die Pyramide brechen sollten. Aber wie weit sie auch vordrangen, sie fanden nichts als festes Mauerwerk.

Schließlich mußte Caviglia das Unternehmen aufgeben. Dafür machte er sich daran, das Rätsel des sogenannten Brunnenschachts aufzuklären. Er seilte sich also in den Schacht ab und gelangte bis zu einer Tiefe von etwa 38 Metern unterhalb der Grotte, also so weit, wie Davison vor ihm gekommen war. Aber auch er mußte feststellen, daß es da kein Weiterkommen gab und daß er auf der Sohle des Schachts aus Mangel an Luft kaum atmen konnte. Da jedoch der Grund des Schachtes fast nur aus Sand und losem Gestein zu bestehen schien, war Caviglia entschlossen, an dieser Stelle weiterzugraben. Eine Zeitlang konnte er eine Kolonne Araber dazu bewegen, ihm beim Ausschachten zu helfen. Das ausgegra-

Abb. 27 Die Fundamente des verschwundenen Obelisken zwischen den Klauen der Sphinx.

Abb. 28 Das untere Ende des Schachtes.

bene Material mußte in Eimern bis zum oberen Ende des Schachts befördert werden. Aber der Schacht war so eng, die Luft darin so verpestet von dem Kot der Fledermäuse, und dazu war der bei der Arbeit aufgewirbelte Staub so dick, daß die Araber, von denen einige bereits ohnmächtig geworden waren, nicht mehr weiterarbeiten wollten. Trotz mancherlei Bemühungen ließ sich die Luft auf der Sohle des Schachts nicht verbessern, auch nicht durch das Abbrennen von Schwefel, und so ließen sich die Araber nicht zur Weiterarbeit bewegen.

Caviglia entschloß sich darauf zu einem anderen Vorgehen. Er wollte versuchen, den absteigenden Gang, der zur unterirdischen Grube führen mußte, freizumachen. Der war, wie bereits berichtet, seit al-Ma'muns Zeit mit Trümmern der Granitblöcke, die man aus dem aufsteigenden Gang herausgebrochen hatte, versperrt. Caviglia ließ die Steinbrocken beiseite schaffen und ins Freie befördern, und es gelang ihm, sich auf Händen und Knien etwa fünfundvierzig Meter in den Gang vorzuarbeiten. Dann wurde die Luft so schlecht und die Hitze so groß, daß er Blut spucken mußte. Dennoch wollte er nicht aufgeben. Nach weiteren fünf-

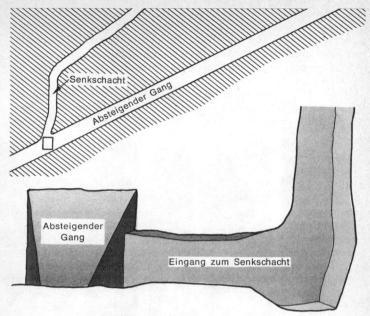

Abb. 29 Mündung des Schachtes in den Absteigenden Gang.

zehn Metern machte er eine Entdeckung, die dafür sprach, daß er auf der rechten Spur war. Auf der Westseite des Ganges sah er plötzlich eine niedrige türartige Öffnung und dahinter eine tiefe Einbuchtung. Als die Araber darangingen, dieses Loch nach oben auszuräumen, bemerkte Caviglia einen starken Schwefelgeruch. Da kam ihm die Idee, daß dieser Schwefelgeruch von der Sohle des Brunnenschachts herrühren könnte, daß er also ganz dicht am Ziel sein müsse.

Die Araber verdoppelten darauf ihre Anstrengungen, und dabei löste sich auf einmal eine Schicht Erde über ihnen und stürzte in einer dicken Staubwolke auf sie herab. Auch ein Eimer und Seile befanden sich zwischen dem abgesackten Geröll; sie waren nach der Fertigstellung auf der Sohle des Schachts liegengelassen worden. Plötzlich gab es einen scharfen Luftzug im Schacht, und man konnte wieder ungehindert atmen. Caviglia hatte das untere Ende des Senkschachts entdeckt (28/29). Aber warum und wann war dieser Schacht gerade an dieser Stelle gebaut worden, und wer hatte die Arbeit durchführen lassen?

Noch während sich Caviglia mit diesem Problem befaßte, stieß ein neuer

Mann zur Gruppe der Pyramidenforscher, der Engländer Richard Howard-Vyse, ein Gardeoffizier und nicht minder ein Original als Caviglia, wenn er auch das Gegenteil des romantischen und verschlossenen Italieners war. Er arbeitete zunächst gern mit Caviglia zusammen, aber bald entbrannte ein heftiger Streit zwischen den beiden, und sie trennten sich im Zorn.

Oberst Howard-Vyse, ein Enkel des Earl of Stafford, ein harter militärischer Vorgesetzter, der hinsichtlich Disziplin und Dienst keinen Spaß verstand, war eine Zeitlang Oberstallmeister des Herzogs von Cumber-

In seinem Buch »Das Geheimnis der Cheops-Pyramide« beschreibt Fernand Ihek eine verblüffende Eigenschaft der Königskammer: Innerhalb kurzer Zeit wurden Tierkörper durch Dehydration mumifiziert. Um den menschlichen Körper für die Wiedergeburt so intakt wie möglich zu halten, entwikkelten die alten Ägypter kunstvolle Verfahren: Eingeweide und Gehirn wurden entfernt und durch Harze und Öle ersetzt.

land, des späteren ersten Königs von Hannover, gewesen und hatte sich auch erfolglos um einen Sitz im englischen Parlament beworben. Seine Zeitgenossen schilderten ihn als ebenso kompromißlos und unkompliziert in seinem ganzen Wesen wie Wellington, unter dem er einst diente.

Seiner Familie ging er erheblich auf die Nerven, und sie war froh, ihn möglichst weit vom Landsitz der Familie in Buckinghamshire zu wissen, selbst wenn sie dafür erhebliche finanzielle Opfer bringen mußte. Howard-Vyse war auch nicht gerade kleinlich im Geldausgeben. Allein für die Erforschung des Pyramidengeländes von Giseh sollte er zehntausend Pfund Sterling ausgeben. Der Engländer erblickte die Pyramiden zum erstenmal vom anderen Nilufer aus, als er im November 1836 in einer klaren Mondscheinnacht durch die Umgebung von Tura ritt. Er war als einer jener reichen, nur auf ihr Vergnügen bedachten, eleganten englischen Herren nach Ägypten gekommen. Wie er selbst berichtet, faszinierten ihn das »hohe Alter, der rätselhafte Ursprung und die eigenartige, geheimnisumwitterte Bauweise« der Pyramiden. Er beschäftigte sich mit der Frage, welchem Zweck denn eigentlich die bereits entdeckten Gänge und Kammern gedient haben mochten, noch mehr lag aber sein Ehrgeiz darin, selbst weiteren Gängen und Kammern in dem gewaltigen Bauwerk auf die Spur zu kommen.

Beeindruckt von Caviglias Theorien über die rätselhaften und hermetischen Zwecke, für welche die Pyramide nach dessen Ansicht ursprünglich entworfen worden war, sicherte sich Howard-Vyse die Hilfe des englischen Bauingenieurs John Shae Perring, der im Dienste des ägyptischen Khedives Mohammed Ali gestanden hatte. Perring wurde damit beauftragt, alle Pyramiden und Gräber, die bisher auf dem Plateau von Giseh entdeckt worden waren, zu vermessen.

Howard-Vyse wählte als seinen festen Standort ein leeres Grab in der Nähe der Großen Pyramide und beschäftigte bald mehr Arbeiter, als seit den Zeiten al-Ma'muns jemals zur Erforschung der Pyramide eingesetzt worden waren. Nicht selten waren es an die siebenhundert Mann, die unter der Leitung Caviglias arbeiteten.

Alles ging reibungslos vonstatten, bis der Engländer eine ausgedehnte Reise nilaufwärts unternahm, um im Süden des Landes eine Reihe anderer Pyramiden zu besichtigen. Als er zurückkehrte, war er außer sich vor Wut darüber, daß Caviglia die Arbeit an der Großen Pyramide fast vollständig unterbrochen hatte, um statt dessen die von Howard-Vyse entlohnten Arbeiter mit der Suche nach Mumien und ihn interessierenden Altertümern in den benachbarten Grabstätten zu beauftragen. Der Italiener geriet bei den Vorhaltungen des englischen Lords nicht weniger in Zorn, und heftig gestikulierend erklärte er ihm, daß nur er etwas von

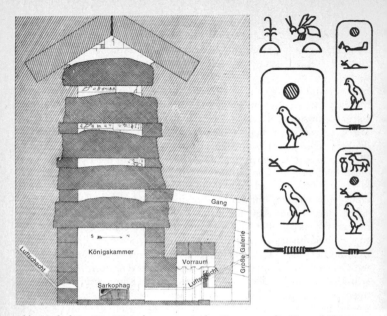

Abb. 30 (links)   Die Königskammer mit den Kammern, die Howard-Vyse entdeckte.

Abb. 31   Kartuschen mit dem Zeichen für »Cheops« an den Wänden dieser Kammern.

Ausgrabungen und vom Wert der *curios* und *anticos* verstünde, während der Oberst lediglich Geld hätte. Als dieser darauf sein Geld zurückforderte, erschien Caviglia am anderen Morgen zum Frühstück in des Engländers Zelt und warf ihm verächtlich das in einen alten Strumpf gewickelte Geld auf den Tisch.

Das war das Ende von Caviglias Forschertätigkeit in Ägypten. Er zog sich nach Paris zurück, wo er gelegentlich von einem anderen Altertumsliebhaber, dem früheren Botschafter Englands bei der Hohen Pforte, Lord Elgin, unterstützt wurde.

Howard-Vyse übernahm nun selbst die technische Leitung bei den Grabungen in der Pyramide. Eine viktorianische Dame berichtet darüber voller Bewunderung: »Der Oberst verharrte vor der Großen Pyramide wie zur Belagerung einer Festung. Den ganzen Winter und Frühling hindurch und auch während des glühenden ägyptischen Sommers, als alle anderen Reisenden längst vor der Hitze geflohen waren, widmete er

Abb. 32 Polierte Kalksteine der Basisverkleidung.

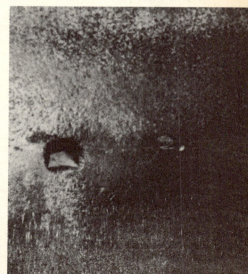

Abb. 33 Luftschacht an der Nordwand der Königskammer.

sich unermüdlich seiner Aufgabe als Planer und Leiter seiner Ausgrabungen sowie als Bürochef und Rechnungsführer für die Hunderte von Arbeitern, die er beschäftigte. Und so ging es Tag für Tag, Monat für Monat, bis all das ausgeführt war, was er sich unter einer gründlichen Erforschung der Pyramide vorstellte. Denn er zählte nicht nur zu jenen Männern, die niemals auf einem Wege umkehren, den sie einmal beschritten haben, sondern er war auch ein religiöser Mensch, ein frommer Christ, der das Empfinden hatte, in diesem Fall vom Herrn zu einer besonderen Arbeit berufen worden zu sein. Und obgleich er zunächst seinem Können auf diesem für ihn ganz neuen Betätigungsfeld nicht recht getraut und sich aus diesem Grund der Hilfe eines italienischen Fachmanns bedient hatte, erwies er sich nach dessen Versagen als ein bewundernswertes Vorbild für alle Menschen, mit denen er zusammenkam, ob arm oder reich. Er war ganz erfüllt von seiner Aufgabe, legte selbst Hand mit an und ließ nie von einer Arbeit ab, bevor sie erfolgreich beendet war. Und während all dieser Zeit achtete er trotz weltmännischer Höflichkeit auf strenge Gerechtigkeit, in einer Art und Weise, die ihm bei seinen dunkelhäutigen arabischen Arbeitern bleibende Hochachtung verschaffte.«

In der Kammer der Königin ließ Howard-Vyse Tag und Nacht in Schichten arbeiten, um den Fußboden vor der Nische der Kammer aufzureißen. Aber alles, was sie fanden, war ein alter Korb, und so schüttete man das Loch wieder zu.

In Davisons Kammer entdeckten sie einen Spalt in der Decke, in den man ein Schilfrohr einen Meter tief hineinstecken konnte. Da der englische Oberst daraus schloß, daß sich über der Decke eine zweite Kammer befinde, befahl er seinen Arbeitern, mit Meißeln einen Stollen durch die Granitplatten zu treiben. Aber der Granit erwies sich als zu hart. Und wiederum konnten die Araber die Hitze in dem engen Raum der niedrigen Kammer auf die Dauer nicht ertragen. Als selbst Steinbrucharbeiter aus dem benachbarten Mokattamgebirge jenseits des Nils die Sache nicht schaffen konnten, blieb nichts anderes übrig, als sich versuchsweise mit Schießpulver einen Weg nach oben zu bahnen. Um die Ladungen sachgerecht anbringen zu lassen, stellte er einen Mann namens Daued an, der fast nur von Haschisch und Alkohol lebte. Daued zündete seine Pulverladungen mit gutem Erfolg, ein Unternehmen, das besonders gefährlich war, weil die abgesprengten Granitbrocken wie Schrapnellkugeln durch die Gegend flogen.

Als sich der Staub legte, stellte Howard-Vyse fest, daß sie sich tatsächlich einen Zugang zu einer zweiten Kammer verschafft hatten, die er etwas chauvinistisch nach seinem ehemaligen Feldherrn Wellington benannte. Der Fußboden dieser neu entdeckten Kammer bestand aus neun

Abb. 34 (links) Maßrelation zwischen Basisblöcken der Verkleidung und dem Böschungswinkel der Pyramide.

Abb. 35 So wie hier an der Basis war ursprünglich die ganze Pyramide verkleidet. Diese Kalksteine glänzten wie poliert.

gewaltigen Granitblöcken, von denen jeder über fünfzig Tonnen wog. Ungefähr neunzig Zentimeter darüber befand sich wiederum eine flache Decke aus acht Granitblöcken.
Die neue Kammer hatte eine seltsame Wirkung, als man sie betrat. Jeder, der das tat, wurde plötzlich schwarz im Gesicht. Statt mit Kot war ihr Fußboden mit einem feinen schwarzen Pulver bedeckt, das, wie sich bei näherer Prüfung herausstellte, aus den abgeworfenen Häuten und Schalen von Insekten, sogenannten Exuvien, bestand. Aber von lebenden Insekten war keine Spur zu entdecken.
In der Überzeugung, daß die Steinblöcke der Decke ihrerseits den Fuß-

boden einer dritten Kammer bildeten, ließ Howard-Vyse die Sprengarbeiten fortsetzen. Die Arbeiten oberhalb der Königskammer wurden immer schwieriger, je höher sie kamen. Die Männer brauchten dreieinhalb Monate, um eine Höhe von etwas mehr als zwölf Metern zu erreichen.

Nach und nach wurden zusätzlich zu den beiden bereits gefundenen drei weitere Kammern freigelegt; die oberste davon war mit riesigen Kalksteinblöcken giebelförmig abgedeckt (30). Diese Kammern wurden von Howard-Vyse nach Admiral Nelson, Lady Arbuthnot – der Frau eines englischen Generals, der zufällig die Pyramide besuchte, nachdem der Raum gerade entdeckt worden war – und nach Oberst Campbell, dem englischen Konsul in Kairo, benannt.

Aber von besonderem Interesse waren nicht so sehr die entdeckten Kammern selbst als vielmehr einige offensichtlich schnell hingeworfene, medaillonartige Zeichnungen in roter Farbe, sogenannte Kartuschen, die sich an den Innenwänden der oberen Kammern fanden (31). Dank dem Stein von Rosette und den Forschungsarbeiten von Champollions Nachfolgern konnte von Ägyptologen ermittelt werden, daß eine der Kartuschen das Zeichen für Chufu war, den man für den zweiten Pharao der Vierten Dynastie hält. Im Griechischen lautet sein Name Cheops, und man nimmt an, daß er im dritten Jahrtausend v. Chr. regierte. Es ließ sich damals natürlich nicht beweisen, daß dieser Chufu tatsächlich der Cheops war, der in Ägypten regiert hatte. Aber die Tatsache, daß ähnliche Kartuschen in den Steinbrüchen der Wadi-Magharah-Berge gefunden wurden, die viele Steine für die Pyramide geliefert hatten, stützte diese These.

Eines schien auf jeden Fall klar. Wer auch immer diese Kartuschen auf den Innenwänden der oberen Kammer angebracht haben mochte, mußte das getan haben, *bevor* die Kammern verschlossen wurden; denn man fand keinen Eingang zu ihnen außer dem von Oberst Howard-Vyse gewaltsam geschaffenen. Wohl blieb mancher Zweifel bestehen, ob es nicht doch einen viel früheren König mit einer ähnlichen Kartusche gegeben habe, den die Ägyptologen nicht kannten. Aber solange es keinen Beweis dafür gab, schien die These schwer zu widerlegen, daß die Pyramide während der Regierungszeit des historischen Cheops gebaut wurde, wie das auch von Herodot und anderen klassischen Schriftstellern berichtet wird.

Nach der Ansicht von Howard-Vyse waren die fünf übereinanderliegenden Kammern eingebaut worden, um die Decke der Königskammer vom Druck der gewaltigen Steinmassen über ihr zu entlasten. Diese Auffassung wurde in der Folgezeit von den meisten Forschern geteilt. Eine andere bemerkenswerte Entdeckung, die der Engländer an den Wänden der Königskammer machte, sollte die Hypothese von Dr. Harvey bestätigen, daß die Kammern mit Außenluft versorgt werden mußten. Greaves hatte seinerzeit die etwa 23 Zentimeter breiten Öffnungen in der Königskammer entdeckt. Aber erst einer von Howard-Vyses Mitarbeitern, ein gewisser Mr. Hill, stieg auf der südlichen Außenseite der Pyramide ein Stück hinauf und fand dort zwei ähnliche Öffnungen. Es stellte sich heraus, daß sie durch einen über sechzig Meter langen Schacht quer durch das feste Mauerwerk der Pyramide mit den Öffnungen in der Königskammer verbunden waren (33). Dem vom englischen Obersten beschäftigten Ingenieur Perring wäre beinahe der Kopf von einem großen Stein zerschmettert worden, der sich bei Hills Nachforschungen an der Außenseite der Pyramide gelöst hatte und nun die ganze Länge des Schachts mit großer Wucht heruntergerollt kam.

Als dieser Schacht von seinem Schutt befreit war, flutete auf einmal ein Strom kühler Luft in die Königskammer. Nachdem so die von Anfang an vorgesehene Belüftung der Königskammer wiederhergestellt war, blieb die Temperatur in ihr konstant auf 20° C, ganz unabhängig von der Außentemperatur während der verschiedenen Jahreszeiten. Das ganze System kann somit als eine vorgeschichtliche Klimaanlage bezeichnet werden. Das wiederum stützte Jomards These, daß diese Kammer als Aufbewahrungsort für Standardgewichte und -maße gedient hatte, die bekanntlich eine gleichmäßige Temperatur und gleichbleibenden Luftdruck verlangen, so wie sie im Pariser Observatorium für Maße und Gewichte etwa sechsundzwanzig Meter unter der Erde gegeben sind.

Noch sensationeller für alle Pyramidenforscher war die nächste Entdeckkung von Howard-Vyse. Seit dem Mittelalter, nachdem die Araber die Kalksteinverkleidung der Pyramide vollständig herausgebrochen hatten, war die gesamte Basis des Bauwerks bis zu einer Höhe von über fünfzehn Metern von Kalksteinbrocken, Sand und Schutt bedeckt. Die beiden nördlichen Ecken, die von den Franzosen freigelegt worden waren, bedeckte bereits wieder tiefer Sand. Jetzt entschloß sich Howard-Vyse, den Schutt in der Mitte der nördlichen Pyramidenseite wegzuräumen, um so zu dem eigentlichen Fundament der Pyramide und zum gewachsenen Fels darunter zu gelangen. Dabei machte er eine bedeutsame Entdeckung: zwei der ursprünglichen polierten Kalksteinblöcke der untersten Lage des Pyramidenmantels befanden sich noch an ihrer alten Stelle (32).

Das beendete ein für allemal den alten Streit um die Verkleidung der Pyramide. Wer es bisher als eine Legende betrachtet hatte, daß das gesamte Bauwerk einst mit einem glatten Mantel aus leuchtendem Kalkstein versehen war, fand sich nun endgültig widerlegt. Zwei Kalksteinplatten der ursprünglichen Verkleidung hatte man nun gefunden, und sie waren so sorgfältig zugeschnitten, daß eine genaue Messung des ursprünglichen Böschungswinkels der Pyramidenflächen möglich wurde (34). Die etwa eineinhalb Meter hohen, zweieinhalb Meter breiten und dreieinhalb Meter langen Blöcke wiesen einen Winkel von 51° 51' auf, während ihn die Franzosen etwas flacher angesetzt hatten. Es zeigte sich, wie sorgfältig die ägyptischen Steinmetzen den Stein zugehauen und poliert hatten (35). Der Böschungswinkel war nach den Worten Howard-Vyses so genau herausgemeißelt worden, daß selbst moderne Feinmechaniker bei der Herstellung von optischen Geräten kaum präziser hätten arbeiten können. »Die Fugen waren kaum sichtbar, nicht dicker als feines Silberpapier.«

Howard-Vyse gelang es auch, einen Teil der ursprünglichen Terrasse freizulegen, auf der der ganze Bau ruhte und die sich weiter nach Norden fortzusetzen schien. »Sie war sorgfältig und mit großer Präzision angelegt worden«, bemerkte der Engländer, »doch unter dem Bauwerk selbst hatten die Ägypter fast noch größere Sorgfalt walten lassen und eine vollkommen ebene Grundfläche geschaffen.«

Der tiefere Grund für diese erstaunliche Genauigkeit trat erst Jahre später zutage. Howard-Vyse faßte seine Entdeckungen folgendermaßen zusammen: »Ich bin der Ansicht, daß die Kunstfertigkeit, die sich in der Ausgestaltung der Königskammer, in der Herstellung der Terrasse sowie der Verkleidungssteine zeigt, in der Welt absolut unerreicht ist.«

Der Engländer ließ die entdeckten Steinplatten des Pyramidenmantels unverzüglich verpacken, um sie zu gegebener Zeit nach London ins Britische Museum zu schicken. Aber er konnte es nicht verhindern, daß wütende Moslems aus der Gegend die Verpackung aufrissen und mit Hämmern die feinen Kanten der Steine zertrümmerten. Sie wollten nicht, daß wertvolle Kunstgegenstände ihrer Heimat von Fremden aus dem Lande geschafft würden.

Nachdem der Böschungswinkel der Steinverkleidung ermittelt war und durch die Messungen der Franzosen Coutelle und Le Père feststand, daß die Länge der Grundkante der Pyramide 232,74 Meter betrug, ließ sich auch ihre Höhe genauer errechnen. Diese betrug danach von der Spitze der allerdings fehlenden Kappe bis zur Mitte der Grundfläche 147,9 Meter.

1840 fuhr Howard-Vyse nach England zurück. Dort gab er auf eigene Rechnung ein prächtig ausgestattetes zweibändiges Werk über die Ergebnisse seiner Pyramidenforschung heraus. Das Werk schildert in dem etwas pompösen Stil der Viktorianischen Zeit bis in alle Einzelheiten Howard-Vyses Ausgrabungen in Ägypten und trägt den Titel *Operations Carried on at the Pyramids of Gizeh in 1837*. Die Darstellung umfaßt auch Zitate aus Berichten von 71 Europäern und 32 Asiaten, die

Abb. 36 Steinsarkophag, den Howard-Vyse in der Mykerinos-Pyramide entdeckte.

sich seit dem 5. Jahrhundert v. Chr. mit der Pyramide beschäftigt hatten. John Perring, der Gehilfe des Obersten, gab ebenfalls einen stattlichen Band mit schönen Kupferstichen heraus. Das Unglück wollte es, daß Howard-Vyse das kostbarste Stück seiner wissenschaftlichen Ausbeute verlor, nämlich den Sarkophag von Mykerinos, den er in der unterirdischen Kammer der »Dritten Pyramide« gefunden hatte (36). Das Schiff, auf dem er ihn nach England transportieren ließ, sank in einem Sturm vor der Küste Spaniens.

Wie schmerzlich dieser Verlust auch war, als viel wichtiger erwiesen sich die Ergebnisse der Messungen, die Howard-Vyse in Ägypten durchgeführt hatte. Sie leiteten eine ganz neue Ära in der Erforschung der Großen Pyramide ein, einer Wissenschaft, die sich den stolzen Namen »Pyramidologie« zulegte.

Erste wissenschaftlich begründete Theorien

Es war ein Dichter und Essayist, der noch niemals die Pyramide mit eigenen Augen gesehen hatte, der aus den Messungen Howard-Vyses und der französischen Gelehrten die bis dahin weitestreichenden Schlußfolgerungen hinsichtlich des Ursprungs und Zweckes der Pyramide zog. Dieser Mann, John Taylor, Sohn eines Londoner Buchhändlers und Redakteur des *London Observer,* stand bereits in den Fünfzigern, als Howard-Vyse aus Ägypten zurückkehrte. Angeregt von dessen Veröffentlichungen, widmete er die nächsten dreißig Jahre seines Lebens dem Studium und Vergleich aller ihm zugänglichen Reiseberichte über die Pyramide. Taylor, der ein begabter Mathematiker und zugleich ein Amateurastronom war, baute sich maßstabgerechte Modelle der Pyramide und begann sie vom Standpunkt des Mathematikers aus zu analysieren. In seinem Bestreben, sich die unterschiedlichen Längenangaben für die Grundfläche zu erklären – diese waren um so höher, je später man die Messungen durchgeführt hatte –, kam Taylor auf den Gedanken, daß dies mit der schrittweise durchgeführten Beseitigung des Schutts vom Fuße der Pyramide zusammenhing. Ein jeder der betreffenden Forscher hatte richtig gemessen, war aber bei seinen Messungen jeweils von einer tieferen Schicht des Mauerwerks ausgegangen.
Taylor machte sich daran, immer wieder jede Einzelheit in der Bauweise der Pyramide zu skizzieren, und zwar nach den von Howard-Vyse angegebenen Meßwerten. Er wollte herausfinden, ob der Konstruktion des Bauwerks irgendwelche geometrischen oder mathematischen Formeln zugrunde lagen. Zunächst zerbrach er sich den Kopf darüber, warum die Erbauer für die Böschung der Seitenflächen gerade einen Winkel von 51° 51' auswählten statt einen solchen von 60°, wie das einem gleichseitigen Dreieck entsprochen hätte.
Nach einer sorgfältigen Überprüfung der Angaben, die die ägyptischen Priester Herodot über den Flächeninhalt jeder Pyramidenseite gemacht hatten, kam Taylor zu dem Schluß, daß nach dem Bauplan der Pyramide der gesamte Flächeninhalt der vier Pyramidenseiten dem Quadrat der Pyramidenhöhe entsprechen sollte. Falls das wirklich zutraf, stellte die Große Pyramide eine besondere, wenn nicht sogar einzigartige geometrische Konstruktion dar, denn keine andere Pyramide wies solche Proportionen auf. Taylor fand noch etwas anderes heraus: Wenn man den Umfang des Grundquadrats der Pyramide durch ihre doppelte Höhe teilt, erhält man als Quotienten 3,144, eine Zahl, die dem Wert von π (3,14159 ...) bemerkenswert nahe kommt. Mit anderen Worten, es hatte den Anschein, als ob die Höhe der Pyramide im gleichen Verhält-

nis zum Umfang ihrer Grundfläche steht wie der Radius eines Kreises zu seinem Umfang.

Diese Tatsache erschien Taylor so ungewöhnlich, daß er sie nicht dem Zufall zuschreiben wollte, und er rechnete mit der Möglichkeit, daß die Erbauer der Pyramide bei ihrer Konstruktion vor allem die Absicht gehabt hatten, den inkommensurablen Wert π in Stein auszudrücken. Sollte dies zutreffen, mußten die alten Ägypter über einen außerordentlich hohen Wissensstand verfügt haben. Bis auf den heutigen Tag ist das älteste uns bekannte Zeugnis dafür, daß die Ägypter den Wert von π kannten, der sogenannte Papyrus Rhind, der aus der Zeit von etwa 1700 v. Chr. stammt und somit viel jünger ist als die Pyramide. Diese Papyrusrolle wurde 1855 von dem schottischen Archäologen Henry Alexander Rhind in der Umhüllung einer Mumie gefunden und befindet sich jetzt im Britischen Museum. Sie enthält eine Angabe für den Wert von π, der mit 3,16 angegeben wird.

Auf der Suche nach Gründen für die Darstellung des Wertes von π in den Proportionen der Pyramide kam Taylor auf den Gedanken, daß der Umfang des Grundquadrats der Pyramide dem Umfang der Erde am Äquator und ihre Höhe der Entfernung des Mittelpunkts der Erde vom Pol entsprechen sollte. Er sagte sich, daß Jomard mit seinen Thesen vielleicht das Richtige getroffen habe. Vielleicht verhielt es sich wirklich so, daß die Baumeister der alten Ägypter die Ausdehnung eines geographischen Breitengrads gemessen und diese dann zur Ermittlung des Erdumfangs mit 360 multipliziert hatten. Mit Hilfe des Wertes und der Funktion von π hätte sich daraus die Länge des Polradius bestimmen lassen. Mußte man dann nicht annehmen, daß die Ägypter das so erworbene Wissen bewahren wollten, indem sie den Erdumfang maßstabgerecht im Umfang des Grundquadrats ihrer Pyramide und den Erdradius in deren Höhe abbildeten?

Taylor begründete seine These, daß die Pyramide errichtet wurde, um die wichtigsten Maße der Erde zu registrieren, wie folgt: »Die alten Ägypter wußten, daß die Erde eine Kugel ist. Durch die systematische Beobachtung der Bewegung der Himmelskörper über dem Erdhorizont hatten sie den Erdumfang berechnet und waren nun vom Wunsch erfüllt, den so genau errechneten Wert in einem Bauwerk festzuhalten, das so unvergänglich wie möglich sein sollte (37).«

Es war Taylor natürlich klar, daß die Erbauer der Pyramide ihren Berechnungen nicht eine Maßeinheit wie den britischen Fuß zugrundelegen konnten, die ja übrigens weder der Höhe noch der Grundfläche völlig entsprach. Er suchte deshalb nach einer Einheit, die als Quotient den Wert für π wiedergab und die in ganzen Zahlen in den grundlegenden Größen der Pyramide enthalten war.

Als er auf das Verhältnis 366 : 116,5 (= 3,141) kam, fiel ihm auf, daß 366 ja auch die Zahl der Tage in einem Jahr ist. Sollten etwa die Ägypter ganz bewußt den Umfang der Grundfläche so gewählt haben, daß er in Einheiten des Sonnenjahres entsprach? Darauf stellte er fest, daß er fast 100 mal 366 erhielt, wenn er die Gesamtlänge der vier Seiten des Grundquadrats in englischen Zoll ausdrückte. Nicht weniger überrascht war er bei der Feststellung, daß er ebenfalls das Resultat 366 erhielt, wenn er die in Zoll ausgedrückte Länge einer Pyramidenseite durch 25 teilte. War es denkbar, daß die alten Ägypter eine Maßeinheit gebrauchten, die dem britischen Zoll so nahekam? Bestand vielleicht ihre Elle aus 25 solchen Zoll?

Der Zufall wollte es, daß Sir John Herschel, zu Beginn des 19. Jahrhunderts einer der berühmtesten englischen Astronomen, gerade damals die Ansicht geäußert hatte, daß eine Längeneinheit, die um Haaresbreite dem britischen Zoll entsprach, die einzige vernünftige, weil der Erde kommensurable Einheit sei, da sie auf dem tatsächlichen Umfang der Erde basiere.

Herschel erhob Einwendungen gegen das französische Meter (der vierzigmillionste Teil eines Erdmeridians). Er kritisierte daran, daß es von einem gekrümmten Erdmeridian abgeleitet und somit in den einzelnen Ländern von verschiedener Länge sei. Die Erde sei ja nicht eine wirkliche Kugel, und jeder Längenkreis habe somit eine verschiedene Größe. (Entscheidender ist allerdings, daß sich die Franzosen in ihren Messungen geirrt hatten und ein Meter ermittelten, das um 0,0002 m zu kurz war.)

Nach Herschels Ansicht gab die Polachse der Erde, das heißt die gerade Linie von Pol zu Pol, die einzige verläßliche Grundlage für ein einheitliches Längenmaß ab. Die Länge dieser Achse war gerade kurz zuvor durch eine amtliche britische Landesvermessung berechnet worden, indem man vom Mittelwert aller gemessenen Meridiane ausging. Das ergab eine Länge von 7898,78 Meilen, die 500500000 britischen Zoll oder der abgerundeten Zahl von 500 Millionen Zoll entsprachen, falls der britische Zoll um eine halbe Haaresbreite länger wäre.

Herschel schlug vor, den normalen britischen Zoll, der amtlich als die Länge von drei aneinandergereihten und aus der Mitte einer Ähre entnommenen Gerstenkörnern berechnet worden war, um nur ein Tausendstel zu verlängern, wodurch man eine wahrhaft wissenschaftliche, der Erde entsprechende Längeneinheit erhalten würde, die genau den fünfzigmillionsten Teil der Polachse der Erde darstelle. Fünfzig solcher Zoll, betonte Herschel, würden ein Yard von der Größe des zehnmillionsten Teils dieser Achse ergeben, und die Hälfte davon, also 25 Zoll, könne man als sehr praktisches Maß für die Elle betrachten. Das war

Noch im 19. Jahrhundert war die Sphinx zur Hälfte im Sand begraben.

genau die Elle und der Zoll, von denen Taylor herausgefunden hatte, daß sie bei einer Multiplikation mit 366 den Grundmaßen der Großen Pyramide entsprachen (38).

Taylor wurde noch durch einen weiteren unerwarteten Befund überrascht. Es fiel ihm auf, daß damals gerade veröffentlichte Landkarten der amtlichen Britischen Landvermessung, die größten und teuersten, die bisher erschienen waren, einen Maßstab von 1:2500 hatten. Dieser Maßstab hatte offensichtlich keinerlei Beziehung zum Standard der britischen Meile von 5280 Fuß, einem Maß, das im Laufe der Zeiten eine unterschiedliche Größe hatte. Aber der für die Karten gewählte Maßstab paßte in einer Weise, die geradezu an ein Wunder grenzte, zu der »sakralen« Elle, wie sie von Newton gefordert worden war, sowie zum englischen Flächenmaß des *acre*, dessen Grundfläche Seiten von 100 Ellen zu je 25 Zoll hat. Es schien daher wahrscheinlich, daß der britische Zoll eine sehr alte Maßeinheit darstellte, die im Laufe der Zeiten ein Tausendstel ihrer Länge eingebüßt hatte.

Für Taylor war die Schlußfolgerung klar: Die alten Ägypter mußten ein System von Längenmaßen gehabt haben, das auf den richtigen sphärischen Dimensionen unseres Planeten beruhte, und zwar mit einer Einheit, die nur um ein Tausendstel vom englischen Zoll abwich.

Diese verblüffende Entdeckung ließ Taylor keine Ruhe, und er machte sich an die gewaltige Arbeit, die Größe von Elle, Fuß, Spann, Zoll und Stadion nicht nur bei den alten Ägyptern, sondern auch bei den Babyloniern, Hebräern, Griechen und Römern zu ermitteln. Er fand heraus, daß in der Vergangenheit alle möglichen Arten von Ellen in Gebrauch gewesen waren. Einige davon schienen in einem mathematischen Ver-

Abb. 37 Verhältnis zwischen Hemisphäre und Pyramide.

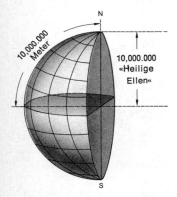

Abb. 38 Verhältnis zwischen »heiliger Elle« und Erdumfang.

hältnis zueinander zu stehen. Er untersuchte auch die Hohlmaße der Antike und die modernen Maße wie Gallone, Fäßchen, Oxhoft, Butte, Faß, Viertelpinte, Viertelscheffel und manche anderen.

Indem er Jomards Theorie nachging, daß die Königskammer der Pyramide und ihr Sarkophag nicht als Grabstätte entworfen worden sei, sondern zur monumentalen Festlegung eines Systems von Maßen und Gewichten, machte Taylor eine erstaunliche Entdeckung: Er fand heraus, daß der Rauminhalt des Granitsargs (oft auch als Wanne bezeichnet) fast genau viermal so groß war wie das *Quarter* oder wie acht Scheffel.

Aufgrund seiner Studien gelangte Taylor zu der Überzeugung, daß die Größenverhältnisse der Pyramide bewußt so gewählt worden waren, um gleichsam in einfacher und faßbarer Sprache geometrische und astronomische Gesetze niederzulegen, und daß es der Zweck des Bauwerks war, dieses Wissen zu wahren und künftigen Generationen zu überliefern.

Nach Taylors Weltbild war es jedoch gänzlich unerklärlich, wie ein Volk in grauer Vorzeit bereits ein Wissen von der wahren Gestalt unseres Planeten, dessen tatsächlicher Größe und seiner Bahn um die Sonne gehabt haben könnte. Und so fiel es ihm nicht leicht, seinen Zeitgenossen den Ursprung der wissenschaftlichen Erkenntnisse zu erklären, die er in der Pyramide verkörpert sah. Taylor war wohl ein Gelehrter und Mathematiker, aber in noch stärkerem Maße fühlte er sich als tief religiöser Mensch, der mit dem Alten Testament aufgewachsen war, an dessen Wahrheit er wörtlich glaubte. Für ihn war es darum eine feststehende Tatsache, daß Adam im Jahre 4000 v. Chr. geschaffen worden und die Sintflut 2400 v. Chr. ausgebrochen war. Es fiel ihm somit schwer, daran zu glauben, daß sich der Mensch im Verlaufe von dreihundert Jahren nach der Sintflut wieder so weit entwickelt haben konnte, um ein so kompliziertes Bauwerk wie die Große Pyramide zu errichten. Es blieb ihm deshalb nur eine Erklärung: Wer auch immer die Pyramide erbaut haben mochte, mußte es unter dem unmittelbaren Einfluß göttlicher Offenbarung getan haben, so wie Noah auf Befehl Gottes die Arche baute. Um es mit seinen eigenen Worten zu sagen: »Es ist wahrscheinlich, daß der Schöpfer in grauer Vorzeit einigen Menschen eine so hohe Geisteskraft verlieh, daß sie die nachfolgenden Geschlechter in dieser Hinsicht weit überragten.« Taylor wagte sogar die kühne Hypothese, daß die Erbauer der Pyramide lange vor Abraham zum auserwählten Volk gehörten, in der Tat so lange vor ihm, daß sie zeitlich eher zur Welt Noahs zu rechnen waren.

Wie zu erwarten war, hatte Taylor, ein gutmütiger und würdevoller alter Herr, einige Schwierigkeiten, seinen gesetzten viktorianischen Zeitgenossen solche gewagten und revolutionären Theorien schmackhaft zu machen, zumal sie damals gerade durch Darwins Theorie von der Abstammung des Menschen in gewaltige Aufregung versetzt wurden. Eine Abhandlung über die Pyramide, die er der *Royal Society* der englischen Akademie der Wissenschaften vorlegte, wurde von ihr mit dem Bemerken zurückgewiesen, daß sich diese Abhandlung besser für die mehr laienhaft orientierte *Society of Antiquarians* (Gesellschaft der Altertumsfreunde) eigne.

Da Taylor immer älter und hinfälliger wurde, befürchtete er, daß er sterben könnte, ohne irgendwelche Anhänger für seine Theorien gefunden zu haben, die er 1859 in seinem Buche *The Great Pyramid: Why Was It Built and Who Built It?* formuliert hatte. Aber kurz vor seinem Tode hatte er das Glück, die Unterstützung eines hervorragenden Gelehrten zu finden, der zudem als ausgezeichneter Mathematiker und kritischer Kopf in hohem Ansehen stand. Es war Professor Charles Piazzi Smyth, der königliche Astronom aus Schottland.

Erste Bestätigung wissenschaftlicher Theorien

Piazzi Smyth, der in Neapel als Sohn des Admirals William Henry Smyth geboren wurde und nach seinem Paten, dem berühmten sizilianischen Astronomen Pater Giuseppe Piazzi, dem Entdecker des ersten Asteroiden, genannt wurde, war als Mathematiker unvoreingenommen genug, um sich nicht von vornherein über Taylors ungewöhnliche Gedankengänge lustig zu machen. Nachdem er dessen Ziffern sorgfältig studiert hatte, beschloß er, darüber eine Abhandlung zu schreiben. Er unterbreitete diese der *Royal Society* in Edinburgh, zu deren Mitglied er wegen seiner bedeutenden Leistungen auf dem Gebiet der Spektroskopie, einer damals ganz neuen Wissenschaft, gewählt worden war.

Smyth vertrat darin die Überzeugung, daß die »sakrale Elle«, wie sie von den Erbauern der Pyramide benutzt wurde (= 25,025 englische Zoll), dieselbe Länge hatte wie die, welche Moses beim Bau der Stiftshütte und Noah für seine Arche gebraucht hatte. Und da der fünfundzwanzigste Teil dieser Elle nur um ein Tausendstel von dem britischen Zoll abwich, folgerte Smyth ferner, daß die Engländer diesen »heiligen« Zoll in ihrer Frühzeit übernommen und durch die Jahrhunderte bewahrt hätten.

Smyths Kollegen von der Royal Society erteilten ihm die gleiche Abfuhr, wie sie Taylor in London zuteil wurde. Während der letzten Wochen vor Taylors Tode stand dieser in einem lebhaften Briefwechsel mit Smyth. Als Taylor 1864 starb, entschied Smyth, daß es nur eine Möglichkeit gebe, Taylors Theorien über die π-Beziehung und die Länge des dem Bau der Pyramide zugrundeliegenden Fußes zu bestätigen oder zu widerlegen, nämlich selbst nach Ägypten zu reisen und die Pyramide auszumessen.

In größter Verlegenheit wegen der dazu erforderlichen Geldmittel wandte sich Smyth um Unterstützung an die *Royal Society* in London. Aber er mußte eine sehr schmerzliche Erfahrung machen. Denn obgleich diese Akademie der Wissenschaften »über einen beträchtlichen, jährlich von der Regierung zur Verfügung gestellten Fonds zur Förderung gerade solcher wissenschaftlicher Vorhaben verfügte, gab sie nicht nur nichts für meine so kümmerlich mit Geldmitteln ausgestattete Expedition, sondern schickte einen Teil der für dieses Jahr zur Verfügung stehenden Summe mit der Bemerkung zurück, daß zur Zeit keine Verwendung dafür bestehe«.

Im Dezember des Jahres 1864 schifften sich Piazzi Smyth und seine Frau, beide in den Vierzigern, nach Ägypten ein. Sie führten eine gewal-

Sphinx und Chephren-Pyramide.

tige Menge von Kisten mit wissenschaftlichen Instrumenten sowie Vorräte und Ausrüstung für mehrere Monate mit sich. Noch nie zuvor war man mit so genauen Instrumenten zur Erforschung der Pyramide aufgebrochen.

Trotz mancherlei Mißgeschicks und trotz der horrenden Preise, die sie für alles bezahlen mußten – im Gefolge des amerikanischen Bürgerkriegs befand sich Ägypten damals mitten in einem gewaltigen Baumwoll-Boom –, kamen die Smyths schließlich in Kairo an. Sie verloren dort viel Zeit, bis die erforderlichen offiziellen Genehmigungen und der noch benötigte Proviant beschafft waren. In dem Tagebuch von Smyth finden sich ziemlich trübsinnige Schilderungen »der unerträglichen Scheußlichkeiten in der übelsten Stadt der Welt«. Danach rochen alle Speisen nach Knoblauch, Schmalz und afrikanischen Makkaroni. Die Luft war verpestet von ganzen Haufen ausgedörrter menschlicher Exkremente; Fliegen umschwärmten einen in Massen bei Tage und Moskitos bei Nacht, und schon vor Morgengrauen wachte man auf vom unerträglichen Geheul der Katzen und Hunde, das die Schweine aufschreckte, die wiederum die Gänse und Puten aufscheuchten, und das alles »kurz bevor die Sonnenscheibe wie eine Kugel flüssigen Feuers am Horizont auftaucht«.

Drastisch schildert er auch, wie kleine Mädchen »unter die Hinterbeine riesiger Kamele kriechen, um deren Kot aufzusammeln, worauf ihn dann die Köche dieser herrlichen Stadt als duftenden und mit Ammoniak gesättigten Brennstoff benutzen«.

Smyth wurde immerhin von Ismail Pascha, demselben, der einige Jahre später Verdi mit der Komposition der 1871 in Kairo uraufgeführten Oper *Aida* beauftragte, sehr feundlich empfangen. Er fühlte sich dadurch ermutigt, den Vizekönig um Geld und Hilfskräfte zur Beseitigung der riesigen Schuttmassen rings um die Pyramide zu bitten. Er wollte ihn auch hartnäckig dazu bewegen, ein 7,5 Zentimeter großes Loch durch die Mitte der Granitpfropfen im aufsteigenden Gang bohren zu lassen (zur richtigen Bestimmung der Mittagslinie) und den Auftrag zur Freilegung der zur Krönungskammer führenden Belüftungsschächte zu geben. Schließlich wünschte Smyth noch, daß man einen Schacht von der sogenannten Grube bis zum Wasserspiegel des Nils graben möge.

Der Pascha zeigte sich diesen vielen Wünschen gegenüber zurückhaltend. Er versprach lediglich, zwanzig Mann zur Säuberung der Hauptkammern in der Pyramide zu stellen, damit Piazzi Smyth dort einige Messungen vornehmen könne. Auch sollte er die Esel und Kamele, die zum Transport ihres Gepäcks und ihrer Instrumente zur Großen Pyramide benötigt wurden, bekommen (39).

Nicht gerade begeistert von der Atmosphäre und den Menschen in der

Abb. 39   So reiste man im 19. Jahrhundert von Kairo zur Großen Pyramide.

sehr auf das liebe Geld bedachten mohammedanischen Stadt, brachen die Smyths zur Pyramide auf. Unterwegs legten sie einen Halt ein, um sich an dem von »Mrs. Smyths Proviantmeister« gelieferten Gebäck zu stärken und dazu einen Schluck Nilwasser zu sich zu nehmen, wohl ein etwas zweifelhaftes Vergnügen, denn nach den Worten von Smyth war dieses Wasser »trübe und undurchsichtig wie ein Mixgetränk aus Milch und Lehm, aber dennoch berühmt wegen seiner heilkräftigen Wirkung und die beste Kur gegen die in uns aufsteigende Melancholie, die sich als nervöses Bauchzwicken bemerkbar machte«.

Die Pyramiden, die im goldenen Licht der untergehenden Sonne erstrahlten und sich klar vom tiefen Blau des Abendhimmels abhoben, schienen kaum an Höhe zuzunehmen, als sich die Karawane ihnen näherte. Erst als sie ganz dicht vor ihnen angelangt waren, zeigten sich die Bauwerke in ihrer ganzen Höhe, so daß sie tief davon ergriffen wurden. »Als wir die gewaltigen, abgestuften Seitenflächen entlang zur schwindelerregenden Spitze von 480 Fuß senkrecht über uns emporschauten, wurden wir uns erst so richtig der gewaltigen Ausmaße dieser riesigen Bauten bewußt.«

Um in unmittelbarer Nähe der Pyramide bleiben zu können, bezogen die Smyths eine verlassene Grabstätte am Ostrand des Plateaus von Giseh, die Howard-Vyse als Lagerraum benutzt hatte. Sie trafen damit eine glückliche Wahl, denn das in den gewachsenen Fels gehauene Grab erwies sich als der denkbar beste Schutz gegen die glühende Mittagshitze, und die Grabkammer war überdies so angelegt, daß sie dort sicher waren vor den Sandstürmen und den dichten Schwärmen der bunten Heuschrecken, die das Leben in der Wüste zur Qual machen können.

Als Gehilfen bei seinen Messungen und zur Unterstützung bei den mancherlei häuslichen Verrichtungen nahm sich Smyth einen alten bärtigen Araber namens Ali Gabri, der bereits für Oberst Howard-Vyse in der Pyramide Körbe geschleppt hatte. In der Abenddämmerung saßen Professor Smyth und seine Frau auf Feldstühlen vor ihrer Behausung und beobachteten mit Erstaunen, wie fast zwanzig Minuten lang unaufhörlich ganze Schwärme von Fledermäusen aus der Pyramide geflogen kamen und wie sich dann Habichte und Eulen auf sie stürzten.

Mehrere Tage verstrichen ungenutzt, während Ali Gabri eine Kolonne von Arabern anwarb, die die Kammern der Großen Pyramide säubern sollten. Aber schließlich kam Ende Januar der Tag, an dem Smyth »das größte Bauwerk der Welt durch die kleinste aller Türen« betreten konnte. Als er sich in dem absteigenden Gang, teils auf dem Hosenboden rutschend, teils zu Händen und Knien kriechend, vorarbeitete, konnte er zu seiner Erleichterung von jenen flachen Einkerbungen profitieren, die Howard-Vyse alle sechzig bis neunzig Zentimeter auf die Sohle des Ganges hatte anbringen lassen. Das gab ihm einen besseren Halt in dem steil nach unten führenden Stollen. Aber bei jedem Schritt, den er tat, wirbelte eine Wolke feinen weißen Staubes auf, so daß er kaum atmen konnte. Außerdem mußt Smyth zu seinem Kummer feststellen, daß der Schacht, der zur Grube hinabführte und den Caviglia mit so großer Mühe freigelegt hatte, abermals mit Sand und Steinen verstopft war; zudem hatte man ihn unmittelbar unterhalb von al-Ma'muns Einsteigloch zum aufsteigenden Gang mit einem Eisengitter versperrt. Smyth erfuhr bei dieser Gelegenheit, daß es die arabischen Führer für eine Vergeudung von Zeit und Kerzen hielten, die Besucher der Pyramide den ganzen beschwerlichen Schacht bis herab zur Grube zu führen, um darauf mit ihnen den langen Aufstieg zur Königskammer zu machen. So versperrten sie einfach den Gang und erklärten den leichtgläubigen Touristen, daß sich hinter der Sperre nichts als Sand befinde.

Darauf bedacht, eine Bestätigung dafür zu finden, daß der Großen Pyramide als Grundmaß die »sakrale Elle« diente, hatte Smyth aus England einen etwa zweieinhalb Meter langen Metallstab mitgebracht, mit dem er alle Gänge des Bauwerks ausmessen wollte. An beiden Enden des Stabes hatte er Thermometer anbringen lassen, um die kleinsten Veränderungen in der Temperatur feststellen zu können. Er wollte sichergehen, daß sein Maßstab bei allen Messungen die gleiche Länge hatte. Um den genauen Neigungswinkel des absteigenden Ganges zu ermitteln, hatte Smyth einen besonders konstruierten Neigungsmesser mit einem Kranz aus Rotguß versehen lassen. Auf diesem Kranz, etwa zwanzig Zentimeter im Durchmesser, waren im Abstand von 10 Sekunden Striche eingeritzt, und außerdem war er mit drei verschiebbaren Meßstabzusätzen, sogenannten Nonien, versehen. In der genauesten Messung ermittelte er den Neigungswinkel des Ganges mit 26° 27' (40).

Zum Ausmessen der einzelnen Steinblöcke in den Fußböden, Wänden und Decken benutzte Smyth Stäbe aus Mahagoni- oder Teakholz (41), deren Enden sorgfältig lackierte oder eingewachste Messinghülsen hatten, um sie gegen jeden Einfluß von Luftfeuchtigkeit oder Temperaturschwankungen zu schützen. Ein besonderes Lineal, das sich durch seine Feinkörnigkeit und gleichmäßige Struktur auszeichnete, war aus einer alten Orgelpfeife aus der Zeit der Queen Anne angefertigt worden. Smyth hatte all diese Meßinstrumente von einem Optiker anfertigen lassen. Jeder Maßstab wurde täglich auf mögliche Veränderungen in seiner Länge geprüft.

Auf diese Weise begann die erste wirklich systematische Untersuchung der Pyramide mit Hilfe moderner Meßinstrumente. Wochenlang maß Smyth immer wieder das Innere der Pyramide aus, zählte die Steine in den Gängen und Kammern und berechnete die Winkel und das Gefälle von Stollen. Beim Ausmessen der Sargwanne in der Königskammer kam Smyth zur Überzeugung, daß Taylor recht hatte, wenn er in ihr einen Standard für Längen- und Kubikmessungen verkörpert sah. Im Gegensatz zu den europäischen Normalmaßen, wie zum Beispiel dem in Whitehall aufbewahrten *Yardstick,* die dem Einfluß von Temperatur und Luftdruck unterliegen, die mit der Zeit schrumpfen, sich verformen, beschlagen oder oxydieren, schien der Sarkophag bewußt an einem Ort mit gleichmäßiger Temperatur und gleichbleibendem Luftdruck aufgestellt worden zu sein. Seine glattpolierten Wände hatten auch in Tausenden von Jahren keine Zersetzung zu befürchten; nur der Wandalismus der Menschen sollte ihm etwas anhaben können.

Für Messungen außerhalb der Pyramide verwendete Smyth eine Meßschnur in der Länge von etwa zwölfeinhalb Metern, während ihm zur Feststellung von Höhen und Neigungswinkel Theodoliten, Sextanten und Fernrohre zur Verfügung standen. Diese Geräte wurden unter großer Mühe von einem Ort zum anderen gebracht, nicht nur um die

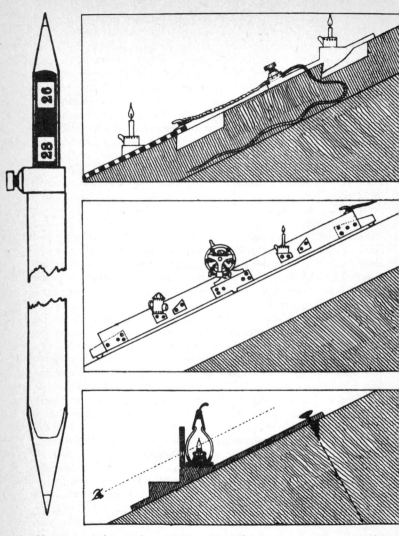

Abb. 40 (von oben nach unten) Piazzi Smyths Geräte zum Vermessen der Großen Galerie.

Abb. 41 (links) Mahagonimaßstab mit Messingspitzen.

Abb. 42 »Miniaturkamera«, mit der Piazzi Smyth das Innere der Großen Pyramide fotografierte.

Pyramide herum, sondern auch bis auf ihre Spitze hinauf. Dazu hielt Smyth mit Hilfe einer etwa zwanzig Zentimeter langen Miniaturkamera (42) alle interessanten Aspekte der Pyramide im Bilde fest.

Dank seiner langjährigen Erfahrungen auf dem Gebiet astronomischer Beobachtungen hatte Smyth all die für genaue astronomische Messungen erforderlichen Instrumente bei sich. Um die exakte geographische Breite der Großen Pyramide zu ermitteln, ohne befürchten zu müssen, daß sein Senkblei durch die Anziehungskraft der gewaltigen Steinmasse der Pyramide aus der Lotrechten gebracht würde, machte Smyth seine Beobachtungen auf ihrer äußersten Spitze. Dort oben mußte die Gravitationskraft des Bauwerks senkrecht nach unten wirken (43).

Smyth und seine Frau verbrachten mehrere Nächte auf der engen Plattform, unmittelbar unter dem Sternenhimmel. Der Forscher beschrieb die erste Nacht dort oben als ein unheimliches, aber dennoch wunderbares Erlebnis. Unvergeßlich blieb ihm, wie die Spitze der benachbarten Chephren-Pyramide geisterhaft in die Dunkelheit der Nacht ragte. Bei Tagesanbruch sah er »einen Adler, der auf seinen breiten Schwingen in

Abb. 43 Die Plattform auf der Großen Pyramide.

erhabener Ruhe dahinschwebte und auf die Welt unter ihm herabspähte, genauso wie wir ihn von hier oben aus mit unsern Blicken verfolgten«.

Von seinem luftigen Beobachtungsstand aus ermittelte Smyth für die geographische Breite der Pyramide einen Wert von 29° 58′ 51″. Er kam zu dem Schluß, daß sie absichtlich nicht genau auf dem 30. Breitengrad errichtet worden war, weil ihre Erbauer die Brechung der Lichtstrahlen durch die Erdatmosphäre, die sogenannte Refraktion, berücksichtigt hatten, deren Betrag genau der Differenz zwischen 29° 58′ 51″ und 30° entspricht. Später führte Smyth diese Abweichung auf eine allmähliche Verschiebung der geographischen Breite zurück, die in Greenwich mit 1,38″ pro Jahrhundert bestimmt wurde.

Die erstaunlich genaue Ausrichtung der Pyramidenseiten nach den vier Himmelsrichtungen, die nach Ansicht von Smyth die Präzision der weltberühmten Sternwarte des dänischen Astronomen Tycho Brahe aus dem 16. Jahrhundert weit übertraf, erklärte sich der Schotte daraus, daß die Konstrukteure der Pyramide aus der Tiefe des absteigenden Ganges

einen Zirkumpolarstern beobachtet und dadurch einen Meridian festgelegt hatten.
Als Caviglia im Laufe seiner Untersuchungen in diesem Gang den Schutt wegräumen ließ, den al-Ma'mun zurückgelassen hatte, bemerkte er eines Nachts, daß in dem kleinen Himmelsausschnitt, der in der Außenöffnung des Ganges sichtbar war, der Polarstern beobachtet werden konnte. Howard-Vyse hatte dieses Phänomen damals so sehr verblüfft, daß er Sir John Herschel fragte, ob die Richtung des Ganges durch Beobachtungen des Polarsterns hätte festgelegt werden können. Herschel erwiderte, daß vor viertausend Jahren der Kleine Bär zu keiner Zeit des Tages oder der Nacht von dem absteigenden Gang aus sichtbar gewesen sei. Er fügte jedoch hinzu, daß *alpha Draconis* im Sternbild des Drachen sich damals in der Nähe des Poles befunden habe. Und obgleich das ein relativ unbedeutender Stern unterhalb der dritten Größenklasse sei, hätte er doch von der tiefsten Stelle des Ganges aus gesehen werden können, allerdings nur im Augenblick der unteren Kulmination, also auf dem tiefsten Punkt seiner zirkumpolaren Umlaufbahn.
Smyth ging dann daran, den Winkel von 26° 17', den er für die Neigung des absteigenden Ganges ermittelt hatte, von der auf 30° angesetzten Breite der Pyramide abzuziehen – die geographische Breite eines Ortes ist bekanntlich gleich der Polhöhe – und erhielt dadurch einen Winkel von 3° 43'. Er rechnete sich aus, daß *alpha Draconis* in den Jahren 2123 v. Chr. und 3440 v. Chr. auf seinem unteren Kulminationspunkt 3° 43' vom Himmelsnordpol entfernt gewesen war. Smyth folgerte daraus, daß man eines dieser Daten als den Zeitpunkt betrachten könne, an dem die Orientierung der Pyramide festgelegt worden war.
Für das spätere Datum sprach nach Smyths Berechnungen folgendes: Falls die Grundsteinlegung der Pyramide um die Mitternacht des Äquinoktiums im Jahre 2170 v. Chr. erfolgt wäre, zu einer Zeit also, als *alpha Draconis* am Meridian der Pyramide unterhalb des Pols war, dann hätte ein anderer sehr wichtiger Stern oberhalb des Poles seinen Meridiandurchgang gehabt, nämlich η-*Tauri* oder *Alkyone* im Sternbild der Plejaden. Mit anderen Worten, als *alpha Draconis* vom Grund des absteigenden Ganges aus sichtbar war, hätte η-*Tauri* seinen Meridiandurchgang in der vertikalen Ebene der großen Galerie zum Zeitpunkt des Herbstäquinoktiums gehabt. Smyth hielt das für einen sehr bedeutsamen Zeitpunkt in der Geschichte, da viele alten Völker den Beginn ihres Jahres ab Anfang November rechnen, wo die Plejaden und der äquinoktiale Herbstpunkt um Mitternacht auf einem Meridian liegen (44).
Aber Smyths Hauptanliegen war nach wie vor die Feststellung, ob Taylors π-Proportion tatsächlich in den Abmessungen der Pyramide verkörpert war. Längs der Stirnseite des Bauwerks überprüfte er den Nei-

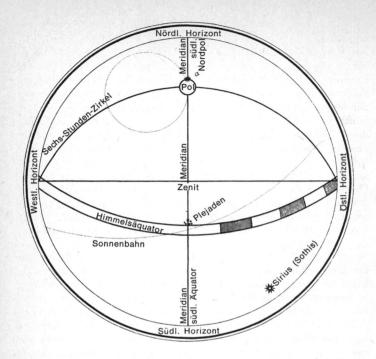

gungswinkel der Verkleidungssteine, die Howard-Vyse freigelegt hatte. Leider waren deren scharfe Kanten in der Zwischenzeit von den Arabern fast völlig zerstört worden, und viele Andenkenjäger hatten ein übriges getan, indem sie sich zur Erinnerung an ihren Pyramidenbesuch Stücke von diesen Steinen abschlugen. Aber als er das Trümmerfeld am Fuße der Pyramide durchsuchte, entdeckte er Bruchstücke von Verkleidungssteinen, an denen die Winkel noch exakt meßbar waren (45). Ausnahmslos zeigte sich, daß der Winkel 52° und somit sein Ergänzungswinkel 128° betrug, und das bestätigte Taylors Theorie, wonach die Höhe der Pyramide bewußt so festgelegt wurde, daß sie sich zum Umfang ihres Grundquadrats wie der Radius eines Kreises zu seinem Umfang verhält.

Um herauszufinden, ob er noch genauere Meßergebnisse für den Neigungswinkel der Verkleidungssteine erzielen könne, beobachtete Smyth mit einem sehr genauen Theodolit gegen den Himmel die Silhouette aller Steinblöcke, die sich ursprünglich hinter der Kalksteinverkleidung befunden hatten. Mit Hilfe dieser Methode und aufgrund zahlreicher

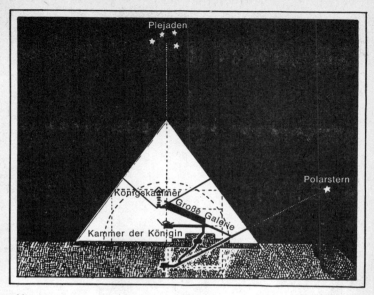

Abb. 44 Piazzi Smyths Zeichnung der Himmelskreise über der Großen Pyramide – in der Konstellation, die er für ihren Baubeginn annahm: der Herbstnachtgleiche des Jahres 2170 v. Chr.

Vergleiche und Berechnungen erhielt er schließlich aus den Größenverhältnissen der Pyramide für π einen Wert von 3,14159.
In seinem Bemühen, in der Pyramide die Verkörperung eines Verhältnisses zu finden, das der Beziehung zwischen Radius und Umfang eines Kreises entspricht, verfolgte Smyth auch Taylors Theorie, wonach die ägyptischen Baumeister der Pyramide die Seiten ihrer Grundfläche in Übereinstimmung mit der Zahl der Tage im Jahr in 366 Einheiten einteilten. Es galt daher, die Ecksteine der Pyramide freizulegen und ihre Grundkanten exakt zu messen. Aber Zeit und Geld gingen zu Ende. Glücklicherweise kamen zufällig zwei Ingenieure aus Glasgow auf ihrer Rückreise aus dem Heiligen Land durch Kairo. Auf das dringende Bitten ihres schottischen Landsmannes erklärten sie sich bereit, ihm bei der Freilegung der Ecksteine des Bauwerks und der Durchführung einwandfreier Messungen zu helfen. Vertiefungen für die Ecksteine waren ja schon einmal von den Franzosen entdeckt und freigelegt worden, aber im Verlauf des seitdem verstrichenen halben Jahrhunderts waren sie wieder unter dem Steinschutt verschwunden.

Abb. 45 Basisblock (Edinburgh-Museum), der den exakten Böschungswinkel anzeigt.

Aufgrund der sorgfältigen Berechnungen von Smyth gelang es den Ingenieuren nicht nur, die Stellen für die Ecksteine von ihrem Schutt zu befreien. Sie entdeckten bei ihren Arbeiten auch, daß die Grundfläche der Pyramide von einer breiten, mit Steinblöcken gepflasterten, vollkommen ebenen Terrasse umgeben war (46).

Man mußte erhebliche Spatenarbeit leisten und viel Geröll wegräumen, bevor man an das eigentliche Vermessen der Entferungen zwischen den Ecksteinen der Pyramide gehen konnte. Aber Smyth konnte diese Arbeiten nicht mehr selbst beaufsichtigen. Seine Instrumente waren schon verpackt und seine Rückfahrt nach England durch den britischen Konsul in Kairo gebucht. Obgleich die schottischen Ingenieure versprachen, die Messungen mit der größten Sorgfalt durchzuführen und ihm die Ergebnisse nach Schottland zu berichten, verließ er nur schweren Herzens die Stätte seiner Forschungen. Alles was ihm noch zu tun blieb, war die Verteilung des landesüblichen Bakschisch an die Araber, die ihnen während ihres viermonatigen Aufenthalts mancherlei Dienste erwiesen hatten. Die Smyths gaben einem jeden Mann einen goldenen *Sovereign*, dazu ein Geschenk, das nach Arbeitsleistung und Einsatzbereitschaft bemessen wurde. Die besten Arbeiter wurden mit schönen kupfernen Petroleumlampen belohnt, die weniger guten erhielten Bratpfannen, und die am wenigsten tauglichen mußten sich mit Mausefallen begnügen.

Als der alte bärtige Araber, der des Nachts ihren Unterschlupf in der Felsenkammer bewacht hatte, seinen Lohn in Empfang nahm, griff der alte Mann, wie Piazzi Smyth in etwas puritanischer und selbstgerechter Weise berichtet, »so gierig nach dem Geld, und seine Augen zeigten ein so unheimliches Feuer, daß wir befürchten mußten, seiner Seele mehr geschadet als seinem materiellen Wohlergehen genützt zu haben. Wie verdorben ist doch leider die menschliche Natur«. Während die Kamele zum endgültigen Aufbruch gerüstet wurden, stand der treue Ali Gabri einige Zeit schweigend dabei. Dann verbarg er plötzlich sein Gesicht in den Händen und stürzte davon, um seine Tränen vor den Umstehenden zu verbergen.

Zurück in Schottland, erhielt Piazzi Smyth den Bericht mit den Meßergebnissen der Glasgower Ingenieure. Danach war eine Seite der Grundfläche der Pyramide kürzer, als er bisher angenommen hatte. Anhand seiner Berechnungen ermittelte Smyth schließlich einen Mittelwert von 232,15 Metern, der einem Jahr von 365,2 Tagen entsprach.

Von der Genauigkeit dieser Zahlenwerte hing sehr viel ab. Sollte Smyths Theorie Bestätigung finden, dann würde das bedeuten, daß die alten Ägypter mit ihrer Pyramide ein Bauwerk errichtet hatten, dessen grundlegende Einheit, der »Pyramidenzoll«, nicht nur eine Norm für lineare Messungen darstellte, sondern auch eine solche für Zeitmessungen war, bezogen auf ein Jahr von 365,24 Tagen. Beide Messungen beruhen auf einer Grundlage, wie sie vernünftiger nicht gedacht wer-

Abb. 46 Stereographisches Foto von der Freilegung der vollkommen ebenen Terrasse, die die Grundfläche der Pyramide umgibt.

den kann: der Polarachse, um die sich unser Planet einmal am Tag dreht.
Smyth äußerte sich folgendermaßen über das Ergebnis: »Die Länge der Grundfläche dieses monumentalen Bauwerks, wenn man sie philosophisch als eine Verknüpfung von Raum und Zeit betrachtet, hat uns eine Norm für die Längeneinheit hinterlassen, die in so wunderbarer Weise der Erde kommensurabel ist und von solcher Gelehrsamkeit zeugt, daß sie alles in dieser Hinsicht von Menschengeist Erdachte übertrifft.«
Und der Schotte faßt dann noch einmal das Ergebnis seiner Pyramidenforschung zusammen: »Die Pyramide bezeugt ein erstaunlich genaues Wissen auf dem Gebiet höherer Astrophysik und Geophysik ... nahezu 1500 Jahre vor den recht kindlichen Anfängen auf diesen Gebieten bei den alten Griechen.«
In Anerkennung seiner sorgfältigen Messungen in Ägypten erhielt Smyth von der *Royal Society* in Edinburgh eine Goldmedaille. In mehreren Monographien unterbreitete er die Ergebnisse seiner Messungen einer breiteren Öffentlichkeit. Später publizierte er in drei Bänden von insgesamt 1600 Seiten seine umfassende Darstellung *Life and Work at the Great Pyramid of Jeezeh during the Months of January, February, March and April, A. D. 1865.*
Das Werk stieß bei seinem Erscheinen auf heftige Kritik. Smyth, der nicht weniger als sein Vorgänger Taylor etwas von einem religiösen Eiferer an sich hatte, war außerstande, den hohen Stand mathematischen Wissens bei den alten Ägyptern auf natürliche Weise zu erklären. Wie Taylor sah er sich genötigt, dieses Wissen als göttliche Offenbarung zu interpretieren.
Dies mußte Smyth natürlich zur Zielscheibe des Spotts machen; aber es gab auch schärfste Ablehnung. Ein Kritiker bemerkte in diesem Zusammenhang, »daß in Smyths Buch mehr seltsame Phantastereien zu finden seien als in irgendeinem anderen dreibändigen Werk dieses oder des vorigen Jahrhunderts«.
Noch schlimmer wurde die Sache, als ein anderer Schotte und religiöser Schwärmer, Robert Menzies, die These aufstellte, daß das System der Gänge und Passagen im Innern der Großen Pyramide nichts weniger bedeute als die chronologische Darstellung göttlicher Prophezeiungen in Übereinstimmung mit der Bibel. Da diese Thesen veröffentlicht wurden, bevor man irgend etwas von altägyptischer messianischer Prophetie wußte, wie sie uns zum Beispiel im *Buch der Toten*, einem damals noch

Vordere Doppelseite: Der Grabbezirk des Pharao Djoser vor der Pyramide von Sakkara.

Rechts: Sphinx und Chephren-Pyramide bei Nacht.

Die »Mastaba« des Ti in Sakkara. Innenraum der Kapelle mit einer Scheintüre, in der eine Statue des Ti steht.

Bild links   Der Gott Horus und der Pharao Horemhel (Grab des Horemhel, Tal der Könige).

nicht entzifferten Werk, begegnet, machte das die Lage für Smyth nur noch schwieriger.
Die bedauerliche Tatsache, daß Smyth religiöse und prophetische Spekulationen mit wissenschaftlichen Entdeckungen vermengte, ließ kritisch eingestellte Menschen seine Theorie in Bausch und Bogen ablehnen. Diese Einstellung hat sich bis auf den heutigen Tag erhalten. Ein moderner Autor, der sich mit der Frage der Pyramiden befaßte, qualifizierte Smyth als den größten »Pyramidioten« der Welt und äußerte sein ehrliches Bedauern darüber, daß »solch ein erstklassiger mathematischer Kopf seine Begabung und Energie auf einem so unergiebigen Gebiet vergeudete«.
Ein bestimmender Zug an dieser Kontroverse war die Tatsache, daß niemand über absolut verläßliche Meßwerte für das Äußere der Pyramide verfügte. Das traf besonders für die Messungen der Grundkanten zu, die unbedingt auf dem Niveau des eigentlichen Fundaments vorgenommen werden mußten, und das war immer noch von Schutt und Geröll bedeckt. Ergebnisse, die um acht bis zehn Zentimeter voneinander abwichen, waren nicht genau genug, um die Theorien von Taylor und Smyth zu bestätigen oder zu widerlegen.

Die ägyptischen Statuen aller Epochen waren bemalt, doch nur die, die Jahrtausende in den Gräbern verschlossen waren, haben ihre volle Farbenpracht bewahrt. Links: Statuette Ramses' IV.

Erste Widerlegung wissenschaftlicher Theorien

Um ein für allemal das Problem der Maße der Pyramide zu lösen, ging der Maschinenbauingenieur William Petrie, der von den Theorien Taylors und Smyths sehr beeindruckt war, daran, noch genauere Sextanten, Theodolite und Nonien zu konstruieren. Mit ihnen wollte er die Probleme lösen, auf die Smyth gestoßen war. Das war keine leichte Sache, aber William Petrie war in der Verfolgung seines Zieles noch hartnäckiger als Smyth. Er arbeitete zwanzig Jahre lang an der Entwicklung von Geräten, die seinen Ansprüchen genügen sollten. Petrie unterstrich die Wichtigkeit einer weiteren Erforschung der Pyramide im Hinblick auf ihr »paläontologisches, chronologisches, geodätisches, geologisches und astronomisches Interesse für die Menschheit« und nicht zuletzt »wegen der erregenden Frage nach den tiefen Ideen, die von ihrem Erbauer bewußt in ihr verkörpert worden sind«. Aber Petrie hielt sich zu lange mit seinen Geräten auf und verschob seine Abreise nach Ägypten immer wieder.
Sein Sohn William Flinders Petrie, dessen Abenteuerlust vielleicht ein Erbteil seines Großvaters mütterlicherseits, des großen Forschungsreisenden Matthew Flinders, war, wollte nicht mehr länger warten. Er entschloß sich, seinem Vater nach Ägypten vorauszufahren, in der Gewißheit, daß sein Vater ihm bald folgen würde.
Fasziniert von den unterschiedlichen Längenmaßen, die in verschiedenen Teilen der Welt in Gebrauch waren, hatte der junge Petrie bereits alle einschlägigen Werke über dieses Thema gelesen. Angespornt von seinem Interesse an Messungen aller Art ging er auf Wanderschaft und bildete sich dabei zu einem tüchtigen Geometer aus, indem er Kirchen und andere Bauwerke in ganz England vermaß. Auch die Überreste megalithischer Baudenkmäler, wie zum Beispiel das steinzeitliche Stonehenge, erforschte er und schrieb später darüber das erste seiner zahlreichen Bücher.
Bereits mit dreizehn Jahren hatte der junge Petrie die Abhandlung Piazzi Smyths *Our Inheritance in the Great Pyramid* gelesen. Die Lektüre hatte ihm die Idee von Greaves und Burattini nahegebracht und ihn davon überzeugt, daß eine sorgfältige Vermessung von alten Bauwerken und Artefakten die geschichtliche Entwicklung der 'gebräuchlichen' Maße erhellen würde. Er war auch entschlossen, herauszufinden, was es mit Taylors und Smyths Theorien über die Pyramide auf sich habe. Dazu war es nötig, das ganze Bauwerk noch einmal sorgfältig zu untersuchen und zu vermessen.
An einem stürmischen Novembertag des Jahres 1880 schiffte sich der

26jährige Flinders Petrie, jetzt ein bärtiger Landvermesser, in Liverpool ein. Er reiste mit einer gewaltigen Menge von Kisten, in denen er die von seinem Vater entwickelten wertvollen Geräte verpackt hatte. Er hatte sich auch mit genügend Vorräten eingedeckt für seinen Aufenthalt in der unwirtlichen und von Räuberbanden heimgesuchten Wüste. Eine Woche nach der Landung in Alexandria hatte er seine gesamte Ausrüstung nach Kairo geschafft, und dort gelang es ihm, Ali Gabri ausfindig zu machen, der ihm half, seine Vorräte und Instrumente zum Plateau von Giseh zu schaffen.

Ali Gabri konnte bereits als Veteran mit vierzigjähriger Erfahrung im Dienste von Pyramidenforschern gelten. Er hatte nacheinander für Caviglia, Howard-Vyse und Piazzi Smyth gearbeitet. Petrie behielt die bewährte Praxis seiner Vorgänger bei und schlug sein Quartier ebenfalls in einer verlassenen Grabstätte auf (47). Ali half Petrie dabei, seine Behausung mit Bücherregalen und einer Hängematte auszustatten sowie die Vorräte an Schiffszwieback, Konservenbüchsen, Mehl und Schokolade behelfsmäßig zu verstauen. Für die Zubereitung des Abendbrots stand ein Petroleumkocher zur Verfügung. Wie seine Vorgänger empfand auch Petrie die in den gewachsenen Fels hineingebaute Grabkammer als eine sehr angenehme Unterkunft, »die bei kaltem Wetter einen warmen Ofen überflüssig macht und bei großer Hitze angenehm kühl ist«.

Der Tagesablauf des Engländers am Fuße der Pyramide begann in typisch englischer Weise damit, daß er auf seinem Petroleumkocher das Teewasser aufsetzte und ein Bad nahm, so wie es eben die schwierigen Umstände erlaubten. Die Frühstückszeit galt als seine Empfangsstunde. Vorüberkommende Männer und Frauen pflegten beim Eingang seiner Felsenkammer ein wenig zu verweilen, und wenn einer seiner arabischen Freunde zu Besuch kam, braute Petrie ihm zu Ehren auf dem Petroleumkocher eine Tasse Kaffee. Er verstand sich sehr gut mit den Arabern und hatte auch bald herausgefunden, wie groß ihre Freude war, wenn man sich auch nur ein wenig ihren Gebräuchen anpaßte. Es genügte schon, sich auf den Boden zu hocken, in ihrer heimischen Weise Begrüßungen zu erwidern, ihren Tonfall nachzuahmen und ein klein wenig ihre Umgangsformen anzunehmen, um sie sich zu Freunden zu machen.

Die erste Aufgabe, die sich Petrie stellte, war eine genaue Triangulation des gesamten Plateaus von Giseh (48), die alle drei großen Pyramiden wie auch die umliegenden Tempel und Umfassungsmauern des gesamten Komplexes berücksichtigte – ein Unterfangen, dem Smyth mit seiner technischen Ausrüstung noch nicht gewachsen gewesen war. Obgleich Petrie den Schutt am Fuße der Pyramide nicht wegräumen

Abb. 47 Petrie vor seinem Quartier, einer Grabhöhle.

konnte, hoffte er doch, mit Hilfe der trigonometrischen Netzlegung die Ausmaße der Pyramide bis auf Bruchteile eines Zentimeters genau bestimmen zu können. Mit einem äußerst genauen Theodolit, der es erlaubte, Winkelwerte bis auf einzelne Sekunden abzulesen, wiederholte Petrie seine Messungen so oft, daß er für einen einzigen Triangulationspunkt einen vollen Tag brauchte.

Während der Vermessungen hielt Ali Gabri jeweils einen riesigen Sonnenschirm über den Theodolit, um zu verhindern, daß sich dessen Metallteile unter dem Einfluß der Sonnenbestrahlung ungleichmäßig ausdehnten. Erst nach Sonnenuntergang fand Petrie Zeit für sein Abendbrot. Er wusch auch selbst sein Geschirr ab, weil er dem Reinlichkeitssinn der Araber nicht recht traute. Dann setzte er sich hin, um mit größter Sorgfalt alle während des Tages notierten Meßwerte in seine Bücher zu übertragen. Mit diesem Verfahren schuf er die Grundlage jener streng wissenschaftlichen Archäologie, die ihm so viel verdankt. Seine einzige Ablenkung bildeten die »undefinierbaren« Melodien, die Ali Gabris Neffe auf einer Rohrflöte blies, während er des Nachts Petries Behausung bewachte.

Indem er sich zum Vermessen windstille Tage mit kühlen Temperaturen auswählte und zehn Stunden lang ununterbrochen arbeitete, erzielte Petrie Meßwerte mit einer Genauigkeit bis zu 0,63, ja sogar 0,25 Zentimetern, und zwar für alle drei großen Pyramiden bei Giseh. Staunend stand er vor der ganzen Anlage dieser Pyramiden, in denen er einen Triumph menschlichen Geistes erblickte. Ihre Längen und Winkel entsprachen so vollkommen der Planung, daß »man die geringfügigen Abweichungen mit einem Daumen zudecken konnte«.

Die Wochen verstrichen Petrie wie im Fluge, und es wurde ihm bald klar, daß er seine Arbeiten außerhalb der Pyramide nicht vor dem nächsten Frühling und damit dem Beginn der Touristensaison werde beenden können. So traf er die Vorbereitungen für seine Messungen im Innern des Bauwerks. Er beauftragte eine Kolonne von arabischen Hilfsarbeitern, in dem absteigenden Gang bis herunter zur untersten Grube, dem sogenannten Brunnen, den Schutt wegzuräumen, der Smyth seinerzeit ein weiteres Vordringen unmöglich gemacht hatte. Mit Hilfe von Körben mußten die Gesteinstrümmer ins Freie geschleppt werden. Als die ersten Gruppen von Touristen, hauptsächlich Engländer, vor den Pyramiden erschienen und mit ihrer lauten Betriebsamkeit Petrie bei seiner Arbeit störten (49), wandte er ein einfaches Mittel an, um sie sich vom Leibe zu halten. Er zeigte sich ihnen außerhalb der Pyramide nur mit seiner rosaroten Unterwäsche bekleidet. Bei diesem Anblick zogen es die viktorianischen Ladies vor, sich schockiert zurückzuziehen.

Daß die Touristen in der Tat jede ernsthafte wissenschaftliche Arbeit erheblich beeinträchtigen konnten, war bereits von Piazzi Smyth betont worden. Er hatte recht drastisch beschrieben, zu welchen vulgären Auftritten es kam, wenn sich »Scharen rauchender und übel nach Tabak riechender Gentlemen in der Gesellschaft einiger Damen respektlos über das Gelände ergossen. Diese Passagiere irgendeines ziemlich vulgären Vergnügungsdampfers, die sich über den Gräbern von Giseh amüsierten, entweihten in ihrer Ahnungslosigkeit die ehrwürdige Stätte mit ihrem lauten Getriebe. Sie fanden sogar ihren Spaß daran, wenn ihre arabischen Führer in der Königskammer der Pyramide ein donnerndes Getöse erzeugten, indem sie mit großen Steinen so kräftig gegen den leeren Sarkophag hämmerten, daß dieser fast zersprang«.

Weil nichts erotisch Pikantes auf dem Gelände der Pyramiden zu sehen war und es auch sonst dort kaum etwas an Kunstwerken zu bewundern gab, vergnügten sich die Unternehmungslustigsten unter den Touristen damit, daß sie von der Spitze der Pyramide lockere Steinblöcke mit großem Gepolter herunterrollen ließen. Kein Wunder, daß aus diesem Grunde die Geröllhaufen rings um den Fuß der Pyramide immer größer wurden.

Gegen Ende des Tages, sobald die Touristen verschwunden waren, setzte Petrie seine Arbeiten im Innern der Pyramide fort, oft bis Mitternacht, gelegentlich sogar die ganze Nacht hindurch. Wegen der großen Hitze, die sich in den Kammern und Gängen des Bauwerks im Laufe des Tages

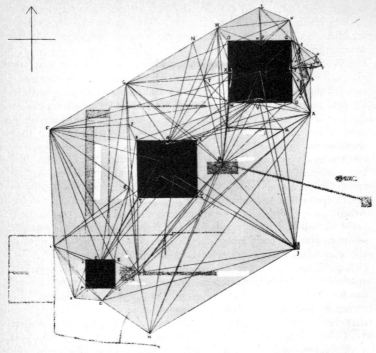

Abb. 48 Petries Triangulationsplan der Großen Pyramide.

gebildet hatte, arbeitete er wie »jener japanische Zimmermann, der weiter nichts anhatte als eine Brille, nur daß ich eben keine Brille brauche«. Die Lüftungsschächte in der Königskammer, die Howard-Vyse freigelegt hatte, waren inzwischen wieder von gedankenlosen Besuchern mutwillig verstopft worden, so daß die Luft in der Kammer kaum erträglich war. Bei jeder Bewegung wirbelte Petrie so viel Staub auf, daß er nach einigen Stunden unter fiebrigen Kopfschmerzen litt; aber er ließ von seiner Arbeit nicht ab.

Mit Bandmaßen aus Stahl und drei Meter langen Spezialmeßketten sowie dem entsprechenden Zusatzgerät vermaß Petrie jede bemerkenswerte Einzelheit im Innern der Pyramide, und zwar mit einer viel größeren Genauigkeit, als sie Howard-Vyse erzielen konnte. Die meisten seiner Instrumente ermöglichten Messungen von einer Genauigkeit bis zu 0,025 Zentimeter, ja sogar 0,0025 Zentimeter.

Abb. 49 Viktorianische Touristen erklettern die Große Pyramide.

Zur Messung von senkrechten Wänden gebrauchte er Senklote, und bei waagrechten Flächen bediente er sich eines Nivellierinstruments. So konnte er zuverlässig die Ausmaße eines Raumes in jeder erforderlichen Höhenlage ermitteln und alle Unregelmäßigkeiten in der Ausführung feststellen. Um die Geradlinigkeit der Seitenwände des absteigenden Ganges zu überprüfen, beobachtete er sorgfältig den Polarstern zur Zeit der größten östlichen und westlichen Elongation (Winkelabstand von der Sonne). Das Ergebnis setzte ihn in Erstaunen. Im ausgemauerten Teil des Ganges betrug die durchschnittliche Abweichung von der Geraden ganz winzige 0,05 Zentimeter auf einer Strecke von 45,72 Metern, und auf die Gesamtlänge des Ganges von 106,7 Metern bezogen, wichen die Wände nur um 0,63 Zentimeter von der Geraden ab. In der Königskammer stellte Petrie mit großer Befriedigung wieder Größenverhältnisse nach derselben π-Proportion fest, wie das am Außenbau der Pyramide der Fall war. Die Länge der Kammer verhielt sich zum Umkreis um ihre Seitenwand wie $1:\pi$. Die Proportionen der Kammer entsprachen somit den beiden pythagoreischen Dreiecken $3:4:5$ und $2:\sqrt{5}:3$ (50/51).

Diese Ermittlungen schienen Smyths Theorie zu bestätigen, daß die Erbauer der Pyramide über eine hochentwickelte Mathematik verfügten. Aber Petrie fand in der Pyramide auch eine ungewöhnliche Mischung von großartiger Kunstfertigkeit und erstaunlicher Unbeholfenheit. Er konnte nicht verstehen, warum die Granitwände in der Vorkammer nicht mit Platten verkleidet waren. Viele der eingebauten Steine waren nur ganz grob bearbeitet, und einige waren sogar gesprungen und schadhaft. Aus solchen Feststellungen schloß Petrie, daß »der ursprüngliche Architekt, ein wahrer Meister der Präzision und glänzender technischer Methoden, die Leitung des Baues abgegeben haben müsse, als dieser erst halb beendet war«.

Durch eine sorgfältige Untersuchung des Sarkophags in der Königskammer (52) ermittelte er, daß die alten Ägypter Sägen mit 274 Zentimeter langen Sägeblättern benutzt hatten, deren Zähne aus harten Edelsteinen bestanden. Mit solchen Sägen war die Sargwanne aus einem einzigen massiven Granitblock herausgeschnitten worden. Um sie auszuhöhlen, gebrauchte man Bohrer mit Bohrköpfen, die ebenfalls aus harten Edelsteinen, wahrscheinlich Diamanten oder Korund, bestanden. Petrie schätzte, daß es zum Durchschneiden des harten Granits erforderlich war, einen Druck von zwei Tonnen auf den Bohrer auszuüben. Wie das die Ägypter fertiggebracht hatten, blieb ihm ein Rätsel. Er meinte dazu: »In der Tat, die modernen Bohrköpfe können denen der Ägypter nicht das Wasser reichen ... die großartige Bearbeitung von Steinen bezeugt eine Verwendung von Werkzeugen, die wir erst in unserer Zeit wieder erfunden haben.« Mit solchen Werkzeugen brachten es die alten Ägypter auch zustande, scharfe Hieroglyphen in unglaublich harte Dioritsteine zu meißeln sowie Steingefäße mit hauchdünnen Wänden herzustellen.

Um den Boden des Sarkophags mit seinem Gewicht von drei Tonnen auszumessen und zu sehen, ob sich unter ihm vielleicht eine verborgene Öffnung befinde, ließ Petrie ihn ungefähr zwanzig Zentimeter anheben; aber es fand sich keine Spur einer Öffnung.

Als man gegen den angehobenen Sarg mit einem Hammer schlug, erzeugte dies einen tiefen Glockenton von außergewöhnlicher, geradezu zauberhafter Schönheit.

An den Außenseiten der Pyramide suchte Petrie nach weiteren Verkleidungssteinen, die sich noch in ihrer ursprünglichen Lage befanden, so wie sie von Howard-Vyse am Fuße der Pyramide entdeckt worden waren. Es war nicht nur ein mühseliges, sondern auch ein gefährliches

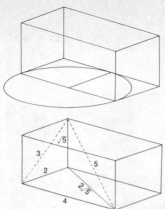

Abb. 50 (rechts) Pythagoras.

Abb. 51 Pythagoreische Dreiecke entsprechen den Königskammer-Proportionen.

Unterfangen, sich durch die angehäuften Steintrümmer einen Zugang zur Basis zu bahnen. Die weggeräumten Steine rutschten immer wieder nach, und einmal wäre Petrie beinahe von ihnen erschlagen worden. Schließlich gelang es ihm doch, einige Verkleidungssteine und dazu ein Stück des Fundaments der Pyramide freizulegen. Er fand die Kunstfertigkeit, mit der diese Steine bearbeitet worden waren, genauso erstaunlich wie seinerzeit Howard-Vyse (53/54). Einige der Steine wogen über fünfzehn Tonnen. Ihre Stirnflächen waren so glatt und so genau quadratisch, daß sie sich fast fugenlos aneinanderfügen ließen. Jedenfalls war die Mörtelschicht zwischen den einzelnen Steinen im allgemeinen nicht dicker als der Fingernagel eines Menschen, das heißt 0,05 Zentimeter. Petrie ermittelte, daß bei einer Gesamtlänge von 1,80 Metern die durchschnittliche Abweichung der Verkleidungssteine von der Geraden und einem rechten Winkel nur 0,025 Zentimeter betrug. Das zeugt von einer

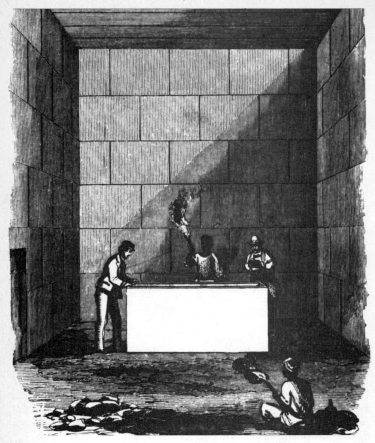

Abb. 52 Vermessung des Granitsarkophags vor seiner Zerstörung.

Präzisionsarbeit, wie sie auch von den modernsten Feinmechanikern nicht übertroffen wird. Er bemerkte dazu: »Schon allein solche Steine so aneinanderzufügen, daß sie sich überall gleichmäßig berühren, verlangt sorgfältigste Steinmetzarbeit; aber das zu erreichen bei einer Zementierung der Fugen grenzt fast an das Wunderbare. Man kann die dabei erreichte Präzision mit der Genauigkeit hervorragender Optiker vergleichen, nur daß sie in diesem Fall bei der Behandlung großer Flächen verlangt wird. Die Textur des verwendeten Zements war so fein, daß

Abb. 53 Ägyptische Maurer und Steinmetze arbeiteten mit höchster Präzision.

Abb. 54 Basisblöcke auf der vollkommen ebenen Terrasse.

eher die Verkleidungssteine zerbrachen, als daß sich der Zement löste, obgleich der Mantel der Pyramide mehrere tausend Jahre den Einflüssen der Witterung preisgegeben war.«

Aber das wichtigste Ergebnis der von Petrie durchgeführten Vermessungen war unerwartet. Er kam zu dem Schluß, daß die Seitenlänge der Pyramide nicht vom Fundament ihrer Ecksteine aus gemessen werden dürfe, wie das Smyth getan hatte, sondern vom fast sechzig Zentimeter höher gelegenen Niveau der Pflasterung aus. Nach Petries Messungen war die Basis der Pyramide auf dem Niveau der Pflasterung kürzer als die Entfernung zwischen den äußeren Ecken der Vertiefungen für die Ecksteine, von denen Smyth ausgegangen war. Während der schottische Astronom eine Seitenlänge von 232,15 Metern ermittelt hatte, war sie nach Petries Messungen nur 230,35 Meter lang.

Das bedeutete eine Widerlegung von Smyths Theorie, wonach die Pyramide auf der Grundlage einer besonderen »Pyramidenelle« von 63,5 Zentimetern entworfen worden war. Petrie führte vielmehr durch seine eigenen sorgfältigen Messungen den Nachweis, daß die Baumeister der Pyramide von einer »königlichen Elle« in der Länge von 52,4 Zentimetern ausgegangen waren.

Er faßte die Ergebnisse seiner Messungen in einem Buch zusammen, das er mit Hilfe der *Royal Society* in London veröffentlichen konnte und das den Titel trug *The Pyramids and Temples of Gizeh*. Am Ende seiner Darstellung bemerkte er, daß er vor fünfzehn Jahren, als er zum erstenmal auf Smyths faszinierende Theorie gestoßen war, sich nie hätte träumen lassen, dereinst selbst »jene unerfreuliche geringfügige Tatsache festzustellen, die der schönen Theorie den Garaus machte«. Nachdem ihm das Buch Erfolg und Anerkennung gebracht hatte, schloß Petrie das Kapitel romantischer Entdeckungen ab und wandte sich der prosaischen Kleinarbeit streng wissenschaftlicher Archäologie zu.

Jahrelang betrachtete die akademische Welt die mit solcher Mühe von Smyth durchgeführten Messungen, die in mehreren umfangreichen Bänden zusammengefaßt und durch zahlreiche Abbildungen erläutert wurden, als »reine Phantasterei«. Im Streit der Meinungen, der zwischen bibelgläubigen Gelehrten und rational eingestellten Wissenschaftlern ausgetragen wurde, versank der wahre Sinn der Pyramide unter einer Flut unfruchtbarer Polemik. Petrie seinerseits war inzwischen Sir Flinders geworden und befand sich auf dem Wege dazu, der Nestor der akademischen Archäologie zu werden. Hätte es nicht die sorgfältigen Untersuchungen einiger gewissenhafter Forscher gegeben, wäre Smyth und Taylor dasselbe Schicksal zuteil geworden wie Paracelsus und Mesmer, die man in den Darstellungen der Geschichtsbücher zu Scharlatanen stempelte.

Wissenschaftliche Vertiefung der Theorien

Es ist nicht ohne Ironie, daß der nächste bedeutende Forscher, dem es vergönnt war, neues Licht auf das Problem der Pyramide zu werfen, gerade jener Mann war, der eigentlich die Theorien von Robert Menzies widerlegen wollte. Wie sich der Leser erinnern wird, hatten dessen überspannte Ideen von den im System der Pyramidengänge niedergelegten Prophetien nicht wenig zu den Schwierigkeiten Piazzi Smyths beigetragen.

Als Agnostiker und nüchterner Bauingenieur war David Davidson aus Leeds in Nordengland entschlossen, die Unhaltbarkeit von Menzies' schwärmerischer Pyramidentheorie nachzuweisen. Aber je mehr er Menzies' Daten angriff, desto mehr sah er sich gezwungen, sie anzuerkennen.

Eine vertiefte Analyse der Pyramide führte Davidson ferner zur Überzeugung, daß die Taylorsche These richtig sei, wonach das System der Gewichte und Maße bei den Alten auf zwei von der Erde und ihrer Umlaufbahn abgeleiteten Größen beruhe: der Norm für die Zeiteinheit, nämlich dem Sonnenjahr, und der Norm für die Längeneinheit, die als dezimaler Bruchteil der Achse bestimmt wird, um die die Erde rotiert.

Hinsichtlich des Umfangs der Pyramidenbasis gab Davidson dem Schotten Smyth recht, allerdings unter weitgehender Schonung Petries. Nach Davidson waren Petries Meßergebnisse durchaus exakt; aber ebenso traf Smyths Theorie zu, daß das Fundament der Pyramide in einem von vornherein geplanten Verhältnis zur Länge des Sonnenjahres stehe.

Mit seinen peinlich genauen Messungen hatte Petrie eine Einbuchtung des gemauerten Pyramidenkerns auf jeder Seitenfläche des Bauwerks feststellen können (55). Die Richtigkeit dieser Beobachtung, die sich normalerweise dem bloßen Auge entzieht, wurde noch zu Petries Zeiten in spektakulärer Weise durch ein Luftbild bestätigt, das in einem günstigen Moment und aus einer günstigen Position von dem englischen Brigadegeneral P. R. C. Groves aufgenommen worden war (56). Eine ähnliche Einbuchtung längs der Seitenflächenhöhe, die in dem Kupferstich eines französischen Gelehrten aus der Umgebung Napoleons deutlich hervortritt, wurde ein Jahrhundert hindurch übersehen.

Davidson bemerkte, daß es Petrie versäumt hatte, diese Einbuchtung im Pyramidenkern auf seine Ausmessung des Pyramidenmantels zu übertragen. Wenn das geschehen wäre, hätte sich eine Seitenlänge ergeben, die mit der von Smyth theoretisch geforderten Länge übereinstimmt. Und diese Länge hätte das Sonnenjahr bis auf vier Dezimalstellen hinter dem Komma wiedergegeben. Davidson bemerkte dazu: »Aufgrund dieses unglückseligen Versäumnisses sind die Wissenschaftler zur Annahme verleitet worden, daß die Theorie des verstorbenen königlichen Astronomen von Schottland, Professor Piazzi Smyth, lediglich ein Phantasieprodukt sei.«

Nach Davidson würden sich bei einer Berücksichtigung der Einbuchtung der Pyramide drei grundlegende Längen des Jahres aus ihrer Basis ergeben: eine äußere Länge, und zwar die kürzeste, gemessen von Ecke zu Ecke, ohne der Höhlung zu folgen; eine zweite, etwas längere, die einen Teil der Einbuchtung in den vier Seitenflächen längs der Basislinie berücksichtigt; und eine dritte Länge, die die volle Einbuchtung in jeder Seitenfläche des Bauwerks in Rechnung stellt. Diese drei Messungen hätten nach Davidson die drei verschiedenen Längen des Jahres, wie sie die moderne Wissenschaft festgestellt hat, ergeben, und zwar für das Sonnenjahr, das Sternjahr und das anomalistische oder orbitale Jahr. Das Sonnenjahr hat eine Länge von 365,2242 Tagen, das Sternjahr eine solche von 365,25636 Tagen, und das anomalistische Jahr ist $4^{3/4}$ Minuten länger als das Sternjahr.

Die Skeptiker bemerkten hierzu, daß alles reiner Zufall sei, aber Davidsons Schlußfolgerungen sollten das ganze Problem der Dimensionen der Pyramide wieder aufrollen und zur Entstehung einer neuen Schule von Pyramidenforschern führen.

Der Präsident der Französischen Akademie der Astrologen, D. Neroman, von Beruf Bergingenieur, führte in seinem kurz nach dem Ersten Weltkrieg veröffentlichten Werk *La Clé Secrète de la Pyramide* (Der verborgene Schlüssel der Pyramide) den Nachweis, daß Smyths »sakrale Elle« und Petries »königliche Elle« in einer mathematischen Relation zueinander stehen. Er kam auf Newtons Schlußfolgerung zurück, daß den Ausmaßen der Pyramide zwei Längenmaße zugrunde liegen, und zwar Petries kürzere Elle, als Richtschnur für die gewöhnlichen Arbeiter, und Smyths längere Elle für die hermetische Wissenschaft der Baumeister. Neroman wies nach, daß Höhe und Breite der Pyramide so festgelegt wurden, daß sie ein ganzzahliges Vielfaches von jedem der beiden Längenmaße darstellten.

Eine andere Aufwertung erfuhr der Ruf Piazzi Smyths durch die verfeinerte Berechung der Länge der Polarachse der Erde, die 1910 von dem amerikanischen Geodäten John Fillmore Hayford bekanntgegeben wurde. Nach dieser neuen Berechnung hat die Achse eine Länge von 6356910 Metern, und der zehnmillionste Teil davon ergibt eine Elle von 635,69 Millimetern.

Dies bestätigte, daß Smyth die »sakrale Elle« bis auf 0,03 Millimeter exakt

Chephren, der Sohn des Cheops.

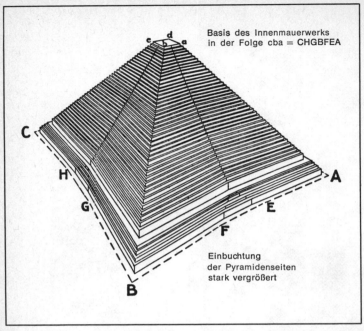

Abb. 55 (oben und rechts) Petrie fand den Zweck der Einbuchtungen an den Pyramidenseiten.

berechnet hatte. Man kann sich denken, welche Aufregung diese Ziffer im Lager der Pyramidenforscher verursachte.

Eine andere bemerkenswerte Ziffer, die bei erneuerten Untersuchungen der Pyramidenbasis ermittelt wurde, war die Summe ihrer Diagonalen, für die sich ein Wert von 25 826,68 »Pyramidenzoll« ergab. Das kam der Zahl der Sonnenjahre in einem sogenannten Platonischen Jahr, dessen Länge – 25 700 Jahre – durch die Präzession der Äquinoktien bestimmt wird, außerordentlich nahe. Das Platonische Jahr ist die Zeit, die die Erde für einen vollständigen Präzessionskreis braucht, das heißt für jenen Kegelkreis, den die Erdachse um die Senkrechte auf der Erdbahnebene beschreibt, und zwar auf Grund ihrer Achsenverlagerung bei der Rotation (57). Das Platonische Jahr und das Sonnenjahr sind die beiden grundlegenden Maßstäbe für die astronomische Zeit.

Tatsächlich ist das Tempo der Präzession keineswegs einheitlich. Zur Zeit beschleunigt es sich langsam. Nach der Ansicht Davidsons wurde

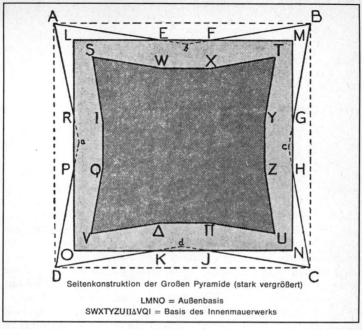

Seitenkonstruktion der Großen Pyramide (stark vergrößert)

LMNO = Außenbasis
SWXTYZUΠΔVQI = Basis des Innenmauerwerks

Abb. 56 (unten) Die Luftaufnahme zeigt die Schattenbildung durch diese Einbuchtungen.

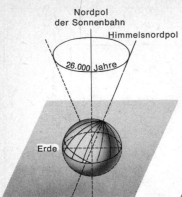

Abb. 57 Kegelkreis der Erdachse.

diese Tatsache beim Bau der Großen Pyramide berücksichtigt; es war eine Methode vorgesehen, nach der die Summe der Diagonalen auf verschiedenen Ebenen des Bauwerks berechnet werden konnte, um die durchschnittliche Länge des Präzessionszyklus anzuzeigen.

Die Zahl solcher Entdeckungen wurde gerade damals um eine weitere vermehrt. Morton Edgar, der nachdrücklich für die Thesen Davidsons eintrat, reiste kurz vor dem Ersten Weltkrieg nach Ägypten, um ausgedehnte Messungen an der Großen Pyramide durchzuführen. Dabei fand er, daß der Umfang der Pyramide in der Höhe der 35. Steinschicht, die viel stärker als die übrigen Schichten ist, ebenfalls eine Ziffer für die Präzession der Äquinoktien verkörpert. Ägyptologen und Astronomen lehnten diese Deutung entschieden ab.

Davidson war fest davon überzeugt, daß der Bau der Pyramide Baumeister voraussetzte, die mit dem Wirken der Naturgesetze vertraut waren. Er wies darauf hin, daß es nötig war, vor dem Beginn der eigentlichen Bauarbeiten die astronomischen Gesetze des Sonnenjahres so zu vereinfachen, daß sie in den Steinen der Pyramide zum Ausdruck gebracht werden konnten. Auch ohne höhere Mathematik anzuwenden, seien seiner Ansicht nach Menschen, die den Abstand der Erde von der Sonne und die Länge des Sternjahres bis auf Sekunden genau kannten, imstande gewesen, die Geschwindigkeit zu berechnen, mit der die Erde der Sonne folgt. Das wiederum würde zur Ermittlung des spezifischen Gewichts der Erde, der Sonne, von Erde und Mond zusammengenommen, der Sonnenparallaxe und sogar der Lichtgeschwindigkeit führen.

Nach Davidson deutet die Mathematik der Pyramide darauf hin, daß die alten Ägypter in der Erforschung der astronomischen Gravitation weiter fortgeschritten waren als die Wissenschaftler der Neuzeit und daß das

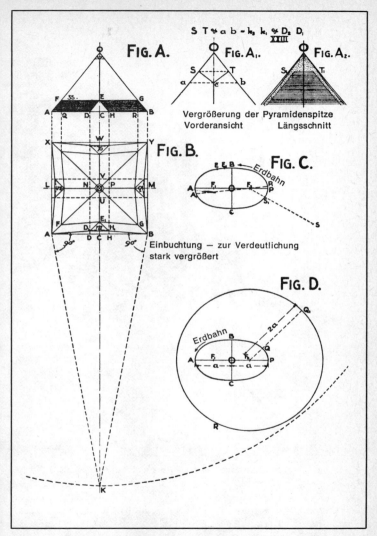

Abb. 58 Davidsons Berechnungen über das Verhältnis zwischen Pyramidenbasis und Erdkreis.

Folgende Doppelseite: Die geheimnisvolle Pyramide des Snofru in Mêdûm.

folglich auch für die mathematische Grundlage von Technik und Mechanik sowie der Naturwissenschaften überhaupt gelte (58). Er zog daraus die Schlußfolgerung, »daß die Menschheit Tausende von Jahren gebraucht hat, um auf dem Weg des Experiments zu entdecken, was sie ursprünglich durch eine sichere und einfachere Methode ermittelte«.
Die Frage, warum denn nun die Pyramide mit ihren sorgfältig verborgenen Gängen gebaut worden sei, beantwortete Davidson dahin, daß ihr Erbauer in diesem »monumentalen Lehrbuch« das Wissen seiner Zeit für eine künftige Zivilisation verkörpern wollte, etwa so wie wir heutzutage in die Grundsteine mancher öffentlichen Gebäude Kassetten mit Daten aus unserer Zeit einmauern. Nach Davidson wußte der Erbauer der Pyramide, daß die geistigen Kräfte zur Ergründung der Naturgesetze in der Menschheit verkümmern könnten und daß die Übermittlung seines Wissens an die Menschen einer künftigen Zivilisation diese vielleicht zu einer geistigen Regeneration anspornen würde. Wie schon Menzies und Smyth vor ihm, stieß auch Davidson die wissenschaftliche Welt mit seinen Thesen vor den Kopf, während der durchschnittliche Bewunderer der Pyramide von der Überfülle mathematischer Analysen und Berechnungen abgeschreckt wurde.
Noch abstruser waren die Bemühungen einer Reihe von Pyramidenforschern, die den Nachweis erbringen wollten, daß die Pyramide eine prophetische Weltgeschichte für einen Zeitraum von 6000 Jahren verkörpere, und zwar von 4000 v. Chr. bis 2045 n. Chr. Sie sahen diese Botschaft in Übereinstimmung mit der Prophetie der Bibel.
Diese »Pyramidenphantasten«, unter ihnen auch Morton Edgar, glaubten, daß die prophetische Zeitrechnung an den Wänden der Gänge und in den verschiedenen Kammern des Bauwerks markiert sei. Ein Jahr entspricht danach einem Pyramidenzoll, und die Zeitrechnung beginnt mit Adam, dem ersten erschaffenen Menschen, und endet mit dem Jüngsten Gericht. Morton Edgar sagt dazu: »Bis zum Jahr 2914, dem Ende des tausend Jahre währenden Jüngsten Gerichts, wird die Menschheit die Segnungen des Erlösungswerks Christi erfahren und dadurch die vollkommene menschliche Natur wieder erlangen, die durch den Sündenfall Adams vor 7040 Jahren verlorenging.« Im Lager dieser Männer bestand Übereinstimmung darüber, daß der in die Vorkammer führende niedrige Gang den Beginn des Ersten Weltkriegs markiere. Das Ende der Königskammer sollte das Jahr 1953 bezeichnen.

Die Pyramide – ein Theodolit für Landmesser

Eine wesentliche Funktion der Pyramiden auf dem Plateau von Giseh wurde von einem Oberingenieur der australischen Eisenbahn entdeckt, nämlich Robert T. Ballard. Das war in den 1880er Jahren, als er die Pyramiden aus dem Fenster eines fahrenden Zuges beobachtete. Wie sich ihm vor einem wolkenlosen Himmel ihre scharfgeschnittenen Umrisse unter einem stets neuen Blickwinkel darboten, bemerkte er, daß die Pyramiden ausgezeichnete Theodoliten für einen Landmesser seien, da sie ihm ermöglichen, mit Hilfe der Triangulation alles Land in ihrer Sichtweite zu vermessen.

Das Land des alten Ägypten, meist im Besitz der Priester und Beamten, war in kleine Parzellen aufgeteilt, deren Grenzen regelmäßig durch das Hochwasser des Nils verwischt wurden. Mit Hilfe der Pyramiden konnte das Fruchtland in ihrer Umgebung schnell wieder vermessen und die zerstörten Begrenzungen aufs neue markiert werden.

Die scharfen Silhouetten der Pyramiden ermöglichen es, wie Ballard sofort begriff, gerade Linien zu ziehen, wie sie heutzutage nur mit Hilfe unserer modernen Instrumente zu erreichen sind. Wenn man eine mit einem Stein beschwerte Schnur in der Hand hält und die scharf begrenzte Spitze einer 20 Meilen entfernten Pyramide gegen die Sonne anvisiert, würde die Abweichung einer so bestimmten Linie von der Geraden praktisch gleich Null sein (59). Nicht minder wichtig war nach Ansicht des Australiers, daß die gleiche Pyramide auch in Verbindung mit dem Mond oder mit Sternen geodätisch genutzt werden konnte. Unter der Voraussetzung, daß man die geographische Breite der Pyramide bestimmen konnte, ließen sich dann Triangulationslinien bis zur Küste des Nildeltas ziehen und dazu bedurfte es nicht mehr als einer Schnur mit einem Gewicht daran.

Während der Ingenieur längs des Nils in seinem Zug südwärts fuhr, tauchten weitere Pyramiden am Horizont auf. Und da wurde es ihm klar, daß diese Kette von Pyramiden, die ebenso viele Theodoliten darstellten, die alten Ägypter dazu befähigt haben mußte, die Grenzen von einem Ende des Landes bis zum andern zu regulieren. Er malte sich aus, daß das einfachste tragbare Vermessungsinstrument eine maßstabgerechte Nachbildung der Cheopspyramide sei. Man brauchte sie nur in die Mitte eines kreisrunden, wie ein Kompaß mit Teilstrichen markierten Brettes zu stellen. Wenn der auf dem Kreis gekennzeichnete Nordpunkt genau nach Norden ausgerichtet war und man die Seitenflächen des Pyramidenmodells so drehte, daß sich auf ihm dieselbe Licht- und Schattenverteilung zeigte wie auf der Großen Pyramide, dann konnte

Fig. 38
Von Nordwest Richtung 315°
Sonne im Westen

Fig. 39
Von Südosten Richtung 135°
Sonne im Westen

Fig. 40
Von Nordosten Richtung 45°
Sonne im Osten

Fig. 41
Von Südwesten Richtung 225°
Sonne im Osten

Fig. 42
Süd 2 West 1 Richtung 206° 35' 54, 18''

Fig. 43
Süd 96 West 55 Richtung 209° 48' 32, 81''

Fig. 44
Süd 21 West 20 Richtung 223° 36' 10, 15''

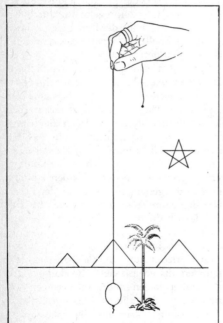

Abb. 59 Pendel und Pyramidenspitze als Meßinstrument.

Abb. 60 (oben und rechts) Schattenbildung der Pyramidengruppe als Hilfe für Landmesser.

Fig. 45
Süd 4 West 3 Richtung 216° 52' 11, 65''

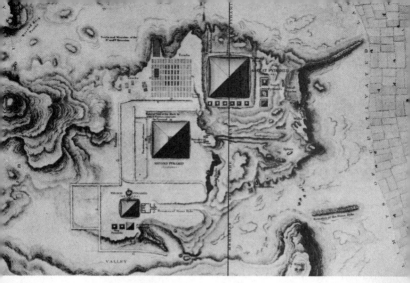

Abb. 61 Die Luftschau des Komplexes von Giseh läßt den durch das Zentrum der Großen Pyramide gehenden Nord-Süd-Meridian erkennen.

der Landmesser ohne Schwierigkeit den gesuchten Richtungswinkel ablesen. Benutzte man Modelle aller drei Pyramiden, würde die Richtungsbestimmung noch exakter sein (60). Außerdem bestand die Möglichkeit, die Beobachtungen an den weiter südlich gelegenen Pyramiden mit solchen Messungen in ein System zu bringen. Die Luftschau des Pyramidenkomplexes von Giseh läßt deutlich den durch das Zentrum der Großen Pyramide gehenden Nord-Süd-Meridian erkennen (61).

Ballard überlegte sich, daß die Pyramiden auch für Landvermessungen mit Hilfe von rechtwinkeligen Dreiecken geeignet waren, und zwar konnten diese Seiten mit ganzen Zahlen haben (3:4:5) oder Seiten in dem $2:\sqrt{5}:3$-Verhältnis, wie sie von Petrie in der Königskammer entdeckt worden waren. Beide Typen von Dreiecken spielten eine Hauptrolle bei den Landvermessungen der Alten. Diese Dreiecke, die in ähnlicher Weise in der Zikkurat der Babylonier (s. den Turm von Babel) festgehalten sind, wurden von den Alten erdacht, um die geheime Ordnung des Kosmos zu erfassen, eine Vorstellung, die Plato übernahm (62). In seinem *Timaios* erklärt er, wie der Kosmos nach dem Muster des 3:4:5-Dreiecks und der Zahl $\sqrt{5}-1$ oder 1,2345 gebaut sei.

Für eine rechtwinkelige Trigonometrie war es nach Ansicht des australischen Ingenieurs nur erforderlich, gerade Linien von den Pyramiden in

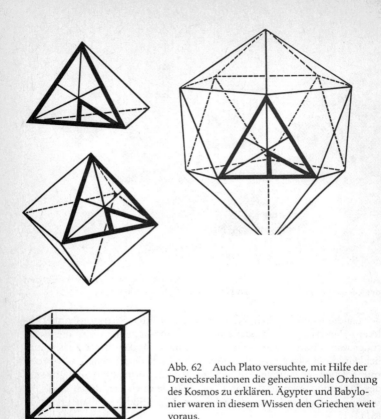

Abb. 62 Auch Plato versuchte, mit Hilfe der Dreiecksrelationen die geheimnisvolle Ordnung des Kosmos zu erklären. Ägypter und Babylonier waren in diesem Wissen den Griechen weit voraus.

die gewünschten Richtungen zu ziehen; dazu wurden keinerlei Instrumente benötigt. Zur genauen Bestimmung von Winkeln an jedem beliebigen Punkt kam man mit den einfachsten Hilfsmitteln aus. Jedermann konnte sich in kurzer Zeit eine Art Meßtisch herstellen, auf dem alle Winkelgrade auf der Peripherie eines Kreises zu bestimmen waren. Nach des Australiers Meinung würde sich eine so einfache Form der Triangulation auch heute noch für fast jeden Berufszweig empfehlen, in dem Messungen durchgeführt werden müssen.

Diese Schlußfolgerungen veröffentlichte Ballard 1882 in einem bebilderten Büchlein mit dem etwas zu hoch gegriffenen Titel *The Solution of the Pyramid Problem* (Die Lösung des Problems der Pyramiden).

Ein archaischer Kalender in Stein

Ballards Büchlein und eine der Smythschen Entdeckungen an der Pyramide sollten einen anderen originellen Forscher zur Reise nach Ägypten veranlassen. Smyth war darüber erstaunt gewesen, daß mit Ausbruch des Frühlings, wenn die Sonne hoch genug am Himmel stand, um die Nordfassade der Pyramide zu bescheinen, das Bauwerk um die Mittagszeit seinen eigenen Schatten zu absorbieren schien. Smyth folgerte daraus, daß die Pyramide auch als riesige Sonnenuhr gedacht war und daß die von ihr geworfenen Schatten die Jahreszeiten und die Länge des Jahres anzeigen könnten. Nach seiner Ansicht waren der Platz, die Orientierung und die Neigung der Pyramide bewußt so gewählt worden, daß das Phänomen ihrer Schattenlosigkeit bei Frühlingsanfang eintrat, wenn jeweils zur Mittagszeit die Sonne im Äquator stand, obgleich sich dieses Datum später verschob.

Es war Smyth gänzlich unbekannt, daß der französische Astronom Jean Baptiste Biot 1853 in Ägypten gewesen war und anschließend berichtet hatte, daß die Große Pyramide – ob das nun von ihren ägyptischen Baumeistern geplant war oder nicht – seit ihrer Errichtung die Funktion einer riesigen Sonnenuhr gehabt hat. Sie gab jährlich die Zeitdauer der Äquinoktien mit einer Fehlerquelle von weniger als einem Tag und die Zeitspanne zwischen der Sommer- und Wintersonnenwende bis auf $1^{3/4}$ Tage genau an. Dieses Phänomen erweckte das lebhafte Interesse eines bis dahin gänzlich unbekannten Mannes aus Yorkshire, Moses B. Cotsworth, der es sich zur Lebensaufgabe gemacht hatte, unseren barbarischen Kalender zu reformieren.

Cotsworth war davon überzeugt, daß die Baumeister der Pyramide ihr Bauwerk als einen zuverlässigen Kalender zur Angabe der Jahreszeiten und der Jahresdauer entworfen hatten. Um die Richtigkeit dieser Ansicht zu erhärten, sah er sich nach weiteren Beweisen um. Unmittelbar vor dem Tode von Piazzi Smyth im Jahre 1900 konnte er mit ihm noch mehrere Gespräche über diese Frage führen. Als dann später Smyths Bücher und Aufzeichnungen auf einer Auktion versteigert wurden, gelang es Cotsworth, sie zu erstehen. Obgleich er Smyths Theorien über die angeblich in der Pyramide niedergelegten Prophetien ablehnte, war er entschlossen, dessen astronomische Theorien zu rechtfertigen. So machte er sich daran, mit Modellen das Sonnenuhrsystem nachzubauen, das nach seiner Ansicht der ganzen Konstruktion der Pyramide zugrunde lag.

Cotsworth bemerkte, daß man auf der geographischen Breite, wo die Pyramide erbaut worden war, mit einem ganz gewöhnlichen Obelisken

zwar einwandfrei die Tageszeit oder auch den Fortgang der Jahreszeiten anzeigen könne, daß aber kein Obelisk einen so langen Schatten zu werfen vermag, an dem die Länge eines ganzen Jahres zu 365 Tagen abgelesen werden kann. Die Abmessungen der Pyramide erschienen Cotsworth geradezu als ideal zur Markierung der sechs Wintermonate, in denen ihre Nordfassade nie von der Sonne beschienen wird und der zur Mittagszeit auf die nördliche Steinterrasse geworfene Schatten ständig entlang dem Meridian wächst, bis er zur Wintersonnenwende seine größte Länge erreicht. Er wird danach wieder kürzer, um an einem bestimmten Tag im März zur Mittagszeit gänzlich zu verschwinden (63).

Um seine Theorie zu überprüfen, fertigte sich Cotsworth mehrere Modelle von Pyramiden und Kegeln an und stellte sie auf einen sorgfältig in Felder aufgeteilten Bogen Papier. Darauf markierte er halbstündlich die sich abzeichnenden Schattenumrisse. Diese Untersuchungen setzte er mehrere Monate hindurch fort. Hochbefriedigt stellte er fest, daß die Pyramide in der Tat ihrer ganzen Form nach am besten für den vorliegenden Zweck geeignet war, denn sie ließ sich genauer nach Norden ausrichten, ihre geneigten Seitenflächen ließen sich leichter herstellen, und ihre scharfen Kanten warfen einen deutlicher begrenzten Schatten. Außerdem war es technisch einfacher, eine Pyramide von der erforderlichen Höhe zu bauen als einen Kegel.

Um die Länge des zu- und abnehmenden Schattens messen zu können, war natürlich eine breite und völlig ebene, mit Steinplatten belegte Terrasse nötig. Es war Cotsworth auch klar, daß diese »Schattenterrasse« nur auf der Nordseite der Großen Pyramide liegen konnte und wahrscheinlich mit einer genau nach Norden zeigenden Meridianlinie markiert war. Außerdem war damit zu rechnen, daß das Steinpflaster dieser Terrasse irgendein geometrisches Muster aufwies, um das Messen des Schattens zu erleichtern.

Cotsworth berechnete, daß ein Bauwerk wie die Cheopspyramide, mit einer Höhe von 147,5 Metern, eine etwa 80 Meter breite »Schattenterrasse« erfordere, um den längsten Schatten der Pyramide zur Wintersonnenwende aufnehmen zu können (64). Zur Erprobung seiner Annahmen schiffte sich Cotsworth im November 1900 an Bord des Dampfers *Osiris* nach Port Said ein. Auf dem Plateau von Giseh stellte er befriedigt fest, daß die Nordseite der Großen Pyramide einigermaßen frei von Geröll und das Felsplateau davor in der erforderlichen Länge geebnet war. Auf der Ebene der eigentlichen Pyramidenplattform fand er in der Tat eine »Schattenterrasse«, die sich bis zu den Resten der ehemaligen Umfassungsmauer des Pyramidenkomplexes erstreckte. Auf dieser Ter-

Grabbezirk des Pharao Djoser: Fries mit Kobras.

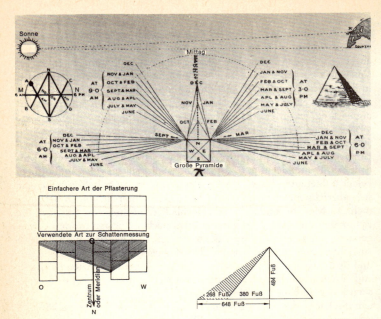

Abb. 63 (oben)   Cotsworths Zeichnung zeigt, wie exakt mit Hilfe der Pyramide die Länge des Jahres berechnet wurde.

Abb. 64 (rechts)   Schatten der Wintersonnenwende.

Abb. 65   Die versetzte Pflasterung der Terrasse als Meßinstrument.

rasse waren die quadratischen Platten nicht fugengleich gelegt, was technisch einfacher gewesen wäre, sondern in versetzter Form. Dieses Verfahren verdoppelte die Anzahl der Markierungspunkte, an denen der tägliche Schatten der Pyramide längs des Meridians zur Mittagszeit abgelesen werden konnte (65).

Um seine Beobachtungen zu erhärten, machte Cotsworth eine Reihe von fotografischen Aufnahmen, die die allmähliche Verkürzung des Schattens bis zum Frühlingspunkt festhielten. Mit großer Genugtuung stellte er fest, daß die Länge der Steinplatten auf der Terrasse fast genau der Länge entsprach, um die der Schatten täglich vorrückte, bis er eines Tages im März gänzlich verschwand (66). Auf diese Weise, so bemerkte Cotsworth, waren die Priester der alten Ägypteer imstande, durch die bloße Beobachtung des Schattens auf den Steinplatten die Länge des Jahres bis auf den 0,2419. Teil eines Tages anzugeben.

William Kingsland, Professor der Astronomie, der sich mit Cotsworths Thesen auseinandersetzte, wandte dagegen ein, daß einige der Steinplatten vielfach unregelmäßige Winkel und Ecken aufweisen. Aber es ist offensichtlich, daß die Ecken dieser Platten nur zu dem Zweck abgeschnitten wurden, um sie dem benachbarten Stein anzupassen. Daraus ergibt sich höchstens ein noch komplizierteres geometrisches Muster für genauere Berechnungen.

Cotsworth machte sich auch Gedanken darüber, wie wohl die Priester

Abb. 66 Die Länge der Steinplatten auf der Terrasse entsprach der Länge, um die der Schatten täglich vorrückte. So konnten die Priester die Länge des Jahres bis auf den 0,2419. Teil eines Tages angeben.

während des Sommers verfahren haben mögen, zu einer Zeit also, da die Nordfassade der Pyramide keinen Schatten warf. Er vertrat die Hypothese, daß die Priester Methoden entwickelt hatten, um die Zeit zwischen Frühlings- und Herbstanfang gleichmäßig zu unterteilen und das tabellarisch festzuhalten. Bei dieser Annahme übersah er jedoch, daß die südliche Pyramidenseite, die ja mit sorgfältig polierten Kalksteinplatten verkleidet war, auf der südlichen Steinterrasse zwar nicht ein Schattendreieck, aber doch ein *Lichtdreieck* markieren konnte, das sich nicht minder deutlich von seinem Untergrund abhob als die Winterschatten auf der Nordseite. Von Mai bis August pflegte die Südfassade eine dreieckige Widerspiegelung der Sonne auf das ebene Plateau vor ihr zu werfen. Diese Spiegelung verkürzte sich bis zur Sommersonnenwende und wuchs dann wieder an bis zur Mittagszeit des letzten Sommertages. Auch die Ost- und Westfassade reflektierten täglich zur Mittagszeit das Sonnenlicht, aber das sollte erst David Davidson feststellen, der diese Vorgänge in Diagrammen festhielt (67).

Eine Untersuchung der steileren Fassaden anderer Pyramiden, wie zum Beispiel der von Sakkara, Mêdûm und Dahschur, brachte Cotsworth auf den Gedanken, daß ihre Konstruktion auf Messungen der Schattenlängen zur Zeit der Sommersonnenwende, also des höchsten Sonnenstandes berechnet war. Er hielt es auch für möglich, daß Snofrus Pyramide in Dahschur, die einen flacheren Neigungswinkel von 43° hat, für Schattenmessungen zur Wintersonnenwende bestimmt war, zu einer Zeit also, wenn die Sonne des Mittags am tiefsten steht. Aus der mehrfachen Planänderung der Stufenpyramide von Sakkara und dem Wechsel des Böschungswinkels in der Knickpyramide von Dahschur schloß Cotsworth, daß die Ägypter die »echtere« Pyramidenform, das heißt, die nach der π-Relation gebildete Pyramide, weiter nach Norden am 30. Breitengrad konstruiert hatten, weil dort die Morgen- und Nachmittagsschatten eine Reihe von vollkommen geraden Linien bilden.

In dieser Annahme wurde er von Joseph Norman Lockyer bestätigt, einem namhaften englischen Astronom, der am *Royal College of Science* Astrophysik lehrte. Lockyer wies darauf hin, daß die Pyramiden mit Ausnahme der des Cheops nicht genau nach Norden weisen, sondern auf den Punkt der aufgehenden Sonne zur Zeit der Sonnenwende ausgerichtet wurden. Und dieser Punkt verschiebt sich entsprechend der geographischen Breite des Standorts der Pyramide.

Nach Cotsworth entwickelten sich die Pyramiden aus Mastabas oder erhöhten Terrassen, die als Plattform für einen Obelisken gebaut wurden. Um den Schatten, den sie warfen, zu verlängern, wurde ihre an den vier Seiten abgeschrägte Plattform immer mehr erhöht, bis sich dann schließlich daraus die Stufenpyramiden ergaben. In diesem Zusammen-

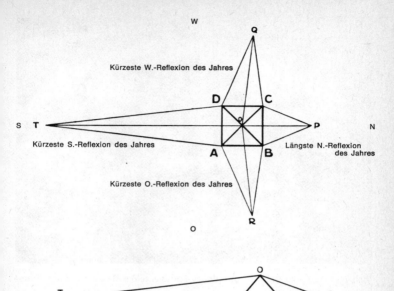

Abb. 67 Davidsons Diagramm der Sonnenreflexionen.

hang wies er darauf hin, daß die älteste echte Pyramide, diejenige von Mêdûm, in mehreren Stufen erbaut worden war, wie das aus den polierten Verkleidungssteinen auf jedem Absatz deutlich wird. Dieser Entwicklungsprozeß wurde nach der Meinung von Cotsworth so lange fortgesetzt, bis sich die mit der weiteren Aufstockung der Pyramide verbundene Mühe nicht mehr lohnte. Eine 18 Meter hohe Plattform beispielsweise, auf der ein 18 Meter hoher Obelisk steht, verlängert seinen Schatten um 100 Prozent; erhöht man die Plattform zusätzlich um 12 Meter, wird der Schatten des Obelisken dadurch nur um 19 Prozent länger. Schließlich wurde die oberste Plattform überhaupt zu klein für einen Obelisken. Die kompakte Cheopspyramide, deren Neigungswinkel so festgelegt worden war, daß sie während der Äquinoktien ihren Schatten gleichsam aufsog, war eine optimale Konstruktion. Nachdem so die Methode zur genauen Bestimmung der Länge des Jahres gefunden war, bestand keinerlei Bedürfnis mehr nach weiteren riesigen Pyramiden. Cotsworth fand seine Theorie durch einen Vergleich der Pyramiden mit den künstlichen Hügeln bestätigt, die von den Ureinwohnern Britanniens errichtet worden sind. Diese markierten das Ende des Jahres auf-

Abb. 68 Auch der Erdwall von Silbury Hill diente der Berechnung der Jahreslänge.

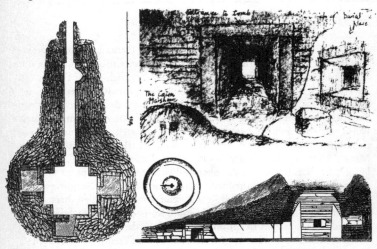

Abb. 69 Der Tunnel des Hügels von Maes-Howe (Orkney) ist auf einen Monolithen ausgerichtet: die Visierlinie ermöglichte die Fixierung der Wintersonnenwende.

grund des längsten Schattens, der von senkrecht aufgestellten Steinblöcken oder künstlichen Erdwällen wie dem von Silbury Hill geworfen wurde (68). Die späteren Einwohner Britanniens, die Kelten mit ihren Druiden und die Germanen, folgten diesem Brauch und ließen weiterhin das neue Jahr mit dem Julfest, das heißt der Wintersonnenwende, beginnen.

Nach der Vorstellung von Cotsworth ermöglichte es der Kegelstumpf von Silbury Hill den Astronomen der Frühzeit, die Länge der einzelnen Jahreszeiten und des ganzen Jahres durch den von einer Art Maibaum geworfenen Schatten zu messen. Dieser hatte dieselbe Funktion wie ein ägyptischer Obelisk, denn er war auf einem künstlich geschaffenen Kegelstumpf so aufgestellt worden, daß sein Rand den kürzesten Schatten des Jahres und damit auch die Sommersonnenwende markierte. Hätten diese Astronomen nur eine große Höhe gebraucht, würden sie zu dem benachbarten Abury Hill gegangen sein, der eine weite, flache Kuppe hat, die man leicht hätte erhöhen können. Aber man brauchte einen völlig ebenen Untergrund, auf dem man das Wachsen des Schattens messen konnte. Darum gab es für sie keine andere Wahl, als einen künstlichen Hügel auf ebenem Gelände zu errichten.

Das Glück wollte es, daß in geographischen Breiten von 50° oder 60°, so wie sie in der Bretagne oder bei Stonehenge gegeben sind, niedrige Hügel Schatten werfen, die lang genug sind für differenzierte Messungen. In der Grafschaft Wiltshire erzeugt eine Höhe von etwa 68 Metern einen Schatten, der fast genauso lang ist wie der von der Cheopspyramide geworfene.

Einer der bemerkenswertesten dieser prähistorischen Erdhügel ist bis heute in Maes-Howe bei Stennes auf den Orkney-Inseln erhalten geblieben. Auf diesem Hügel befindet sich eine quadratisch angelegte Beobachtungskammer mit einem 16,45 Meter langen Tunnel zum Anvisieren des Himmels. Der Tunnel ist auf einen deutlich sichtbaren Monolith ausgerichtet, der in einer Entfernung von rund 830 Metern aufgestellt ist. Die Visierlinie zeigt auf einen Punkt am Horizont, wo die Sonne jetzt zehn Tage vor der Wintersonnenwende aufgeht (69). Ein zweiter, *Watchstone* genannter Monolith im Westen der Anlage zeigt die Tag- und-nachtgleiche an. Ähnlich wie die Große Pyramide des Cheops ist die als Observatorium gedachte Kammer aus riesigen Steinblöcken errichtet, und die Decke ist eine gewölbte Kragsteinkonstruktion. Die Kammer hat auch drei Nebenräume für die Beobachter, ähnlich wie die Kammer der Königin in der Großen Pyramide.

Die schottischen Gutsherren von Maes-Howe – der Name bedeutet auf englisch *Maidens Mound* (Jungfrauenhügel) – errichten auch heute noch einen Maibaum auf dem ursprünglich flachen Hügel. Sie setzen damit, ohne es zu wissen, den Brauch fort, der seinen Ursprung in der Beobachtung des Schattens hat, den die Stange auf das eingeebnete Gelände im Norden des Erdhügels warf.

Ein Blick auf die Umrisse und Querschnitte der Pyramiden von Sakkara, Dahschur und Mêdûm zeigt, daß jede von ihnen genauso wie die britischen astronomischen Beobachtungsstätten einen besonderen Gang hatten, der zum Anvisieren eines Nordsterns diente (70, 71, 72). Dieser Gang endete in einer Beobachtungskammer mit einer gewölbten, aus vorkragenden Steinen gebildeten Decke mit einer kleinen Öffnung, vermutlich zum Anvisieren eines direkt im Zenit stehenden Sterns oder zum Anbringen eines Senkbleis, dessen Linie die durch den geneigten Gang gebildete Visierlinie schnitt. Die Ähnlichkeit der Anlage mit der in Maes-Howe ist verblüffend. Dennoch wurde auch Maes-Howe immer nur für eine Begräbnisstätte gehalten.

In seinem 1967 erschienenen Werk *Megalithic Sites in Britain* zeigt Professor Alexander Thom, der viele Jahre an der Universität von Oxford den Lehrstuhl für technische Wissenschaften innehatte, wie die Stein- und Holzblöcke *(henges)* Britanniens aus dem 2. vorchristlichen Jahrtausend nach bestimmten Sternen ausgerichtet waren, wie überhaupt ihre Aufstellung auf der Grundlage einer Geometrie geplant war, die Pythagoras vorwegnahm. Nach Thom hatten diese megalithischen Anlagen ebenfalls die Funktion von Uhren und Kalendern. Während der langen Winternächte boten einzig die Sterne Anhaltspunkte für die Zeitbestimmung. Durch Beobachtung der auf- und untergehenden Sterne erster Größe oder ihres Meridiandurchgangs ließ sich jede Stunde der Nacht bestimmen.

R. J. C. Atkins, Professor für Archäologie am University College in Cardiff, einer der besten Kenner von Stonehenge und ein strenger Kritiker ungesicherter Hypothesen auf diesem Gebiet, folgert aus den von Thom vorgelegten Untersuchungen, daß die Bewohner Britanniens bereits vor 4000 Jahren über erstaunliche Kenntnisse auf dem Gebiet der empirischen Astronomie verfügten.

Das alles steht im Einklang mit den Angaben des zeitgenössischen griechischen Astronomen C. S. Chassapis, dessen Analyse der orphischen Hymnen darauf hinweist, daß auch die Griechen des 2. vorchristlichen Jahrtausends über ein hochentwickeltes astronomisches Wissen verfügten. Nach Chassapis wußten diese alten Griechen, daß die Jahreszeiten auf den Umlauf der Erde um die Sonne längs der Ekliptik zurückzuführen sind. Sie hatten ferner die Existenz heißer, gemäßigter und kalter Zonen ermittelt, kannten die Frühlings- und Herbstpunkte und die Zeiten der Sommer- und Wintersonnenwende und waren sich außerdem im klaren, daß die scheinbare tägliche Rotation der Sterne am Himmel auf

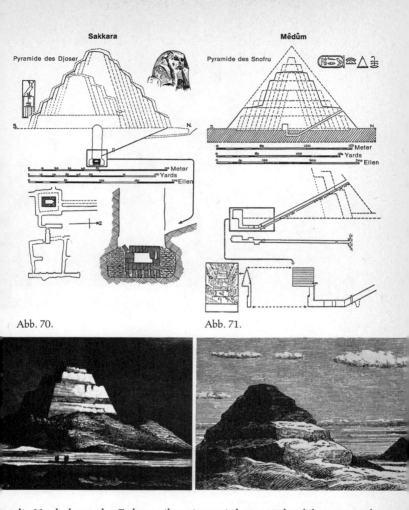

Abb. 70. Abb. 71.

die Umdrehung der Erde um ihre eigene Achse zurückzuführen ist und daß die Verlängerung der Erdachse auf den Himmelsnordpol weist.
Lyle B. Borst, Professor der Astronomie und Physik an der Universität des Staates New York in Buffalo, der nach England reiste, um dort ein Modell von Stonehenge zu Demonstrationszwecken für seine Studenten anzufertigen, rechnet mit der Möglichkeit, daß viele frühchristliche Kirchen in Großbritannien auf den Trümmern ehemaliger megalithi-

Dahschur

Abb. 72.

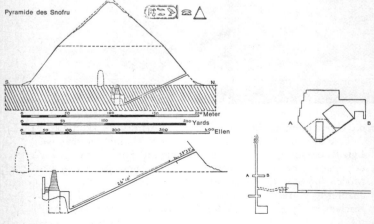

scher Bauwerke errichtet wurden und somit deren Orientierung übernahmen. Diese vorchristlichen Bauwerke, Zeugnisse einer ohne Fernrohre praktizierten Astronomie, waren natürlich nach bestimmten Sternen ausgerichtet. Der amerikanische Professor nimmt zum Beispiel an, daß die Kathedrale von Canterbury nach dem Aufgang des Sterns Beteigeuze zur Zeit der Tagundnachtgleiche um 2300 v. Chr. ausgerichtet ist. Er weist ferner nach, daß die geometrische Anordnung der megalithischen Bauten die Verwendung von 3:4:5-Dreiecken sowie von anderen rechtwinkeligen Dreiecken bezeugt, die entlang der Achse astronomischer Visierlinien ausgelegt worden waren.

Alfred Watkins bemerkt in seinem 1920 erschienenen Buch *The Old Straight Track* (Der alte schnurgerade Weg), daß viele englische Kirchen entlang Visierlinien zwischen deutlich sichtbaren Geländepunkten oder auch besonders errichteten Baken erbaut wurden und daß die Menschen der fernen Vorzeit gern in gerader Linie zwischen solchen Baken reisten, wobei die Kirchen dann als Zwischenstationen dienten. Diese Baken wurden errichtet, wenn im Gelände keine natürlichen Orientierungspunkte vorhanden waren und hatten oft die Form von Beobachtungstürmen. Sie wurden als geodätische Fixpunkte ursprünglich von der mit Vermessungsaufgaben betrauten Priesterschaft bewacht und blieben geheiligte Stätten auch noch zu einer Zeit, als ihr ursprünglicher Sinn längst vergessen war. Die später eingewanderten Siedler bauten an diesen Stellen Kirchen, wie das auch der altenglische Kirchenlehrer Beda bezeugt, wenn er berichtet, daß Papst Gregor I. dem Bischof Miletus ausdrücklich befahl, Kirchen am Ort ehemals heidnischer Kultstätten zu errichten.

Noch während des Mittelalters benützten irische Mönche kegelförmige Türme mit sorgfältig orientierten hochgelegenen Öffnungen, um durch sie den Himmel zu beobachten und den Ablauf der Tage, Monate und Jahre durch den Schatten an den Wänden und auf dem Fußboden des Turmgemachs zu markieren. Diese Rundtürme waren so angelegt, daß vom Nordfenster der Polarstern, vom Südfenster Sterndurchgänge und von den Ost- und Westfenstern der Auf- bzw. Untergang von Himmelskörpern zu beobachten waren. H. G. Wood sagt in seiner *Ideal Metrology* (Ideale Maß- und Gewichtskunde), daß von diesen Türmen aus die genaue Position eines Sterns festgestellt werden konnte, indem man Fäden über die Fensteröffnungen nach Art der Fadenkreuze in Fernrohren spannte. Da die Turmwände 60 bis 90 Zentimeter dick waren, bestand die Möglichkeit, mit Hilfe des vom Fensterpfosten und Oberbalken auf den Fußboden geworfenen Sonnenschattens die Tagesstunde und Jahreszeit zu bestimmen. Jeder Monat konnte so seine besondere, durch den Sonnendurchgang bestimmte Markierung erhalten (73).

Ähnliche Bauwerke haben sich auch in Frankreich gefunden. In einem Büchlein, das den merkwürdigen Titel *Falicon* trägt und 1970 als Privatdruck erschien, beschreibt sein Autor Maurice Guignaud, ein französischer Künstler, eine kleine Pyramide im Süden Frankreichs. Diese Pyramide war im 13. Jahrhundert von Rittern des Templerordens bei ihrer Rückkehr aus dem Nahen Osten errichtet worden. Guignaud beobachtete, daß zur Zeit der solaren Mittagshöhe während der Herbst-Tagundnachtgleiche 1969, die in jener Gegend um 12.53 Uhr stattfindet, die Pyramide keinen Schatten warf. Er stellte außerdem fest, daß ein Pfosten in der Türöffnung so angebracht war, daß sein Schatten die Rückwand der Eingangshalle genau in zwei Hälften teilte. Zur Zeit der Tagundnachtgleiche maß der französische Künstler den Schatten eines zur Mittagszeit senkrecht gehaltenen Meterstabes und ermittelte, daß er genau einen Meter lang war, während er am 21. Juni und 22. Dezember Längen von 0,80 bzw. 2,52 Metern hatte.

Guignaud bemerkte außerdem, daß diese an der Spitze abgestumpfte Pyramide, die unter dem seltsamen Namen *Ratapignata* (Fledermaus) bekannt ist, direkt oberhalb von zwei fast übereinanderliegenden unterirdischen Höhlen errichtet wurde und daß eingemeißelte Markierungen an deren Wänden darauf hinweisen, daß sie zu astronomischen und astrologischen Beobachtungen gebraucht worden waren.

Nach der Ansicht Cotsworths kann man den Wert der alten astronomischen Beobachtungsstätten gar nicht hoch genug einschätzen. Dabei muß man berücksichtigen, daß die zuverlässige Bestimmung der Jahreslänge und der Jahreszeit über Wohl und Wehe der damaligen Menschen entschied, denn davon hing der richtige Zeitpunkt für Aussaat und Ernte und damit die Entscheidung über ausreichende Ernährung oder Hungersnot ab. Die ungeheuren Anstrengungen der Alten bei dem Bau der Großen Pyramide oder der künstlichen Erdhügel der Britannier, die Erdbewegungen von bis zu einer Million Tonnen erforderten, dienten also ganz und gar nicht, wie gewisse Wissenschaftler behaupteten, einem »riesigen Monument der Narrheit«, sondern erfüllten einen lebenswichtigen Zweck für zahllose Generationen der in jenen Gegenden ansässigen Wohnbevölkerung.

Die Fülle billiger Uhren, die uns täglich im Radio gesendeten Zeitangaben und der Überfluß an Kalendern verführen uns dazu, den Wert eines zuverlässigen Systems zur Ermittlung des Tages, der Jahreszeiten und der Jahreslängen zu unterschätzen. Das gilt vor allem für das alte Ägypten, wo das ganze System der Landwirtschaft von der Überschwemmung des Ackerlandes durch die regelmäßig zu erwartende »Nilschwemme« abhing. Für neun Monate im Jahr pflegten die ägyptischen Bauern mit ihren Familien, ihrem Vieh und fast ihrer gesamten Habe ihre sicheren

Abb. 73   Beispiele irischer und anderer Rundtürme, die zur Zeitberechnung dienten.

Hangsiedlungen oberhalb des Niltals zu verlassen, um ihre Felder in der fruchtbaren Ebene des Flusses zu bebauen und abzuernten. Um rechtzeitig die vom Hochwasser bedrohten Niederungen mit Sack und Pack sowie den Feldfrüchten verlassen zu können, brauchten sie wenigstens eine Vorwarnung von vierzehn Tagen, weil sonst Gefahr für Leib und Leben bestand.

Nach Cotsworth hätten alle Bemühungen, einen bestimmten Tag im Jahresablauf lediglich durch jahreszeitliche Indizien zu ermitteln, zu unzuverlässigen und ständig wechselnden Ergebnissen geführt. Unter den frühen Dynastien des alten Ägyptens soll das Eintreten der Nilschwemme durch den heliakischen Frühaufgang des Sirius, der bei uns auch als Großer Hund bekannt ist, angekündigt worden sein. Einmal im Jahr, zur Zeit der ersten Morgendämmerung, pflegte Sirius, ein heller Stern erster Ordnung, am östlichen Horizont aufzutauchen und den Himmel zu beherrschen, bis sein Leuchten vom Glanz der aufgehenden Sonne überstrahlt wurde. Dieses großartige Geschehen war für die Ägypter das Zeichen dafür, daß die Nilüberschwemmung in etwa zwanzig Tagen zu erwarten sei.

Aber das Eintreten der Nilflut hing nicht von den Sternen ab, sondern von der durch die Sonne verursachten Schneeschmelze und von den Regenfällen im äthiopischen Quellgebiet des Blauen Nils. Die Beibehaltung des Brauches, den Beginn der Nilüberschwemmung nach dem Frühaufgang des Sirius zu datieren, mußte allmählich zu verhängnisvollen Fehlberechnungen führen. Otto H. Muck berichtet in seinem 1958 erschienenen Buch *Cheops und die Große Pyramide,* daß eine Reihe katastrophaler Überschwemmungen des Nils während der Regierungszeit des Cheops die Ägypter dazu zwang, vom Sternjahr (365,2563 Tage) zum Sonnenjahr (365,2422 Tage) überzugehen. Er vertritt die These, daß der historische Cheops die Einführung eines geänderten Kalenders veranlaßte. Dessen Neuerung bestand darin, daß alle vier Jahre, das heißt also nach 1460 Tagen, ein Schalttag eingefügt wurde zum Ausgleich des Zeitunterschieds zwischen Stern- und Sonnenjahr. Nach Muck wurde der neue Kalender nicht von einem Ägypter erdacht, sondern ein hellhäutiger Europäer soll ihn ins Land gebracht haben. Gestützt wird diese Annahme durch die »Kalenderscheibe von Dardania«, die von Dörpfeld bei der Ausgrabung Trojas gefunden wurde und die das Vorhandensein eines den Ägyptern überlegenen Kalenders in Alteuropa beweist.

Schwaller de Lubicz vertritt dagegen in seinem Buch *Le Temple de l'Homme* die Theorie, daß die Ägypter unter den Pharaonen weder das Sternjahr noch das tropische Sonnenjahr, sondern ein Sothisjahr eingeführt hatten. Dieses Sothisjahr beruht auf dem Zyklus des Fixsterns Sirius, der genau $365^{1}/_{4}$ Tage beträgt. Nach de Lubicz, einem Archäologen und Philosophen, der sich zwölf Jahre in Luxor aufhielt, um die dortigen Tempel, Gräber und Hieroglyphen zu erforschen, spricht allein die Tatsache, daß die Ägypter imstande waren, den gleichbleibenden Zyklus des Sirius von $365^{1}/_{4}$ Tagen zu entdecken, für eine unendlich lange Zeit vorausgehender sorgfältigster Beobachtung. Denn es ist hier zu bedenken, daß Sirius der *einzige* Fixstern mit gleichbleibendem Zyklus ist.

Aus altägyptischen Texten geht nach Schwaller de Lubicz eindeutig hervor, daß noch lange Zeit nachdem der heliakische Frühaufgang des Sirius nicht mehr sichtbar war, er dennoch von den Priestern in Heliopolis genau errechnet wurde. Diese übermittelten dann ihre Resultate an die anderen Tempel Ägyptens. Es bestand ein Unterschied von bis zu vier Tagen zwischen dem beobachtbaren Frühaufgang dieses Sternes in Theben und Memphis.

Muck nimmt an, daß zur nachdrücklichen Einprägung der wichtigen ersten Sothiszahl 1460 (1460 = 4 mal 365, das heißt 4 mal die Tageszahl des »runden« oder bürgerlichen Jahres; nach vier Rundjahren mußte ein

Albrecht Dürers berühmter Holzschnitt des Zodiacs.

zusätzlicher Tag eingeschaltet werden) diese Ziffer in das Kalksteinpflaster eines Prozessionsweges um die Pyramide herum eingebaut worden war. Er stellt sich das so vor, daß ein feierlicher Zug von weißgekleideten Priestern in liturgischer Form die Pyramide umschritt, wobei die Zahl von 1460 von den Teilnehmern der Prozession rhythmisch mitgezählt wurde. Nach dem Pentadensystem hat jeder Schritt eine Länge von 25 Zoll, und jeder Zoll ist aufgeteilt in fünf Striche. Zufällig erwies sich, daß Mucks »Schritt« zu 25 Zoll die gleiche Länge hat wie Newtons und Piazzi Smyths »sakrale Elle«. Aus der Verwendung des Sothiskalenders und der Beweglichkeit der Festtage im »bürgerlichen« Jahr zog Schwaller de Lubicz eine unbestreitbare Schlußfolgerung: Die alten Ägypter waren mit der Tatsache der Präzession des Frühlingspunktes vertraut, und sie waren imstande, dieses Phänomen zu berechnen.

Um sich eine Vorstellung von der Präzession machen zu können, braucht sich ein Beobachter in der nördlichen Hemisphäre zur Tagundnachtgleiche unmittelbar vor Sonnenaufgang nur so aufzustellen, daß er genau nach Osten schaut. Sobald die Morgendämmerung den Himmel rötet, wird am östlichen Horizont ein Sternbild sichtbar. Heute sind es die Fische; im Jahr 2000 v. Chr. war es der Widder, um 4000 v. Chr. der Stier und im Jahr 2300 n. Chr. wird es der Wassermann sein. Der ganze Tierkreis scheint zur Tagundnachtgleiche in entgegengesetzter Richtung zur Sonnenbahn vorbeizugleiten, und zwar mit der geringen Geschwindigkeit von ungefähr 1 Bogengrad in 72 Jahren; das summiert sich zu 30° oder einem Tierkreissternbild in 2160 Jahren und zu 360° in 25 920 Jahren.

Diese Präzession des Frühlingspunkts soll von Hipparchos im 2. vorchristlichen Jahrhundert entdeckt worden sein. Aber einige alte Darstellungen des Tierkreises tragen den Vermerk: »Stier zeigt den Beginn des Frühlings an«. Das ist als Hinweis darauf gedeutet worden, daß astronomische Beobachtungen der Sternbilder zur Zeit der Tagundnachtgleiche mindestens seit dem Jahre 4000 v. Chr. gemacht worden sind.

Das Phänomen der Präzession wurde erst verständlich, als Newton erklärte, warum sich die geneigte Erdachse bei ihrer Rotation unter dem Einfluß eines äußeren Drehmoments verlagert. Sie beschreibt auf diese Weise mit ihrem Himmelspol langsam einen Kreis um den Pol der Ekliptik im Sonnensystem. Wer von der Erde aus den Sonnenaufgang zur Tagundnachtgleiche beobachtet, hat den Eindruck, daß, bezogen auf die dann am Himmel sichtbaren Sternbilder, der Frühlings- und Herbstpunkt jedes Jahr im Tierkreiszeichen um zwanzig Minuten vorrückt.

Um das langsame Weiterschreiten (Präzession) der Äquinoktien erkennen zu können, mußten die alten Ägypter über ein angemessenes Beobachtungsverfahren und die erforderliche Ausrüstung verfügt haben. Nach Cotsworth war die Aufstellung eines zuverlässigen Sternkalenders mit der Aufzeichnung der scheinbaren Kreisbewegung der Sterne am Himmel erst möglich, nachdem jemand ein Verfahren zur Festlegung eines vollkommen ausgerichteten Meridians erdacht hatte. Das erst ermöglichte die Ermittlung der Position von Sternen in bezug auf einen festgelegten Beobachtungspunkt.

Muck weist in diesem Zusammenhang darauf hin, daß die Existenz eines genauen Sonnenkalenders zur Feststellung der Termine der Sommer- und Wintersonnenwende sowie der Tagundnachtgleiche im Frühling und Herbst den Bau eines Obelisken von beträchtlicher Höhe voraussetzt. Sir Gaston Maspero, der Direktor der Altertumssammlung des Ägyptischen Nationalmuseums in Kairo, fand in der Nähe von Sakkara Inschriften, die eine merkwürdige Hieroglyphe aufwiesen, die er sich

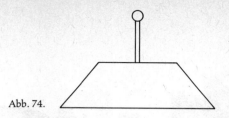

Abb. 74.

nicht erklären konnte. Diese Hieroglyphe zeigt einen Obelisken auf einer abgestumpften Pyramide mit einer Sonnenscheibe auf dessen Spitze. Er schickte eine Zeichnung davon an Cotsworth (74), der sofort erkannte, daß zwischen der Anlage von Maes-Howe, den Maibäumen von Silbury Hill und diesem Obelisken auf der Spitze einer Mastaba eine enge Verwandtschaft besteht. Aber wie fügt sich in dieses Bild die Pyramide des Cheops ein?

Dieses Observatorium (oben) errichtete der Maharadscha von Jaipur bei Delhi. Das Yantra-Observatorium von Benares (unten) diente zur Positionsberechnung der Sterne.

Die sinnreichste Sternwarte der Welt

Daß die große Pyramide ursprünglich als ein astronomisches Observatorium geplant war und daß sie Abbildungen der Himmelssphären enthielt, ist wiederholt von arabischen Historikern berichtet worden. Aber keiner von ihnen konnte eine überzeugende Erklärung dafür geben, wie es möglich gewesen sein soll, ihre steilen und glattpolierten Seitenflächen zu erklimmen, um von der Spitze der Pyramide die Sterne zu beobachten, oder inwiefern das Innensystem ihrer Gänge dazu geeignet war. Diese Situation änderte sich jedoch, als kurz vor der Jahrhundertwende der englische Astronom Richard A. Proctor unter dem Titel *The Great Pyramid, Observatory, Tomb and Temple* (Die Große Pyramide als Observatorium, Grab und Tempel) ein Buch veröffentlichte. Proctor fand in den Werken des neuplatonischen Philosophen Proklos einen Hinweis darauf, daß die Pyramide vor ihrer Vollendung als Observatorium benutzt worden war. Eine Analyse dieses Berichts, der in Proklos' Kommentar zu Platos *Timaios* steht, brachte ihn auf die Idee, daß die Pyramide in der Tat eine ausgezeichnete Beobachtungsstation abgegeben haben könnte, als sie bis zum oberen Ende der Großen Galerie gediehen war. Denn diese Galerie hätte auf eine große quadratische Plattform geführt, von der aus die Priester die Bewegungen der Himmelskörper beobachten und aufzeichnen konnten.

Proctors Theorie war so verblüffend einfach, daß sie von den Ägyptologen nicht ernst genommen wurde. Sie waren hinsichtlich der Eignung der Pyramide für astronomische Beobachtungen nicht minder skeptisch, als das für ihre Beurteilung von Stonehenge oder der anderen über Europa verstreuten megalithischen Observatorien zutraf. Um ein genügend tragfähiges Beobachtungsmaterial über die Bewegungen der Himmelskörper zu erhalten, brauchten die Alten eine genaue nach Norden ausgerichtete Meridianlinie auf der Erde, von der aus sie einen Meridian als Großkreis auf das Himmelsgewölbe projizieren konnten. Denn nur so wären sie imstande gewesen, den genauen Zeitpunkt zu ermitteln, in dem Sterne, Sonne, Planeten und Mond in ihrer scheinbaren Umlaufbahn am Himmel diesen Meridian kreuzen. Nach Proctors Analyse lösten die Baumeister der Großen Pyramide diese Aufgabe, indem sie die bestmögliche Annäherung an ein großes modernes Teleskop konstruierten.

Nach den Vorstellungen Proctors gruben die Konstrukteure der Pyramide auf dem Plateau von Giseh zuerst einen sehr langen geneigten Schacht mit einer schlitzartigen Öffnung und einer genauen Ausrichtung nach dem Meridian (75). Durch diesen Schlitz konnte man die

Abb. 75 (rechts) Vor dem Pyramidenbau gruben die Konstrukteure einen schlitzartigen Schacht, durch den man die Sternenbahnen beobachten konnte.

Die Abb. 76–78 (unten) verdeutlichen das System.

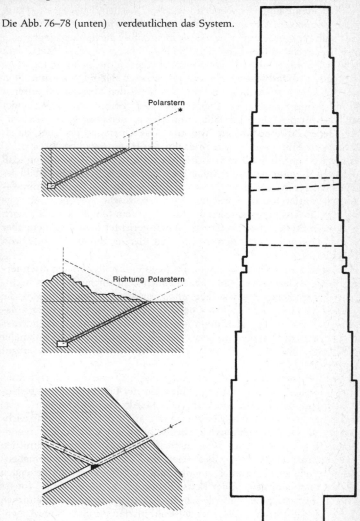

Abb. links Die Obelisken dienten als Meßinstrumente: der Obelisk Ramses' II.

scheinbare Bewegung der Sterne und ihre verschiedenen Durchgangszeiten genau feststellen. Proctor beschreibt uns bis in alle Einzelheiten, wie die alten Baumeister bei dem Bau einer solchen Beobachtungsstätte zu Werk gingen. Um eine genaue Nordsüdlinie für ihren Erdmeridian zu erhalten, beobachteten sie, wie er meint, über die Spitzen einer Reihe von senkrecht eingeschlagenen Pfählen hinweg, welcher Stern dem Himmelsnordpol (dem Punkt also, den die Sterne in ihrer täglichen Bewegung zu umkreisen scheinen) am nächsten stand. Dann ermittelten sie die Kulmination dieses Sterns, das heißt den oberen und unteren Punkt seines Kreisbogens. Indem man diese beiden Punkte verbindet und das entsprechende Lot fällt, ermittelt man den geographischen Norden. Jeder Zirkumpolarstern war für diese Operation geeignet, da all diese Sterne nur einen engen Kreis um den Himmelspol beschreiben.

Hinweise von Sir John Herschel führten Proctor zur Vermutung, daß die alten Ägypter den Erdmeridian nach *alpha Draconis* im Sternbild des Drachen, der in den Jahren 2160 und 3340 v. Chr. 3° 43' vom Himmelsnordpol entfernt war, festlegten. Der französische Astronom A. Poge vertritt die Meinung, daß sich die Alten vor dem Jahr 1500 v. Chr. auch nach dem Stern *Mizar* im Großen Bären gerichtet haben können, aber *alpha Draconis* stimmt recht gut zu der gesamten Theorie von Proctor.

Die Frage, nach welcher Methode die Ägypter ihre Pyramiden orientierten, bildete Gegenstand einer eingehenden Untersuchung des tschechischen Ägyptologen Zbynek Zaba, und zwar in einer Abhandlung für die Tschechoslowakische Akademie der Wissenschaften. Weit entfernt davon, die Pyramiden als Monumente des Größenwahns irgendeines theokratischen Despoten zu betrachten, sieht Zaba in ihnen Denkmäler der Kultur, Wissenschaft und Technik der Epoche, in der sie erbaut wurden.

Die ägyptischen Quellen, die der tschechische Gelehrte anführt, beweisen zweifellos, daß die erste Handlung, die der Errichtung eines bedeutenden Bauwerks vorausging, der feierliche Akt des »Seilspannens« war, durch den die Nordsüdlinie bestimmt und auf dem Boden gekennzeichnet wurde. Das geschah durch die Beobachtung der Kulmination irgendeines Zirkumpolarsternes. Eine Inschrift, die von Johannes Dümichen übersetzt wurde, beschreibt diese feierliche Zeremonie folgendermaßen: »Indem ich zum Himmel emporschaue zur Bahn der aufgehenden Sterne und dann den *ák* der Konstellation der *Lende des Stiers* (unser Großer Bär) erkenne, ermittle ich die Ecken des Tempels.« Dümichen bemerkt, daß mit dem Wort *ák* die Kulmination des Sterns im Augenblick seines Meridiandurchgangs bezeichnet wurde.

Nach der Übertragung einer exakten Meridianlinie vom Himmel auf den

Erdboden konnten die alten Baumeister nach den Vorstellungen Proctors diese Linie dauerhaft festlegen, indem sie einen abschüssigen Gang durch den gewachsenen Fels anlegten und dessen Richtung und Neigungswinkel nach ihrem Polar- oder auch Zirkumpolarstern orientierten. Um zu ermöglichen, daß *alpha Draconis* auf dem 30. Breitengrad genau in diesen Gang hineinschien, mußte er eine Neigung von 26° 17' haben, denn wir erinnern uns, daß dieser Stern beim Bau der Pyramide 3° 43' vom Himmelsnordpol entfernt war (76). Das ist aber genau der Winkel, unter dem der absteigende Gang in das Innere der Großen Pyramide hinabführt.

Diese Theorie liefert uns auch eine Erklärung für die außerordentliche Geradlinigkeit der Wände im absteigenden Gang, die bereits Petrie in Erstaunen gesetzt hatte. Bei seinen äußerst sorgfältigen Messungen hatte er festgestellt, daß der 106,68 Meter lange Gang insgesamt weniger als 0,63 Zentimeter seitlich von seiner Mittelachse und nur 0,25 Zentimeter in der Höhe abwich. In dem wichtigsten Abschnitt nahe der Öffnung war die Genauigkeit in der Ausrichtung des Ganges noch größer. Dort war die durchschnittliche Abweichung geringer als 0,05 Zentimeter.

Nachdem die Baumeister die Länge des absteigenden Gangs und dessen Neigungswinkel gemessen hatten, wäre es mit Hilfe von elementarer Trigonometrie sehr einfach gewesen, eine Stelle unmittelbar über dem Ende des absteigenden Gangs als Mittelpunkt der geplanten Pyramide festzulegen, selbst wenn man sich dabei auf ziemlich unebenem Boden befunden haben sollte (77). Nach der Markierung eines Mittelpunkts und einer genauen Meridianlinie konnte man darangehen, die Fundamente für die Ecksteine einer quadratischen Grundfläche zu kennzeichnen und die ersten Steinschichten auf einer vollkommen eingeebneten Terrasse zu legen. Proctor nimmt an, daß die alten Baumeister flache, um die ganze Basisfläche gezogene Wassergräben benutzten, um stets in der Waagerechten zu bleiben.

Die Fortführung des geneigten Schachts durch die unteren Schichten der wachsenden Pyramide ermöglichte die Beibehaltung einer präzisen Orientierung bis zu einer Höhe von mindestens zehn Steinschichten, wo sich etwa die Öffnung des Ganges auf der Außenseite der Pyramide befand. Danach war eine unmittelbare Orientierung nach dem Polarstern nicht mehr möglich, und man mußte nach einem neuen Verfahren suchen, um beim Weiterbau der Pyramide die strenge Ausrichtung nach dem Meridian beizubehalten. Um dieses Problem zu lösen, haben nach Proctors Ansicht die Baumeister den Einfall gehabt, einen aufsteigenden Gang mit dem Neigungswinkel des absteigenden Ganges, das heißt 26° 17', zu bauen. Dazu verstopften sie diesen und füllten den Grund mit

Wasser, das den einfallenden Strahl des Polarsterns zurückwarf. Diesem Reflexionswinkel folgten sie bei der Anlage des aufsteigenden Ganges (78). Mit Hilfe dieses Verfahrens sicherten sie die genaue Ausrichtung des neuen Ganges und die waagerechte Nivellierung der nächsten Steinlagen.

Um zu bewirken, daß die Sohle des absteigenden Ganges auch wirklich wasserdicht war, mußte das Mauerwerk an der Abzweigung des neuen Gangs hart und festgefügt sein. Ganz offensichtlich aus diesem Grund unterscheiden sich die Steinplatten an dieser Stelle in bedeutsamer Weise von den sonst im Gang verwendeten. Sie sind nämlich viel härter und glatter sowie sorgfältiger aneinandergefügt, eine Besonderheit, die bis 1865 unbemerkt blieb. Diese Methode beschreibt Proctor in seinem viktorianischen Stil folgendermaßen: »Indem sie sich die bekannten Eigenschaften von Flüssigkeiten in Verbindung mit dem bekannten Verhalten von Lichtstrahlen zunutze machten, waren die alten Baumeister imstande, ein Bauwerk von beträchtlicher Höhe in der gewünschten Weise zu orientieren und immer in der Waagerechten zu bleiben.«

Aber welchen Zweck sollte das alles bei der Großen Pyramide haben? Ganz unvermittelt nimmt der enge aufsteigende Gang die Gestalt einer 8,53 Meter hohen, mit Kragsteinen eingewölbten Galerie an. Diese Galerie ist in keiner Weise erforderlich, viel eher hinderlich für ein Bemühen um eine genaue Ausrichtung des aufsteigenden Ganges und die sorgfältige Einhaltung des gewählten Neigungswinkels. Und doch mußte nach Proctors Überzeugung eine so ungewöhnliche und so sorgfältig ausgeführte Anlage einen bestimmten Zweck gehabt haben.

Proctor suchte für dieses Problem eine Lösung, indem er es nicht vom Standpunkt des Architekten, sondern des Astronomen aus anging. Er stellte sich darum die Frage: Hätte sich ein Astronom jener Zeit einen großen Beobachtungsschlitz gewünscht, dessen Mittelpunkt ein genau auf den Nordpol ausgerichteter Meridian war, um den Durchgang der Himmelskörper beobachten zu können, was wären dann seine Anforderungen an den Architekten gewesen? Ganz offensichtlich ein sehr hoher Spalt mit senkrechten Wänden, enger an der Decke als am Fußboden, eine Galerie also, deren Öffnung mit Hilfe des vom Polarstern reflektierten Lichts so angebracht war, daß sie durch einen exakten Meridian in zwei gleiche Teile geteilt wurde.

Durch einen solchen Spalt konnte ein Beobachter ohne Schwierigkeiten den Durchgang aller Sterne des Tierkreises ermitteln, weil ihm dazu eine einwandfreie Meridianlinie zur Verfügung stand. Genau das gleiche wird heute von einem modernen Astronomen gemacht (79), wenn er seinen Meridiankreis auf die jeweiligen vertikalen Meridiane einstellt. Proctor bemerkt hierzu, daß eine solche große Galerie wie die in der

Cheopspyramide als die *einzige* exakte Methode gelten kann, die den Alten zur Anfertigung einer richtigen Sternkarte und einer genauen Abbildung des Tierkreises zur Verfügung stand (80). Es war möglich, in dieser stark geneigten Galerie verschiedene Beobachter hintereinander aufzustellen, und auf diese Weise ließ sich der Zeitpunkt der Kulmination oder des Meridiandurchgangs eines jeden größeren Sterns innerhalb eines Kreises von 80° über dem Horizont genauestens ermitteln. Das beste Verfahren hierzu war die Feststellung des Augenblicks, in dem der betreffende Stern zuerst am Ostrand des Spalts erschien und in dem er wieder hinter seinem westlichen Rand verschwand. Der genaue Zeitpunkt des Durchgangs liegt dann in der Mitte der beiden Zeiten.

Proctor vermutet, daß ein Posten in der Kammer der Königin oder auf der Plattform des Pyramidenstumpfes oberhalb der großen Galerie mit Hilfe einer Sand- oder Wasseruhr, wie sie auch von den alten Chinesen benutzt wurde, stets die Zeit des Sterndurchgangs feststellen konnte. Er brauchte dazu nur von den Beobachtern in der Galerie ein Zeichen für den Beginn und das Ende der Passage zu erhalten.

Ein Blick hinunter in den absteigenden Gang auf das dort angestaute Wasser genügte, um den Augenblick des Meridiandurchgangs festzustellen, denn nur in dieser Sekunde wurde das Licht des betreffenden Sterns reflektiert. Dasselbe System wird noch heute in der Sternwarte der amerikanischen Flotte in Washington, D. C., angewandt, wo der tägliche Durchgang von Sternen bis auf den Bruchteil einer Sekunde genau mittels der Reflexion ihrer Strahlen durch Quecksilber ermittelt wird.

Die Neigung der Galerie und ihre mit Kragsteinen eingewölbte Decke ermöglichte ferner ohne alle Schwierigkeiten die Feststellung der Deklination eines Sterns, das heißt dessen Winkelabstands vom Himmelsäquator. Durch eine Zusammenstellung der Beobachtungen, die von den auf verschiedenen Stufen der großen Galerie postierten Wächtern gemacht wurden, ließ sich die richtige Sternzeit mit einem hohen Grad an Genauigkeit ermitteln. Geeignete Gerüste und Sitzgelegenheiten mit geneigten Rückenlehnen haben nach Proctor vermutlich den ägyptischen Astronomen ihre Arbeit erleichtert.

Diese Auffassung wird durch das Vorhandensein von siebenundzwanzig rechteckigen, etwa zwanzig bis dreißig Zentimeter tiefen Löchern bestätigt, die entlang den Wänden senkrecht in die Seitensockel der Galerie eingehauen sind. Sie dienten, wie Proctor glaubt, als Halt für die Ständer irgendeines quer über der Galerie errichteten Gerüstes. Es sollen auf diese Weise in regelmäßigen Abständen Bänke für die Beobachter des Sternhimmels geschaffen worden sein. Ferner kragte der obere Teil der Galeriewände vor, wie das in den früheren Mastabas und den megalithi-

Abb. 79 (links) Die moderne Astronomie arbeitet nach dem gleichen System.

Abb. 80 (rechts) So hätte die (nicht geschlossene) Große Galerie der Sternbeobachtung dienen können.

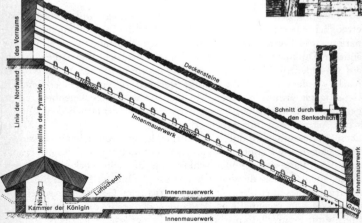

Abb. 81 Die oberen Deckplatten der Galerie waren abnehmbar.

schen Beobachtungsstätten der Fall ist, deren Schlußsteine sich leicht entfernen ließen. Auch in der Galerie der Cheopspyramide verhielt es sich so, daß jede ihrer obersten Deckplatten unabhängig voneinander abnehmbar war, weil sie keinerlei Druck auf ihre Nachbarplatten ausübten (81). Nach der Entfernung dieser Decksteine kam ein ebenso großer Teil des nördlichen Himmelskreises ins Blickfeld, wie er durch das obere Ende der Galerie im Süden sichtbar war. Die Bahn bestimmter Sterne wurde durch die Entfernung einzelner Steine genau festgelegt.

Proctor vermutet, daß die Deklination eines Sterns mit Hilfe der merkwürdigen Nuten festgestellt wurde, die sich an beiden Wänden der großen Galerie entlangziehen. Ungefähr in halber Höhe der Galerie, oberhalb der dritten vorspringenden Wandschicht, zieht sich nämlich ein vertiefter, rauh ausgehauener Streifen die ganze Wand entlang; er ist etwa fünfzehn Zentimeter breit und etwa zwei Zentimeter tief. In diese vertieften Streifen oder Nuten konnten nach Proctor waagerechte Stangen eingefügt werden, die in bestimmten Entfernungen senkrechte Stäbe trugen; möglicherweise waren diese waagerechten Linien markiert. Die Stangen ließen sich in den Nuten leicht verschieben, und das war vielleicht auch mit den senkrechten Stäben der Fall.

Um einen Stern genau zu orten, mußten die Beobachter auch dessen Rektaszension ermitteln, das heißt den Winkel auf dem Himmelsäquator, der zwischen dem Frühlingspunkt und dem Deklinationskreis des Sterns liegt. Wenn man die Zeit des Sterndurchgangs kennt, ist es nicht schwer, die Position des betreffenden Himmelskörpers in seiner Rektaszension zu bestimmen.

Es war demnach möglich, durch die Plazierung von Beobachtern im Innern der Galerie und auch an den vier Ecken des Pyramidenstumpfes das ganze sichtbare Himmelszelt kartenmäßig festzuhalten. Nach Proctors Ansicht ist mit Sicherheit anzunehmen, daß die alten Astronomen ihre Beobachtungen auf den Himmelsraum beiderseits des Meridians ausdehnten, nachdem sie einmal durch ihre Meridianbeobachtungen bestimmte Orientierungspunkte festgelegt hatten. Zahlreiche Beobachtungen dieser Art haben gewiß dem Auf- und Untergang von Sternen gegolten, vor allem auch ihrem heliakischen Frühaufgang beziehungsweise Spätuntergang, das heißt kurz vor der Morgendämmerung und unmittelbar nach dem Sonnenuntergang. Dazu waren, wie Proctor ausführt, mindestens dreizehn Beobachter zur Bestimmung des Winkels auf dem Horizontal- oder Azimutalkreis erforderlich. Ihre Ergebnisse konnten abgestimmt und kombiniert werden mit den Resultaten der Durchgangsbeobachter, die auf mindestens sieben verschiedenen Absätzen der großen Galerie postiert waren.

Die Posten, die auf der Plattform der Pyramide das Azimut der Sterne zu

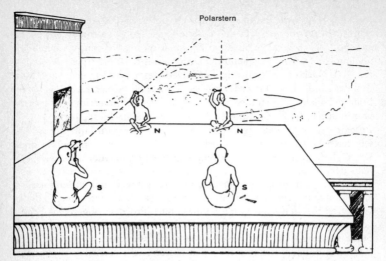

Abb. 82 Beobachter auf der Plattform bestimmten das Stern-Azimut.

bestimmen hatten (82), waren mit Astrolabien (Höhenmessern), Armillarsphären oder mit anderen einfachen Instrumenten versehen. Gemeinsam mit den Beobachtern des Sterndurchgangs in der Galerie konnten sie Feststellungen von einer Genauigkeit machen, die erst in unserer Zeit durch die Verwendung von teleskopischen Zusatzgeräten übertroffen wird.

George Sarton, Professor für Geschichte der Naturwissenschaften an der Harvard-Universität, bemerkt, daß der hohe Stand der Astronomie bei den alten Ägyptern nicht nur durch ihre Kalender und Tabellen für die Kulminationen und Aufgänge von Sternen, sondern auch durch einige ihrer astronomischen Instrumente bewiesen sei, beispielsweise Sonnenuhren oder die Kombination einer Senkschnur mit einem gabelförmig auslaufenden Stab, womit sie das Azimut eines Sterns bestimmen konnten.

Proctor weist darauf hin, daß der Spalt in der Decke der Großen Galerie genauere Beobachtungen der scheinbaren Sonnenbahn ermöglichte als die Verwendung eines Obelisken oder einer Sonnenuhr. Man brauchte nur auf den Sonnenschatten zu achten, den die scharfen Kanten dieses Spalts auf die Wände und den Fußboden der Galerie warfen. Auch die Verwendung von besonderen Lichtschirmen wird dabei in Erwägung gezogen. Ein solcher lichtundurchlässiger Schirm, mit einer kleinen Öffnung versehen und am oberen Ende der Galerie aufgestellt, erzeugte auf

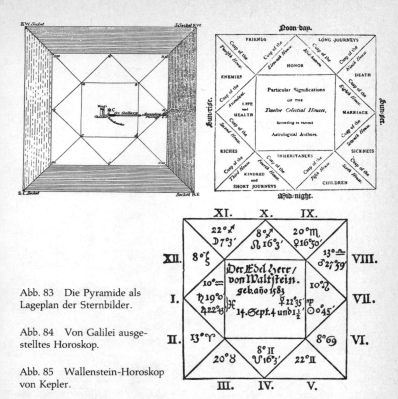

Abb. 83 Die Pyramide als Lageplan der Sternbilder.

Abb. 84 Von Galilei ausgestelltes Horoskop.

Abb. 85 Wallenstein-Horoskop von Kepler.

einer weißen, glatten Oberfläche bei senkrechtem Auftreffen der Sonnenstrahlen ein stark vergrößertes Abbild der Sonne, auf dem jeder Sonnenfleck sichtbar war. Auch die Rotation der Sonne um ihre Achse hätte festgestellt werden können.

Die Umlaufbahn des Mondes und seine verschiedenen Phasen ließen sich in der gleichen Weise bestimmen, so auch die geozentrischen Bahnen der Planeten oder ihre wirklichen Umlaufbahnen um die Sonne.

Nachdem einmal das tägliche Muster des scheinbaren Umlaufs der Sterne aufgrund ihres Durchgangs durch einen bestimmten Meridian feststand, hatten es die Astronomen leichter, die unregelmäßigen und manchmal auch rückläufig erscheinenden Bahnen der Planeten und des Monds vor dem Hintergrund der Fixsterne zu ermitteln. Es war ferner durchaus möglich, die heliozentrische Struktur unseres Sonnensystems aus der sorgfältigen Beobachtung der Planetenbahnen und ihrer Bezie-

hung zueinander zu erschließen, und das einige Jahrtausende vor Kopernikus.
Im Lichte der Proctorschen Untersuchungen erscheint somit die Große Pyramide in ihrer ganzen Anlage als die größte und vollkommenste Sternwarte, die vor der Erfindung des Fernrohrs möglich war. Erst diese Erfindung ermöglichte genauere Beobachtungen und machte damit solche Monumentalbauten wie die Pyramiden überflüssig.
Die Annahme, daß die abgeflachte Spitze der Cheopspyramide als eine Art Lageplan diente (83), in den die Sternbilder des Tierkreises eingetragen wurden, wird durch alte Darstellungen des Tierkreises gestützt. Auch Kepler und Galilei, die häufig Horoskope für hochgestellte Personen anfertigen mußten (84, 85), gebrauchten für ihre Tierkreise quadratische Karten nach dem schematischen Muster der abgestumpften Pyramide. Der französische Mathematiker Funk-Hellet hält es sogar für möglich, daß die rechteckigen Löcher auf beiden Seiten der großen Galerie der Aufstellung verschiebbarer Tafeln mit symbolischen Abbildungen des Tierkreises dienten.
Jedenfalls besteht Grund zur Annahme, daß die altägyptischen Astronomen nach einigen Jahren ständiger Beobachtungen während der Tagundnachtgleiche zur Erkenntnis gelangten, daß der gesamte Troß der Sterne mit einer geringen Verzögerung immer wieder zu seiner ursprünglichen Position zurückkehrte und daß daher der Frühlingspunkt jedes Jahr ein wenig vorzurücken schien. Durch genaue Beobachtung der Zirkumpolarsterne waren diese Astronomen vermutlich auch in der Lage, den Winkel dieser Präzession zu messen und zu errechnen, daß er in 72 Jahren 1° ausmacht. Der gesamte Tierkreis wird demnach vom Frühlingspunkt in 25920 Jahren umwandert.
Proctors astronomische Deutung der großen Galerie wurde von den Ägyptologen scharf zurückgewiesen. Nach ihrer Ansicht gab es keinen Beweis dafür, daß die alten Ägypter zur Durchführung exakter astronomischer Beobachtungen befähigt waren. Aber im Jahre 1934 erhielten Proctors Thesen wirksame Unterstützung seitens eines anderen Berufsastronomen, Eugene Michel Antoniadi, der gleichzeitig Ägyptologe war und im Ägyptischen Observatorim in Mêdûm Forschungen über die verschiedenen Aspekte der altägyptischen Astronomie durchführte. Antoniadi stimmte der Ansicht zu, daß die Große Pyramide vor dem Verschluß der in ihrem Innern angelegten Gänge als Sternwarte gedient hatte. Er hielt auch für richtig, was Proctor über die Ausrichtung und die Verwendung der großen Galerie gesagt hatte. Nach seiner Ansicht er-

Vordere Doppelseite: Sakralbauten als exaktes Kalendarium: der Tempel von Luxor.

möglichte diese Galerie den ägyptischen Priestern, 80° des Himmels zu erfassen. Er bemerkt ferner, daß sie imstande gewesen sein müssen, die Deklination aller sichtbaren Sterne von $-50°$ südlich des Himmelsäquators bis $+30°$ nördlich davon festzustellen. Die Verwendung von Wasseruhren hat nach ihm die Ermittlung von Stundenwinkeln und damit der Rektaszension von Sternen und Planeten ermöglicht.

Genaue Werte für die Deklination und die Rektaszension von Sternen sind aber alles, was zur Herstellung einer Sternkarte erforderlich ist. Lancelot Hogben hebt die Bedeutung solcher Sternkarten für die Erdkunde hervor, wenn er sagt: »Von einer Sternkarte war es nur ein kleiner Schritt zur Erkenntnis, daß die Erde selbst aufgrund einfacher Beziehungen zu den Fixsternen ebenfalls in ähnliche Zonen eingeteilt werden könne – und daraus entstanden wohl die ersten Weltkarten mit Breiten- und Längenkreisen.«

Astronomische Tempel Ägyptens

In seinem bahnbrechenden Buch *The Dawn of Astronomy* (Die Anfänge der Astronomie), das um die Jahrhundertwende erschien, legt Sir Norman Lockyer in allen Einzelheiten dar, wie die Ägypter seit frühester Zeit ihre Tempel auch für astronomische Beobachtungen anlegten und benutzten. Die ägyptischen Sonnentempel wurden so gebaut, daß zur Sommersonnenwende bei dem Auf- oder Untergang der Sonne ein Lichtstrahl durch einen kunstvoll angelegten Gang genau in das dunkel gehaltene Innere des Allerheiligsten schoß. Die seitliche Ausbreitung des Sonnenlichts wurde durch Reihen von Pylonen oder Säulen, die wie Schirme wirkten, verhindert, so daß also nur ein scharf begrenzter Strahl das Dunkel des Heiligtums durchdrang.

Lockyer war der erste englische Astronom, der erkannte, daß Stonehenge bei seiner Erbauung um 1680 v. Chr. so ausgerichtet wurde, daß der erste Sonnenstrahl zur Sommersonnenwende auf einen bestimmten Stein fiel. Diese Feststellung wurde erst kürzlich durch den Astronomen Gerald S. Hawkins in seinem Buch *Stonehenge Decoded* (Die Entschlüsselung von Stonehenge) bestätigt, und zwar auf der Grundlage moderner Elektronenrechnung. Dennoch wurden die Thesen Lockyers weiterhin ignoriert.

Aber wenn auch die Anlage von Stonehenge und die Tempelbauten der Ägypter das gemeinsam hatten, daß sie astronomischen Beobachtungen dienten, so bestand doch ein sehr bedeutsamer Unterschied zwischen ihnen. Es war gewiß für Menschen, die einen Ring von Steinpfeilern errichten können, nicht allzu schwer, durch sogenannte Avenuen die Punkte am Horizont zu bestimmen, wo die Sonne zur Zeit der Sommer- und Wintersonnenwende aufgeht. Ebenso ließen sich in solchen Steinkreisen die Ost- und Westpunkte der Windrose ohne Schwierigkeit festlegen. Aber die genauere Bestimmung der Jahreslänge bis auf Stunden und Minuten erfordert eine viel kompliziertere Anlage.

Lockyer – den Hawkins als einen ungewöhnlichen Mann bezeichnet, dessen wahrer Wert als Astronom und Erforscher der Geschichte der Astronomie noch nicht genügend gewürdigt worden sei – weist nach, daß die längs des Nils errichteten ägyptischen Tempel mit ihrer unvergleichlichen Schönheit zugleich als astronomische Instrumente dienten, die wie ein modernes Teleskop auf einen bestimmten Punkt am Horizont ausgerichtet waren.

Halbsäule in Papyrusform. Wand des nördlichen Bauwerks im Grabbereich Djosers in Sakkara.

In diesen ägyptischen Tempeln wurde das Licht der Sonne oder anderer Himmelskörper zwischen zwei Reihen kunstvoll geformter Säulen hindurchgelenkt, welche sich wie ein schmaler Gang durch eine Reihe verschieden großer Hallen dahinzogen (86). Dadurch erzielte man eine ähnliche Wirkung wie mit einem Fernrohr, das die Lichtstrahlen eines Himmelskörpers durch eine Reihe sich allmählich verengender Blenden auffängt. Je länger die Achse des Tempels, desto länger und schmaler wurde der Sonnenstrahl, und dementsprechend wuchs die Genauigkeit seiner Messung. Und je dunkler das Sanktuarium war, desto schärfer und klarer zeigte sich der Weg des Lichts auf der Rückwand. Der damit verfolgte Zweck bestand nach Lockyer darin, den Lichtstrahl so sehr zu verengen, daß er den genauen Zeitpunkt der Sonnenwende markieren konnte. Er begründet das mit der Tatsache, daß ein Lichtstrahl, der durch einen engen Gang von etwa 450 Meter Länge in ein entsprechend orientiertes Heiligtum geleitet wird, dort nur einige Minuten sichtbar bleibt, bevor er weiterwandert. Noch wichtiger ist jedoch, daß er dabei mit zunehmender Helligkeit kommt und mit abnehmender Helligkeit wieder geht. Die intensivste Lichtstärke gibt genau den Zeitpunkt der Sonnenwende an.

Dadurch waren die Priester imstande, die Länge des Jahres bis auf eine Minute genau zu bestimmen, das heißt auf 365,2422 Tage festzulegen. Das war eine Leistung, die kaum mit einer anderen Methode zu erreichen gewesen wäre, weil zur Zeit der Sonnenwende die Sonne mehrere Tage in der Nähe eines Punktes zu verweilen scheint. Ihr tägliches Weiterrücken um nur 50″ auf der scheinbaren Umlaufbahn ist ohne hochentwickelte Instrumente kaum wahrnehmbar.

Lockyer, der seine Sommerferien regelmäßig in Ägypten zu verbringen pflegte, stellte fest, daß der Sonnentempel des Amun-Rê in Karnak so entworfen worden war, daß die untergehende Sonne am Tage der Sommersonnenwende in den Tempel hineinschien, und zwar genau entlang der Mittelachse bis zum Allerheiligsten. Damit erwies sich der Tempel zugleich »als ein wissenschaftliches Instrument von sehr großer Genauigkeit, da es dazu diente, die Länge des Jahres mit höchster Präzision zu bestimmen«.

Es gab in Ägypten Sonnentempel, die so orientiert waren, daß sie zur Sonnenwende oder Tagundnachtgleiche die Sonne auffingen, und Sterntempel, die man auf einen Stern ausgerichtet hatte, der zur Zeit der Sonnenwende oder an den Äquinoktien unmittelbar vor Aufgang der

Abb. 86 Auch der Lichteinfall durch die Säulen des Tempels von Luxor ermöglichte den ägyptischen Priestern Zeitberechnungen, die von unseren heutigen nur minimal abweichen.

Sonne über dem Horizont auftauchte und somit deren unmittelbar bevorstehendes Erscheinen ankündigte.

Herodot beschreibt, wie er im Tempel von Tyrus zwei Säulen gesehen habe, die eine aus lauterem Gold, die andere aus Smaragd, die des Nachts in großem Glanz erstrahlten. Auch das ist für Lockyer eine Bestätigung seiner Annahme, daß in dem dunkel gehaltenen Sanktuarium der ägyptischen Tempel der Lichtstrahl eines bestimmten Sterns aufgefangen wurde. Im vorliegenden Fall rechnete er damit, daß die glänzende Oberfläche der beiden Säulen das Licht von *alpha Lyrae* (Wega im Sternbild der Leier) reflektierte. Der französische Ägyptologe Maspero weist in diesem Zusammenhang darauf hin, daß die Priester einem »frommen Betrug« durchaus nicht abgeneigt waren und wohl auch mancherlei Tricks in die Statuen ihrer Tempel eingebaut hatten, um den Glauben des Volkes zu stärken. So mögen sie auch für verblüffende Wirkungen gesorgt haben, indem sie zum Beispiel einen großen Edelstein im Brustharnisch einer Statue plötzlich auf geheimnisvolle Weise aufleuchten ließen.

Lockyer war sich darüber im klaren, daß die nach der Sonne orientierten Tempel einen brauchbaren Kalender für Tausende von Jahren abgaben, weil sich, wie gesagt, die geneigte Erdachse in 6000–7000 Jahren nur um etwa einen Grad verschiebt. Sterntempel hingegen waren nur für 200–300 Jahre eine zuverlässige Grundlage für die Zeitrechnung, und zwar wegen der bereits erwähnten Präzession des Frühlingspunktes, der den Auf- und Untergang von Sternen zur Sommer- und Wintersonnenwende beziehungsweise während der Äquinoktien jedes Jahr etwas verzögert. Dieses Zurückbleiben der Sterne hinter der Sonne im Gürtel der Ekliptik macht jedes Jahr nur $1/72°$ aus und ist darum kaum wahrnehmbar. Aber in 200 Jahren summiert sich das zu $3°$, und damit war ein Tempel für exakte astronomische Beobachtungen jeweils unbrauchbar geworden. Man mußte dann entweder seine Achse neu ausrichten oder einen gänzlich neuen Tempel bauen. Diese Neuausrichtung von Tempeln ist nach Lockyer eine der bemerkenswertesten Erscheinungen, die seit langem an den Sakralbauten Ägyptens bemerkt worden sind.

Der Tempel von Luxor weist zum Beispiel vier deutlich erkennbare Korrekturen in der Ausrichtung seiner Achse auf (87, 88). Lockyer untersuchte Tempel in Karnak und fand heraus, daß ihre Orientierung bewußt geändert wurde, und zwar in Übereinstimmung mit dem Grad der Präzession, die ja zu einer anderen Position der Sterne führte. Aus diesem Grunde wurden neue Pylonen gebaut, neue Säulenhöfe hinzugefügt, das Allerheiligste wurde nach Osten und die Tempelfront nach Westen gerückt, und das alles, um den Priestern weiterhin genaueste Beobachtungen der Gestirne zu ermöglichen. Auch Maspero bestätigt

Abb. 87 Der Tempel von Luxor (hier gezeichnet von einem Mitglied der Napoleon-Expedition) war ein ausgeklügeltes Observatorium.

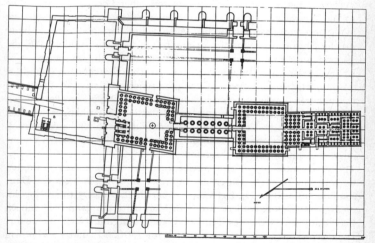

Abb. 88 Der Grundriß von Luxor zeigt vier Wechsel in der Orientierung.

dieses Verfahren, wenn er bemerkt: »Alle Tempel der Ptolemäer und die meisten Tempel der Pharaonen sind umgebaut worden, solange sie als Kultstätten benutzt wurden.« Günther Martiny, der die Orientierung der assyrischen Tempel untersuchte, deren Entstehungsdatum feststeht (die ältesten gehen auf die Zeit um 1800 v. Chr. zurück), ermittelte

ebenfalls, daß sich ihre Orientierung je nach der Lage des Frühlingspunkts zum Zeitpunkt ihrer Erbauung unterschied.
Aber wie Lockyer ausführt, war es auch möglich, einen ursprünglich auf den Frühaufgang eines bestimmten Sterns ausgerichteten Tempel durch leichte Veränderungen im Innern auf ein anderes Gestirn hin zu orientieren. Er fertigte sich eine Sternkarte mit den Positionen aller großen Sterne auf dem Gürtel des Tierkreises während der letzten 10000 Jahre an und bezeichnete jene Sterne, nach denen eine Reihe von Tempeln in verschiedenen Epochen ausgerichtet gewesen sein konnten. So weist er darauf hin, daß die Ägypter im Laufe der Jahrhunderte mit den Achsen ihrer Tempel den hellsten Stern im Großen Bären *(alpha Ursae majoris)*, *Capella* im Fuhrmann, *Antares* im Skorpion, und *alpha Centauri* anvisierten. Bereits um 6000 v. Chr. mögen sie zu diesem Zweck *Dubhe* im Großen Bären, bevor er ein Zirkumpolarstern wurde, und vor 6400 v. Chr. *Canopus* verwendet haben. Zwar trifft es zu, daß in prädynastischer Zeit in Ägypten bei Annu oder Heliopolis Tempel gebaut wurden, die auf den Frühaufgang nördlicher, nichtzirkumpolarer Sterne zur Sommersonnenwende ausgerichtet waren; aber Lockyer betont: »Die großen Pyramiden wurden von einer neuen Erobererrasse gebaut, die eine höhere Stufe astronomischen Wissens und Forschens erreicht hatte und die Sterne des Nordhimmels auf dem Meridian und solche, die während der Äquinoktien genau im Osten aufgingen, anvisierte.«
Der spätere Bruch in der ägyptischen Geschichte zwischen der 6. und 11. Dynastie wird von Lockyer mit Kämpfen zwischen diesen Ägyptern und zwei anderen Rassen in Verbindung gebracht. Diese Kämpfe endeten nach dem englischen Astronomen mit dem Sieg der Anhänger des alten Kults von Annu, die Verstärkung aus dem Süden erhalten hatten, so daß sich die Nordstern- und Südsternkulte gegenüber der kultischen Verehrung der Äquinoktien durchsetzten.
Lockyers Schlußfolgerungen hinsichtlich des astronomisch bedingten Umbaus von Tempeln sollten das Interesse an dem Tierkreis von Dendera neu entfachen (89). Der war, wie berichtet, seinerzeit von Napoleons General Desaix entdeckt worden. Man hatte ihn dann bald danach einfach aus der Decke des Tempels herausgesprengt. Nach abenteuerlichen Schicksalen wurde er schließlich für 150000 Franken an Ludwig XVIII. verkauft und befindet sich heute im Louvre in Paris. Für Lockyer stand es fest, daß es in Dendera zwei Tempel gegeben hatte: einen, der Hathor (90), und einen zweiten, der Isis geweiht war; beide Göttinnen waren mythische Personifikationen von Himmelskörpern. Ebenso fest ist Lockyer davon überzeugt, daß diese Tempel zugleich als eindrucksvolle Teleskope gedacht waren. Denn ein von gewaltigen Pylonen gebildeter Gang wird immer enger, je mehr er sich dem Allerheiligsten nä-

hert, so daß ein waagerechter, durch das Haupttor des Tempels einfallender Lichtstrahl ungehindert bis ins Sanktuarium dringt, um dort den Aufgang eines bestimmten Gestirns anzuzeigen (91). Auch hier wirkte die Reihe der Säulen wie eine Blende, die störendes Licht fernhielt und dadurch eine genauere Bestimmung des Aufgangs ermöglichte. Lockyer war sich darüber klar, daß die Tempel von Dendera in ihrer heutigen Gestalt eine Schöpfung der Ptolemäer sind, daß sie aber auf den Fundamenten älterer Kultstätten erbaut worden waren.

Der französische Astronom Jean Baptiste Biot unterzog die Tierkreisdarstellung von Dendera einer genauen Untersuchung. Er verbürgte sich dafür, daß dieser Tierkreis den Sternhimmel Ägyptens im Jahre 700 v. Chr. wiedergab und daß er nach älteren Darstellungen auf Papyrus oder Stein angefertigt war. Lockyer bestätigte, daß der Isistempel auf die Position des *Sirius* im Jahre 700 v. Chr. ausgerichtet wurde. In diesem Jahr hatte der Stern zur Zeit des ägyptischen Neujahrs einen »kosmischen« Aufgang, das heißt, er tauchte gemeinsam mit der Sonne über dem Horizont auf. Aber Lockyer zitiert eine alte Inschrift, die sich auf einen Tempel der Hathor zur Zeit Chufus (Cheops) bezieht, die er auf das Jahr 3733 v. Chr. ansetzt und in der es heißt: »Als der Stern (die Sothis) in den Tempel schien und sich mit dem Licht des Vaters Rê vereinte.«

Eine andere Inschrift in einer Krypta des Tempels zeigt an, daß er nach den Plänen von Imhotep, »dem Sohne des Ptah«, erbaut worden war. Dieser war der legendäre Baumeister des Königs Djoser aus der 3. Dynastie. Nach Lockyers Ansicht ist der Tempel später vielleicht nicht weniger als dreimal umgebaut worden, einmal zur Regierungszeit des Königs Pepi I. (nach Lockyers Datierung um 3233), dann durch Thutmosis III. im Jahre 1600 und schließlich von den Ptolemäern um 100 v. Chr. Lockyer nimmt an, daß der Tempel von Dendera möglicherweise auf *Dubhe* ausgerichtet war, bevor der Stern in dieser Funktion von *Sirius* oder *Sothis* abgelöst wurde. *Dubhe* hörte gegen 4000 v. Chr. auf, zirkumpolar zu sein; ähnliches gilt für *gamma Draconis,* der nach 5000 v. Chr. nicht mehr zirkumpolar war.

Die Ägyptologen standen Lockyers astronomischer Deutung der ägyptischen Tempelbauten mit der gleichen Skepsis gegenüber, mit der sie seine Thesen über den Kultbau von Stonehenge aufgenommen hatten. Man wandte sich gegen sein Verfahren, durch astronomische Hypothesen die Schwierigkeiten in der Datierung der ägyptischen Geschichte aus dem Weg zu räumen. Wie seine Stonehenge-Theorie, die sich inzwischen bei der Nachprüfung mit Hilfe modernster Methoden als richtig erwiesen hat, tat man seine Thesen über die ägyptischen Tempel bestenfalls mit gutmütigem Lächeln ab. »Schuster, bleib bei deinem Leisten!«,

Abb. 89 Der Tierkreis von Dendera befand sich an der Decke eines oberen Raumes im Tempel, von dem man annimmt, daß er ein Observatorium war. Der äußere Figurenkreis im inneren Feld stellt die 36 Dekaden des ägyptischen Jahres dar. Die zwölf tragenden Figuren sind die zwölf Monate.

das war der Rat, der Lockyer aus dem Lager der strengen Wissenschaftler entgegentönte. Und so fand sein Buch über die Anfänge der Astronomie wenig Beachtung und war bald kaum noch aufzutreiben, bis es 1964 von Giorgio de Santillana im Massachusetts Institute of Technology (MIT) neu herausgegeben wurde. Als dieses Buch erstmals erschien, zeigte sich nur Gaston Maspero davon beeindruckt. Es war seine einzige Lektüre während eines Ferienaufenthalts an der See. Er fühlte sich daraufhin gedrängt, Lockyer seine grundsätzliche Zustimmung zu dessen

Abb. 90 Das Innere des Hathor-Tempels in Dendera, so wie es sich ein Begleiter Napoleons vorstellte. Auch hier zeigt sich deutlich das präzise Wechselspiel von Licht und Schatten, dessen Bewegung im Lauf des Jahres exakt gemessen wurde.

Theorien mitzuteilen, und schrieb ihm: »Abgesehen von Einzelheiten, habe ich den Eindruck, daß Ihre Darstellung im ganzen zwingend ist und Sie im Prinzip recht haben.«

Auch Schwaller de Lubicz erkennt jetzt die Richtigkeit von Lockyers Schlußfolgerungen an. Nach seiner Ansicht ist über die planmäßige astronomische Orientierung der ägyptischen Tempel kein Zweifel möglich. Und das gleiche gilt hinsichtlich der Annahme, daß die Ägypter das Phänomen der Präzession erkannt hatten, die bekanntlich alle 2200

Jahre den Frühlingspunkt in einem anderen Tierkreissternbild auftreten läßt. Die bloße Tatsache, daß der Kult des Stieres dem Kult des Widders in Ägypten voranging und daß die Zeitdauer dieser Kulte mit den Positionen ihrer Sternbilder während der Tagundnachtgleiche zu den entsprechenden Terminen übereinstimmte – etwa um 4000 und 2000 v. Chr. –, ist nach Schwaller de Lubicz ein genügender Beweis für die Richtigkeit von Lockyers Thesen. Ferner weist Schwaller darauf hin, daß die Betonung des dualistischen Prinzips während der prädynastischen Zeit für das Bestehen eines Kults der Zwillinge spricht, in Übereinstimmung mit der dominierenden Stellung dieses Sternbilds am Frühlingshimmel.

Schwaller stimmt Lockyer auch darin zu, daß der Hathor-Tempel in Dendera auf den Fundamenten viel älterer Kultbauten errichtet wurde. Um diese Ansicht zu beweisen, untersuchte er sorgfältig die Anordnung der Sternbilder auf der in diesem Tempel gefundenen Darstellung des Tierkreises, der den Archäologen seit mehr als hundert Jahren so viel Kopfzerbrechen gemacht hatte. Der Forscher weist nach, daß der von General Desaix entdeckte Tierkreis tatsächlich zur Zeit der Ptolemäer entstanden ist, aber nicht nur auffällig das Phänomen der Präzession darstellt, sondern darüber hinaus drei wichtige historische Daten festhält.

Die harte Steinscheibe des Tierkreises mißt etwa 2,40 Meter im Durchmesser, und die Sternbilder sind reliefartig herausgearbeitet. Sie sind in der Form einer Spirale angeordnet; die symbolischen Figuren bewegen sich entgegen dem Uhrzeigersinn und folgen damit der täglichen Bewegung der Sterne, so wie sie dem Beobachter auf der Erde erscheint. Erkennbare mythologische Figuren für die Sternbilder in der Nähe des Pols sind ein Schakal für den Kleinen Bären, ein Ochsenschenkel für den Großen Bären und ein Nilpferd für den Drachen. *Sirius* ist als Kuh in einem Boot mit einem Stern zwischen ihren Hörnern dargestellt.

Im Mittelpunkt der Scheibe befindet sich unser Nordpol. Die Scheibe selbst befindet sich auf einem quadratischen Untergrund, dessen Seiten parallel zu den Wänden des Tempels ungefähr 17° nach NNO weisen (92). Unser Nordpol ist korrekt in das Sternbild des Schakals oder Kleinen Bären verlegt, wie das auch zu der Zeit der Fall war, als – irgendwann im 1. Jahrhundert v. Chr. – der Tierkreis angefertigt wurde. Aber die Scheibe des Tierkreises zeigt auch den Pol der Ekliptik; er befindet sich auf der Brust des Nilpferds, das heißt des Sternbilds des Drachen.

Nach Schwaller erklärt diese Tatsache die spiralförmige Anordnung der Tierkreissternbilder. Die mythologischen Figuren sind umschlungen von zwei Kreisen, deren Mittelpunkt einmal der Nordpol und zum andern der Pol der Ekliptik ist. Die Schnittpunkte der beiden Kreise mar-

Abb. 91 Hathor-Tempel: Ein durch das Haupttor fallender Lichtstrahl dringt bis ins Sanktuarium und zeigt dort den Aufgang eines Gestirns an.

kieren die Zeiten der Tagundnachtgleiche. Damit wird dieses Steinbild des Tierkreises ein Kalender, der bis in die graue Vorzeit zurückreicht.
Eine genau nach Osten weisende Linie, die zwischen dem Ende des Widders und dem Anfang der Fische verläuft, deutet die Zeit des Neubaus des Tempels an, ungefähr 100 v. Chr. Eine andere, auch gegen Osten weisende Linie schneidet den Widder in der Mitte und deutet eine frühere Zeit an, etwa das Jahr 1600 v. Chr., als während der 12. Dynastie der Amunkult seinen Höhepunkt erreicht hatte. Eine besondere Hieroglyphe am Rande des Tierkreises wird von einer Linie geschnitten, die zwischen den Zwillingen und dem Stier verläuft und wohl eine Äquinoktiallinie darstellt; sie verweist auf den Zeitpunkt, als das Reich des Menes begründet wurde, der Kult des Stieres seinen Anfang nahm und man den neuen Kalender einführte, das heißt im 3. oder 4. vorchristlichen Jahrtausend.
Auf anderen ägyptischen Abbildungen des Tierkreises erscheint die Figur eines falkenköpfigen Mannes, der mit ausgestreckter Hand eine

Linie umfaßt, die in der Figur des Ochsenschenkels, der symbolischen Darstellung des Großen Bären, endet. Nach Ansicht des tschechischen Astronomen Zaba bedeutet diese Linie den Meridian durch unseren Himmelsnordpol. Professor Livio Stecchini betont dagegen, daß diese Linie immer auf eine bestimmte Stelle gerichtet ist. Manchmal ist sie mit einer Speerspitze versehen, die die sieben Sterne des Großen Bären in zwei Gruppen zu vier und drei teilt. Nach Stecchini soll diese Linie nicht den Meridian durch den Himmelsnordpol, sondern den Meridian durch den Pol der Ekliptik darstellen. Er glaubt, daß die alten Ägypter nicht nur die Präzession als Verlagerung der Erdachse betrachteten, sondern als den wahren Meridian, den Kreis, der durch den Pol der Ekliptik des Sonnensystems geht. Lockyer bemerkte hierzu, daß die Babylonier zwischen dem Pol des Äquators und dem der Ekliptik unterschieden und jenen Bil und diesen Anu nannten.

Die vorhandenen Unterlagen lassen keinen Zweifel darüber, daß die alten Ägypter zwei Pole am Himmel kannten, nämlich den Nordpol und einen feststehenden Pol, um den der Himmelspol wandert und damit das »offene Loch« im Himmel bildet. Sie wußten auch, daß diese langsame Wanderung die Präzession des Frühlingspunkts bewirkt. Daß dieses Phänomen der Nährboden für unendlich viele Mythen wurde, zeigt anschaulich das 1961 in Boston veröffentlichte Werk von Giorgio de Santillana und Herta von Dechend *Hamlet's Mill.*

Vor allem Santillana ist davon überzeugt, daß die alten Ägypter mit dem Phänomen der Präzession vertraut waren. In seiner Vorrede zu dem von ihm besorgten Neudruck von Lockyers *The Dawn of Astronomy* bemerkte er als Professor der Geschichte und Philosophie der Naturwissenschaften: »Wenn ein Sterntempel so sorgfältig orientiert ist, daß jeweils nach einigen Jahrhunderten die Achse korrigiert wird, damit sie weiterhin genau auf einen bestimmten Stern zeigt, und wenn Tierkreise wie der von Dendera bewußt mit Konstellationen dargestellt werden, wie sie Jahrhunderte zuvor bestanden, als ob sie damit den Zeitpunkt der Veränderung festlegen wollten, dann erscheint die Annahme, die Ägypter hätten nichts von der Präzession des Frühlingspunktes gewußt, als völlig unbegründet.«

Noch schärfer ist Santillana in seiner Ablehnung moderner Archäologen, die nicht anerkennen wollen, daß das Phänomen der Präzession in Ägypten schon Tausende von Jahren bekannt war, *bevor* es aufs neue von Hipparchos entdeckt wurde. In *Hamlet's Mill* beschuldigt er diese Gelehrten, »eine geradezu vorsintflutliche Ahnungslosigkeit auf dem Gebiet der Astronomie an den Tag gelegt zu haben, eine Ahnungslosigkeit, die so weit ging, daß einige von ihnen nicht einmal wußten, daß es das Phänomen der Präzession überhaupt gibt«. Gerade diese Präzession

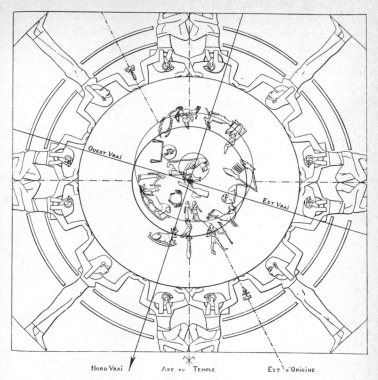

Abb. 92 Im Mittelpunkt des Dendera-Zodiacs liegt unser Nordpol. Er ist korrekt ins Sternbild des Kleinen Bären verlegt, wie das auch zu der Zeit (1. Jahrh. v. Chr.) der Fall war, als der Tierkreis angefertigt wurde.

wurde von den Ägyptern als ein entscheidender Faktor der Himmelsmechanik betrachtet, der nicht nur die astronomischen Phänomene beherrscht, sondern auch jegliche Entwicklung auf Erden tief beeinflußt.
Seit dem Beginn unserer Geschichte ist der Frühlingspunkt durch das Sternbild des Stieres, Widders und der Fische, das heißt durch fast ein Viertel der gesamten Ekliptik gewandert. Das kopernikanische System, das uns diese Präzession als die Verlagerung der Erdachse rational einsichtig macht, hat, wie Santillana betont, dem Phänomen den Charakter des Unheimlichen genommen. Er fährt dann fort: »Aber wenn, wie das früher angenommen wurde, diese Erscheinung Ausdruck eines geheimnisvollen Waltens himmlischer Mächte oder des gesamten Kosmos war,

konnte man dann die Astronomie anders als mit innerer Erregung betreiben? Denn im Denken der Alten erhielt die Präzession eine geradezu überwältigende Bedeutung. Sie wurde zum unergründlichen Sinnbild der Schicksalsmacht, die ein Zeitalter nach dem andern heraufführt, während der unsichtbare Zeiger der Himmelsuhr der Ekliptik entlang wandert und auf immer neue Sternbilder weist, die über Macht und Ohnmacht irdischer Herrscher entscheiden.«

Ein geodätisches und geographisches Wahrzeichen

Den überzeugendsten Beweis für die Tatsache, daß die alten Ägypter durchaus zu exakten astronomischen Beobachtungen befähigt waren, liefern uns die Geodäsie und Geographie, also jene Wissenschaften, die sich damit befassen, Ausdehnung und Gestalt der Erde sowie die natürliche Umwelt der Menschen, Art und Lage ihrer Siedlungen zu erforschen. Bis zur Entdeckung der Radiotechnik und der Laserstrahlen konnte das Koordinatennetz, mit dem man Breite und Länge eines Orts auf unserem Planeten festlegt, nur mit Hilfe genauer astronomischer Ortung ermittelt werden. Wenn ein Tempel, eine astronomische Beobachtungsstätte oder die Überreste einer untergegangenen Stadt an einem Ort festgestellt werden, dessen geographische Länge und Breite in einem besonderen Verhältnis zur Lage anderer alter Siedlungen oder Baudenkmäler stehen, drängt sich von selbst die Annahme auf, daß ihre Gründer und Baumeister zu genauen astronomischen Beobachtungen befähigt waren.

Professor Stecchini, der an der Harvard Universität mit einer Arbeit über die klassische Metrologie promovierte, hat endgültig nachgewiesen, daß die alten Ägypter nicht nur über eine hochentwickelte Astronomie und Mathematik verfügten, sondern auch auf dem Gebiet der Geographie und Geodäsie Bedeutendes leisteten. An Hand alter und bisher nicht genügend ausgewerteter Hieroglyphen hat er darlegen können, daß die Ägypter bereits zur Zeit der ältesten Dynastien, also im 3. vorchristlichen Jahrtausend, die geographische Breite eines Ortes bis auf wenige hundert Meter genau feststellen konnten und daß das annähernd auch für die geographische Länge gilt. Das ist eine Leistung, die auf unserem Planeten erst im 18. nachchristlichen Jahrhundert wieder erreicht worden ist.

Die alten Texte und Hieroglyphen rechtfertigen Jomards Ansichten in vollem Umfang und zeigen, daß die alten Ägypter bereits zur Zeit der Vereinigung Ägyptens (gegen 2800 v. Chr.) sehr genau die Länge des Erdumfangs, dazu die Längenausdehnung ihres Landes fast bis auf eine Elle genau kannten. Außerdem waren ihnen die geographischen Koordinaten aller wesentlichen Punkte ihres Reiches vom Äquator bis zum Mittelmeer bekannt. Das setzt voraus, daß sie astronomische Beobachtungen mit einer Genauigkeit durchführen konnten, die den mit modernen Fernrohren und Präzisionsuhren erzielten Ergebnissen sehr nahekommen.

Aus seinen 25jährigen Studien der mathematischen und astronomischen Angaben, wie sie uns in den Keilschrifttäfelchen der alten Sumerer und

Babylonier vorliegen, hat Stecchini die Überzeugung gewonnen, daß sehr exakte astronomische Beobachtungen im 3. vorchristlichen Jahrtausend in Mesopotamien wie auch in Ägypten gemacht worden sind. Seine sorgfältige Untersuchung der Pyramiden und der stufenförmigen Zikkurats im Mittleren Osten hat ergeben, daß diese Bauwerke nicht nur die Beherrschung der grundlegenden Techniken bezeugen, die zur kartenmäßigen Erfassung sowohl der Himmelshemisphäre wie auch der Erdhalbkugel erforderlich sind. Die Anlage dieser Bauwerke beweist nach ihm auch, daß die alten Völker sehr gute Mathematiker waren und die Probleme der Trigonometrie beherrschten.

Stecchini hebt ferner hervor, daß Herodot, dessen Bericht über die Ausdehnung Ägyptens von vielen Gelehrten ins Lächerliche gezogen worden ist, wie man überhaupt seinen ägyptischen Reisebericht als märchenhafte Erfindung abtun wollte, in der Tat das alte Ägypten exakt beschrieben hat, was die Breiten- und Längengrade anbetrifft, die von den altägyptischen Astronomen sehr sorgfältig ermittelt worden waren. Er fand an dem Thron fast aller Pharaonen seit der 4. Dynastie eine Glyphe, die geodätische und daher auch astronomische Angaben von außerordentlicher Genauigkeit enthielt. Daraus konnte er ermitteln, daß die Ägypter für den Wendekreis des Krebses drei Ziffern verwendeten, eine gröbere von 24°, eine exakte von 23° 51′ und eine dritte von 24° 06′ – Ziffern, die zur Beobachtung des Sonnenschattens bei der Sommersonnenwende benötigt wurden. Diese drei Werte finden sich auch auf altägyptischen Darstellungen verkörpert, beispielsweise in Form dreier kurzer horizontaler Linienpaare unterhalb des Pharaonenthrones (93), während verknüpfte Seile die Vereinigung Ober- und Unterägyptens symbolisieren.

Der hohe Wissensstand der alten Ägypter äußert sich auch darin, daß sie ihr Observatorium in der Nähe von Syene auf der Insel Elephantine errichteten. Dieser Ort befindet sich 15′ – der halbe Durchmesser der Sonne – nördlich vom tatsächlichen Wendekreis des Krebses. Sie wußten, daß nicht die Mitte, sondern der Rand der Sonne beobachtet werden mußte.

Der wichtigste ägyptische Text, der von Stecchini entziffert wurde, bestand aus drei identischen Hieroglyphen auf der Rückseite von genormten ägyptischen Meßstäben, die im Tempel des Amun zu Theben, dem Zentrum der ägyptischen Landvermessung seit dem Mittleren Reich, gefunden wurden. Nach Stecchini geben uns diese Stäbe einen Hinweis auf die räumliche Ausdehnung des alten Ägyptens.

Ludwig Borchardt, einer der hervorragendsten deutschen Ägyptologen, der im Jahre 1921 als erster die betreffenden Texte in der Wiener Zeitschrift *Janus* veröffentlichte, nahm von den Zahlenangaben auf den

Abb. 93 Die drei horizontalen Linienpaare unter dem Thron zeigen die Werte für den Wendekreis des Krebses.

Meßstäben von vornherein an, daß sie sich nicht auf tatsächliche und astronomisch berechnete geographische Breiten beziehen konnten, und machte sich so nicht einmal die Mühe, sie zu überprüfen. Er bemerkte apodiktisch: »Man muß ein für allemal die Möglichkeit ausschließen, daß die Alten Entfernungen nach Bogengraden gemessen haben.« Auch die Ägyptologen nach Borchardt versäumten es, die vorgefundenen Texte darauf zu prüfen, ob ihre Angaben der Wirklichkeit entsprechen. Stecchini jedoch tat es und fand heraus, daß sie die tatsächliche geographische Breite und Länge der bezeichneten Orte mit erstaunlicher Genauigkeit wiedergaben.

Die in Frage kommenden Texte, die aus stilistischen Gründen dem Alten Reich (3. vorchristliches Jahrtausend) zugewiesen werden, geben die Länge Ägyptens von Behdet am Mittelmeer bis Pi-Hapy, dem Scheitelpunkt des Nildeltas unmittelbar nördlich der Cheopspyramide, mit 20 Atur an, und von da bis zum ersten Nilkatarakt mit 86 Atur. Das bedeutet, daß 106 Atur einen Kreisbogen von 7° 30' vom Mittelmeer bis Syene ausmachen. Vergleicht man die Aussagen der verschiedenen Texte mit den tatsächlichen geographischen Verhältnissen, so ergibt sich, daß 1 Atur 15 000 königlichen Ellen oder 17 000 Ellen von je 0,4618 Metern Länge, wie Jomard sie rechnet, entspricht. Aufgrund dieser Angaben würde also Ägypten von Behdet (31° 30') bis Syene (24° 00') eine Ausdehnung von 1 800 000 Jomardscher Ellen oder 831 240 Metern haben. Nach den *Geographischen Tabellen* des Smithsonian Institute in Washington beträgt die Entfernung zwischen der Breite von 31° 30' und der von 24° 00' 831 002 Meter. Wenn man von dem Text des 3. vorchristlichen Jahrtausends ausgeht, beträgt die mittlere Ausdehnung eines Breitengrads in Ägypten 110 832 Meter. Die moderne Schätzung lautet auf 110 800 Meter.

Stecchini vertritt folgende These: Sobald die Ägypter die wirkliche Ausdehnung ihres Landes festgestellt hatten, vereinfachten sie durch eine sinnreiche Methode die gefundenen Meßwerte in einer Weise, daß man sie sich leicht merken und somit tragbare Karten entbehren konnte. Sie benutzten dabei so auffallende geographische Wahrzeichen wie die Nilkatarakte oder die Küstenlinie des Nildeltas als geodätische Punkte für Rechtecke und Dreiecke mit leicht zu merkenden Winkeln.

Der Nullmeridian wurde von den Ägyptern so gelegt, daß er ihr Land in der Längsrichtung genau halbierte. Er verlief von Behdet mitten durch eine Insel im Nil unmittelbar nordöstlich von der Großen Pyramide und schnitt den Nil wieder beim zweiten Katarakt.

Um die Ausdehnung des nördlichen Ägyptens schematisch zu vereinfachen, markierten es die ägyptischen Geographen wirklichkeitsgetreu als ein Dreieck, dessen Höhe genau die Größe eines geographischen Breitengrades hatte. Sein Scheitelpunkt lag an der Stelle, wo sich der Nil auffächert, das heißt unmittelbar nördlich der Cheopspyramide, während seine Grundlinie von den Mündungen der beiden äußersten Nilarme begrenzt wird (94). So ergab sich für das Nildelta die Form eines gleichseitigen Dreiecks, dessen Winkel durch den von den Nordost- und Nordwestkanten der Großen Pyramide geworfenen Schatten bestimmt wurden (je 1° 24' nach Osten und Westen).

Südägypten wurde so begrenzt, daß es sich genau über sechs Breitengrade bis zum ersten Katarakt von Assuan auf dem Wendekreis des Krebses erstreckte. Zwei Linien, die von den Mündungen der beiden äußersten Nilarme ausgingen und parallel zum festgelegten Nullmeridian bis zum Wendekreis verliefen, machten aus Unter- und Oberägypten ein einfaches Rechteck.

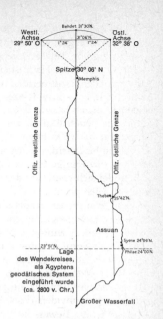

Abb. 94 Die Große Pyramide als Fixpunkt zur Vermessung des altägyptischen Reiches.

Stecchini bemerkt, daß bei der Festlegung dieses geodätischen Systems für das alte Ägypten der Wendekreis des Krebses bei 23° 51' verlief und damit durch einen Ort am Nil dicht südlich des ersten Katarakts, der in hellenistischer Zeit Parembole hieß. Auf der Insel Elephantine – 15' weiter nördlich – befand sich jener berühmte Brunnen, in den einmal im Jahr zur Sommersonnenwende die Sonne senkrecht hinabschien, so daß sie in ihm keinen Schatten warf.

Wäre es möglich, genau festzustellen, zu welcher Zeit der Wendekreis des Krebses bis 23° 51' verlief, würde uns das ein festes Datum für die Begründung des alten Systems der Geographie an die Hand geben. Leider hat bisher noch kein Astronom mathematisch einwandfrei das Zeitmaß bestimmen können, in dem sich der Wendekreis seit dem Altertum zur heutigen Breite von 23° 27' verschoben hat. Schwaller de Lubicz nimmt an, daß er zwischen 3000 und 2500 v. Chr. durch die Insel Elephantine ging.

Stecchini weist darauf hin, daß ägyptische Städte und Tempel bewußt in solchen Entfernungen vom nördlichen Wendekreis und von ihrem Nullmeridian erbaut wurden, die sich in ganzen Zahlen oder einfachen Brüchen ausdrücken ließen.

Die prädynastische Hauptstadt Ägyptens wurde in Behdet in der Nähe der Nilmündung direkt auf dem Nullmeridian und der Breite von 31° 30' errichtet. Das ergab, wie bereits oben erwähnt, für Ägypten eine Längenausdehnung von 1 800 000 geographischen Ellen.

Memphis, die erste Hauptstadt des vereinigten Ägyptens, wurde wiederum auf dem Nullmeridian und einer Breite von 29° 51' erbaut, genau 6° nördlich vom Wendekreis des Krebses. Die nördliche Grenze der beiden Königreiche wurde dann bei 31° 6' festgelegt und das Land aufgrund des neuen Maßes, der »königlichen Elle«, vermessen, was eine Länge von 1 500 000 Ellen ergab. Der geodätische Punkt, der die Lage von Memphis bestimmte, wurde nach dem Gott der Orientierung *Sokar* genannt, ein Name, der noch in dem heutigen Dorf Sakkara weiterlebt. Er befindet sich genau auf dem ägyptischen Nullmeridian, in der Nekropole von Memphis.

Da jeder von diesen geodätischen Schlüsselpunkten sowohl ein politischer wie auch geographischer »Nabel« der Welt war, wurde dort ein *Omphalos* oder steinerner Nabel errichtet (95). Er sollte die nördliche Hemisphäre vom Äquator zum Pol bezeichnen und war markiert mit Längen- und Breitengraden, die die Richtung und Entfernung zu anderen derartigen Nabeln angaben. In Theben war der *Omphalos* im Hauptsaal des Amun-Tempels aufgestellt, wo sich tatäschlich Meridian und Breitenkreis schneiden (96). Auch diese erstaunliche Präzision in der Geodäsie ist ein Beweis für den hohen Stand astronomischer Beobachtungen bei den alten Ägyptern.

Um einen absolut geraden Meridian vom Mittelmeer bis zum Äquator, also über eine Strecke von mehr als 3200 Kilometern festzulegen und dann zwei weitere in gleicher Entfernung östlich und westlich davon als Grenzlinie des Landes zu ziehen, müssen die alten Ägypter eine bedeutende Anzahl von Landmessern eingesetzt und äußerst sorgfältige astronomische Positionsbestimmungen durchgeführt haben. Auf einer noch höheren Ebene stand jedoch ihre Methode zur Bestimmung der geographischen Breite, wie das von Stecchini ermittelt worden ist.

Mit Hilfe von Leuchtzeichen waren die Ägypter nach Stecchini imstande, den über das ganze Land verteilten Beobachtungs- und Signalposten blitzschnell mitzuteilen, welcher Stern zu einem bestimmten Zeitpunkt an einer bestimmten Stelle im Zenit stand. H. G. Wood, der Verfasser des Werks *Ideal Metrology*, vermutet, daß die Große Pyramide ursprünglich ein Observatorium war und daß östlich und westlich von ihr einmal Signalstationen bestanden haben, von denen hier und da noch Trümmer übrig sind. Wood zitiert die Beschreibung einer kleinen Pyramide tief in der Libyschen Wüste, die wir einem deutschen Missionar, Dr. Lieder, verdanken. Dieses Bauwerk konnte einst bei Sonnenuntergang von der Spitze der Großen Pyramide aus gesehen werden, aber

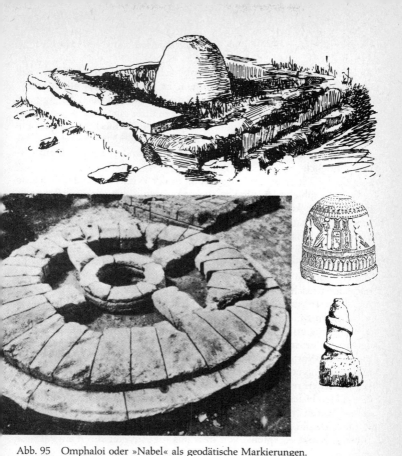

Abb. 95   Omphaloi oder »Nabel« als geodätische Markierungen.

Abb. 96 (Mitte links und rechts)   Zwei »Nabel«, die Reisner im Amun-Tempel von Theben fand.

jetzt ist jede Spur von ihm verloren. Wenn der altägyptische Geograph unterwegs war, konnte er die geographische Länge seines jeweiligen Standorts sehr genau mit Hilfe von zuverlässigen, auf den Pyramidenbeobachtungen fußenden Tabellen über den nächtlichen Meridiandurchgang von Himmelskörpern feststellen. Da sich der Meridiandurchgang eines Gestirns infolge der Erdrotation auf den verschiedenen Längenkreisen in ostwestlicher Richtung zeitlich verschiebt – er verspätet sich pro 1° Längenunterschied um jeweils vier Minuten –, konnte man

umgekehrt vom Zeitpunkt der Kulmination auf den Längengrad schließen.
Bruchstückhaft sind solche Tabellen nach Ansicht Stecchinis auf die alexandrinischen Griechen gekommen. Er nennt hier vor allem Eratosthenes und Ptolemäus, die allerdings die präzisen Angaben der Ägypter mit den weniger genau geschätzten Werten ihrer eigenen Zeit vermengten und so ein Durcheinander von guter und schlechter Geographie hinterließen. Hier Richtiges vom Falschen zu scheiden war erst nach der Entwicklung des Chronometers im 18. Jahrhundert unserer Zeitrechnung möglich.
Gerade die Tatsache, daß die Ägypter in der Wissenschaft der Geodäsie und Geographie so weit fortgeschritten waren, führte dazu, daß man in der damals bekannten Welt von den durch sie ermittelten geographischen Koordinaten ausging. Andere Länder setzten den Standort für ihre Tempel und Hauptstädte in der Weise fest, daß sie vom ägyptischen Nullmeridian ausgingen. Das gilt zum Beispiel für solche Residenzstädte wie Nimrud, Sardis, Susa, Persepolis und offensichtlich selbst für die alte chinesische Hauptstadt An-Yang. Die Lage all dieser Städte wurde nach der Ansicht Stecchinis auf der Grundlage sehr exakter Messungen und Richtungsbestimmungen durchgeführt. Und dasselbe gilt für die wichtigsten Kultstätten der Juden, Griechen und Araber. So haben hebräische Historiker darauf hingewiesen, daß die heiligste Stätte der Juden nicht Jerusalem, sondern der Berg Gerizim war, ein im wahrsten Sinne des Wortes geodätischer Punkt, der genau 4° östlich vom Hauptmeridian Ägyptens liegt. Erst nach 980 v. Chr. wurde der Mittelpunkt des jüdischen religiösen Lebens nach Jerusalem verlegt.
Die beiden bedeutendsten Orakelstätten Griechenlands, Delphi und Dodona, waren nach Stecchini ebenfalls ausgezeichnete geodätische Punkte. Delphi liegt 7° und Dodona 8° nördlich von Behdet, dem nördlichsten Punkt Ägyptens, von dem aus die Ägypter ihre Längenkreise zählten.
Das Hauptheiligtum des Islams in Mekka befindet sich 10° östlich vom westlichen Meridian Ägyptens und 10° südlich von Behdet. Stecchini nimmt an, daß der heilige schwarze Stein der Kaaba ursprünglich nur einer von vieren war, welche in einer Anordnung aufgestellt waren, die er als »pyramidenartiges Dreieck« bezeichnet, von dem die trigonometrischen Funktionen des Heiligtums abgeleitet werden konnten.
Die islamische Überlieferung betont die Tatsache, daß die Kaaba ursprünglich ein Mittelpunkt der Landvermessung war. Den Kern der Kaaba bildeten danach vier Steine, die ein Quadrat markierten, dessen Diagonalen von Nord nach Süd und von Ost nach West verliefen. Die Nordsüddiagonale bildete mit den Nordost- und Südostseiten nach

ägyptischer Auffassung eine Pyramide. Die Diagonale bildete mit der Südostseite einen Winkel von 36°, woraus Stecchini folgert, daß die trigonometrischen Messungen im Schrein längs der Nordostseite ausgeführt wurden. Um die Nordwestseite der Kaaba zieht sich ein halbkreisförmiger Wall, der bereits seit der Erbauung des Heiligtums bestanden haben soll. Es ist zu vermuten, daß auch diese Anlage zum Anvisieren von bestimmten Punkten gebraucht wurde.

Bei der Herstellung einer Kartenprojektion der nördlichen Hemisphäre bedienten sich die alten Ägypter eines einfachen mathematischen und geometrischen Mittels, um die gekrümmte Oberfläche der Erde in eine ebene Fläche zu verwandeln, die für eine Kartendarstellung geeignet ist und mit einem Minimum an Verzerrung auskommt. Sie verwandten eine Stufenpyramide oder Zikkurat, wobei jede Seite ihres Baues einen Quadranten von 90° und jede ihrer Stufen eine kartographisch abzubildende Zone zwischen zwei Breitengraden darstellen konnte.

Professor Maspero beschreibt die Zikkurats in Mesopotamien als »Miniaturabbildungen des Universums«. Professor C. P. S. Menon bemerkt zu den Zikkurats in seinem Werk *Early Astronomy and Cosmology:* »Wir dürfen annehmen, daß die Gestalt der Erde, die diesen Tempeln als Vorbild diente, als eine terrassenförmig aufgebaute Pyramide erschien, deren Ecken nach Süden, Westen, Norden und Osten wiesen.« Zikkurats in Ur, Uruk und Babylon erreichten eine Höhe von fast hundert Metern. Die Zikkurat von Nabu un Barsipki wurde das »Haus der sieben Bande zwischen Himmel und Erde« genannt. Sie war in sieben Stufen gebaut, die in sieben »planetarischen Farben« bemalt waren.

Die verfeinerte Kultur und Technik der Alten wird, wie Stecchini meint, durch die babylonischen Zikkurats bezeugt. Diese gestuften »Türme von Babel«, die für die Menschheit lange Zeit ein Geheimnis waren, erweisen sich nun als eine Reihe von Mercator-Projektionen in Stein, mehrere tausend Jahre vor dem Wirken der flämischen Kartographen. Zu kartographischen Zwecken wurde in diesen Zikkurats die nördliche Hemisphäre in eine Reihe ebener Flächen aufgeteilt, die durch die Fassaden der gestuften Zikkurat dargestellt werden. Das Gebiet zwischen dem Äquator und dem Pol war in sieben Streifen oder, wie die Griechen sagten, *Zonen* eingeteilt, die nach oben immer schmaler wurden, in Übereinstimmung mit der nach dem Pol zu schrumpfenden Größe der Längengrade. Die Seiten der Grundfläche repräsentieren den Äquator, die erste Stufe den 30. Breitengrad. So verkörpert jede der vier Seiten einen 90°-Quadranten der Erdhalbkugel.

Stecchini betont, daß die Grenzen dieser vier Quadranten sehr genau festgelegt wurden. Ägyptische Texte, die griechische Mythologie (einschließlich der Argonautensage und der Odyssee) sowie griechische und römische Schriftsteller seit Herodot stimmen darin überein, daß sie die westliche Begrenzung des Mittelmeerquadranten bei einer Linie 9° 54' Ost annehmen. Eine andere Linie war nach Stecchini als der »Goldene Chersones« bekannt. Das bezieht sich auf die Malaien-Halbinsel an einem Punkt, wo der Meridian 99° 54' östlicher Länge den Äquator schneidet, an der Westküste von Sumatra.

Keilschrifttäfelchen deuten an, daß jede Stufe der Zikkurats eine bestimmte Flächengröße hatte, die genormten Maßen für Landvermessung entsprach. In Werken des 19. Jahrhunderts finden sich Illustrationen, welche die Zikkurats als astronomische Observatorien darstellen, von deren Zinnen bärtige Babylonier die Sterne am Himmel betrachten; aber John Taylor vertrat die Ansicht, daß die hohen Terrassen dieser Bauten nicht besser für Beobachtungszwecke geeignet waren als ihre Basis. Andererseits ist anzunehmen, daß ein quadratischer oder röhrenförmiger Schacht, tief genug in das Innere der Zikkurats hineingetrieben, ein erstklassiges Teleskop zur Beobachtung des Himmels abgegeben hätte. So enthält zum Beispiel die mexikanische Pyramide von Xochicalco in der Nähe von Cuernavaca einen solchen röhrenförmigen Schacht, in den die Sonne an einem bestimmten Tag des Jahres hineinscheint, ohne darin einen Schatten zu werfen. Sir John Herschel betont in diesem Zusammenhang, »daß es möglich ist, vom Grund tiefer und enger Gruben, wie zum Beispiel eines Brunnens oder eines Bergwerkschachts, helle Sterne bei ihrem Meridiandurchgang mit bloßem Auge zu erfassen«.

John Taylor schloß aus der bei Hesekiel XXIX, 10 und XXX, 6 angedrohten Zerstörung von Syene, daß sich der Brunnenschacht vielleicht im Innern eines astronomischen Beobachtungsturms befunden hatte.

An Hand des Keilschrifttextes, der als *Smith-Täfelchen* bekannt ist, rekonstruierte Stecchini die Zikkurat von Babylon (97). Er kam dabei zum Ergebnis, daß dieses Bauwerk in sieben immer niedriger werdenden Stufen so aufgebaut war, daß sich die Flächen nach oben hin stetig verkleinerten. Für kartographische Zwecke ist diese Bauweise äußerst sinnvoll. Sie macht es möglich, daß sich Längen- und Breitengrade rechtwinkelig schneiden, wie das bei der Mercator-Projektion der Fall ist; aber sie vermeidet deren Verzerrung, indem sie die rechtwinkligen Seitenflächen der einzelnen Zikkuratstufen im Verhältnis zu den sich gegen den Nordpol hin verengenden Längengraden verkleinert (98). Im ursprünglichen Bauplan sollte die erste Stufe der Zikkurat nach Stecchinis Ansicht den 30. Breitengrad repräsentieren. Aber in Mesopotamien wurde diese Stufe höher gelegt, so daß sie annähernd der geographischen Breite von Bagdad (33°) entsprach. Danach ließen die Babylonier das Bauwerk in Stufen von je 6 Breitengraden aufsteigen. Dadurch er-

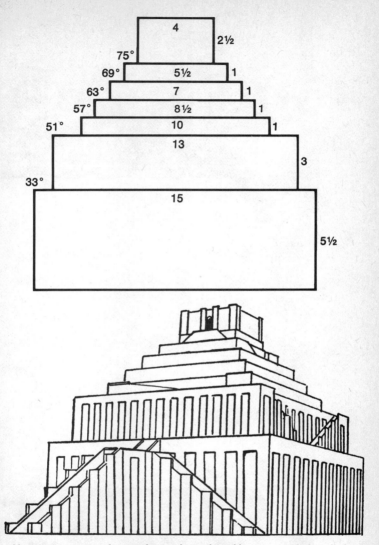

Abb. 97 (unten) Stecchinis Rekonstruktion der Zikkurat von Babylon, die kartographischen Zwecken diente.

Abb. 98 Maßrelationen zur Berechnung von Längen- und Breitengraden.

hielten sie einen leicht einprägbaren Kosinuswert für jede Stufe. Sie brauchten nur die Länge dieser Stufe mit ²/₃ zu multiplizieren.

Da die Babylonier ein Zahlensystem mit den Grundzahlen 6 und 60 verwendeten, hatten die Stufen der Zikkurat eine Höhe von 6 Breitengraden oder einem Vielfachen davon. Um ihre Berechnungen noch mehr zu erleichtern, konnte der von jeder Stufe dargestellte Breitengrad dadurch festgestellt werden, daß man ihre Höhe mit 6 multiplizierte, zum Beispiel 6 × 5½ (Höhe der ersten Stufe) = 33°.

Dieses System stellte ein äußerst einfaches Verfahren dar, sich den trigonometrischen Wert jedes Breitengrades einzuprägen. Sie brauchten dazu nur die Länge einer jeden Stufe mit ²/₃ zu multiplizieren. So ergibt ²/₃ von 15 (Länge der ersten Stufe) 10, und das ist der Kosinuswert des Äquators. Danach führte diese Rechenoperation zu einer einfach zu merkenden Zahlenprogression von 8,666; 6,666; 4,666; 3,666 und 2,666 für den Kosinuswert der Winkel, die von den einzelnen Stufen gebildet wurden. Die oberste Stufe war nach Stecchinis Ansicht rechteckig statt quadratisch, weil sich dadurch eine durchschnittliche Seitenlänge von 2,5833 ergibt, und das ist der Kosinuswert von 75° 01'.

Vordere Doppelseite: Architrav und Kapitelle in Luxor.

Der Goldene Schnitt

Mit der Großen Pyramide erfanden die Ägypter eine Art der Landkartenprojektion, die noch vollkommener war als die der Zikkurats. In dem ägyptischen System entspricht die Spitze der Pyramide dem Pol, der Umfang der Grundflächen dem Äquator und das alles durchaus maßstabgerecht (99). Diese Tatsache ergab sich aus den Forschungsergebnissen Jomards, aber das wurde in der langatmigen und recht vordergründigen Auseinandersetzung über die Bedeutung und die Länge der Ellen übersehen.

Jede Seitenfläche der Pyramide war dazu bestimmt, ein gekrümmtes Viertel der nördlichen Halbkugel oder einen sphärischen Quadranten von 90° darzustellen. Um einen solchen Quadranten richtig auf ein ebenes Dreieck projizieren zu können, muß der Bogen oder die Basis des Quadranten genauso lang sein wie die Grundlinie des Dreiecks, und beide Figuren müssen die gleiche Höhe haben. Das ist aber *nur* der Fall bei einem Querschnitt oder einer Meridianhalbierung der Großen Pyramide, deren Neigungswinkel die π-Relation zwischen Höhe und Grundkante enthält (100). John Taylor vermutete intuitiv etwas von dieser Art, aber er vermochte seine Ahnung nicht klar zu formulieren.

Die Subtilität der Pyramidenprojektion liegt in folgendem: Von vorne betrachtet, reduziert sich die tatsächliche Fläche der Pyramidenseite (mathematisch überdimensioniert) infolge der Gesetze der Perspektive zu einem korrekten Dreieck, das auch dem Querschnitt der Pyramide entspricht (101).

Der Schlüssel zum geometrischen und mathematischen Geheimnis der Pyramide, das der Menschheit so lange ein Rätsel war, wurde tatsächlich Herodot von den Tempelpriestern anvertraut. Er lag in ihrer Mitteilung, daß nach dem Bauplan der Pyramide der Flächeninhalt jeder ihrer Seiten gleich dem Quadrat ihrer Höhe sein sollte (102).

Diese interessante Tatsache zeigt, daß die Pyramide so geplant war, daß sie in ihren Abmessungen nicht nur den Wert π verkörperte, sondern in ihren Maßverhältnissen auch noch eine andere und sogar noch nützlichere konstante Proportion festhielt, die während der Renaissance als der Goldene Schnitt bekannt wurde und in der Neuzeit nach dem griechischen Buchstaben φ (ausgesprochen Phi und gelegentlich auch so angegeben) bezeichnet wurde. Phi hat einen Wert von 1,618. Wenn man die Seitenhöhe der Pyramide (356 Ellen) durch die halbe Seitenlänge des Grundflächenquadrats (220 Ellen) teilt, ist das Resultat 89/55 oder 1,618.

Die Ägypter zur Zeit der Pharaonen betrachteten nach Ansicht Schwal-

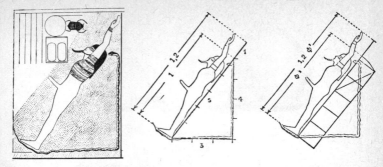

Dieser ägyptische König stellt die Hypothenuse des heiligen 3 : 4 : 5-Dreiecks dar, gebildet aus der Schlange. Der Phallus gibt die φ + 1-Proportion an.

lers de Lubicz Phi nicht lediglich als eine Zahl, sondern auch als ein Symbol des schöpferischen Vermögens oder immer neuer Gestaltung in einer unendlichen Folge. Phi bedeutete für sie, wie Schwaller sagt, »das Feuer des Lebens, die männliche Kraft des Spermas, den *Logos* des Johannesevangeliums«. Plato ging in seinem *Timaios* so weit, Phi und damit die Proportion des Goldenen Schnitts als die zwingendste aller mathematischen Beziehungen zu betrachten, und sah in ihr den Schlüssel zum Bau des Kosmos.

In der Großen Pyramide veranschaulicht und verkörpert der Fußboden der Königskammer, der aus zwei gleich großen Quadraten oder einem 1×2-Rechteck besteht, den Goldenen Schnitt. Wenn man eines der beiden Quadrate halbiert und die Diagonalen in dem so entstandenen inneren Rechteck zur Grundlinie des benachbarten Quadrats herumklappt, trifft sie die Grundlinie beim Punkt Phi oder 1,618 im Verhältnis zur Seite des Quadrats, die mit 1 anzusetzen ist (103).

Die merkwürdige, vielleicht sogar einzigartige Tatsache, daß $\varphi + 1 = \varphi^2$ ($\varphi^2 = 2{,}6179$) und daher auch $1 + \frac{1}{\varphi} = \varphi$ ist, führt zu einer Reihe, die als *Fibonacci-Reihe* bekannt ist, in der jede neue Zahl die Summe der vorhergehenden zwei Zahlen ist: 1–2–3–5–8–13–21–34–55–89 ..., wobei ihr Quotient sich ständig dem Wert von Phi nähert. Fibonacci, der auch als Leonardo da Pisa bekannt ist, war einer der größten Mathematiker des Mittelalters. Mit seinem Vater, der im diplomatischen Dienst seiner Heimatstadt Pisa stand, unternahm er um 1200 ausgedehnte Reisen nach Nordafrika und auch nach Ägypten. Dort wurde er mit der

Fragment einer Holzfigur, die die »Frau des Dorfschulzen aus Sakkara« darstellt (5. Dynastie).

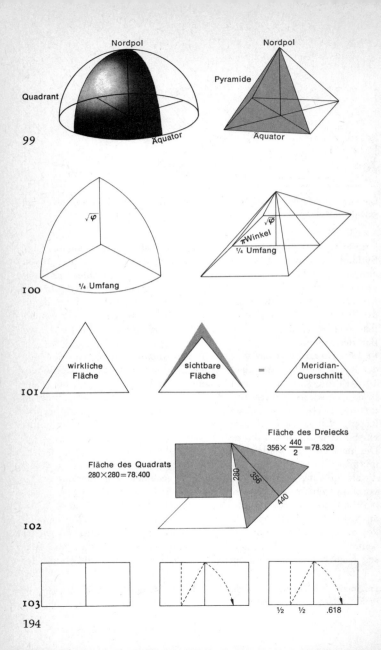

genannten Zahlenreihe bekannt. Die *Fibonacci-Reihe* kann auch geometrisch als ein sich ausdehnendes oder verkleinerndes mathematisches Gitternetz dargestellt werden, in dem jede neue Flächeneinheit zu der vorausgehenden oder folgenden Einheit in der Phi-Relation steht.

In der Renaissance diente die Phi-Proportion oder der »Goldene Schnitt«, wie sie von Leonardo da Vinci bezeichnet wurde, als die hermetische Regel, die der Komposition großer Kunstwerke jener Zeit zugrunde lag.

Die Schlußfolgerung, daß die Ägypter des Alten Reiches sowohl mit der *Fibonacci-Reihe* als auch mit dem Goldenen Schnitt vertraut waren, steht in so schroffem Gegensatz zu den landläufigen Annahmen über den Stand der ägyptischen Mathematik, daß sie trotz Herodot nicht geglaubt wurde. Auch die Tatsache, daß die Phi-Proportion in den Grundmaßen der Pyramide enthalten ist, konnte hier keine Wende herbeiführen. Aber die vielen von dem hervorragenden Architekten und Ägyptologen Jean Philippe Lauer durchgeführten Messungen bewiesen endgültig, daß in der gesamten Baukunst des Alten Reichs der Goldene Schnitt eine große Rolle spielt. Schwaller de Lubicz ermittelte auch an bildlichen Darstellungen, daß die alten Ägypter eine direkte Beziehung zwischen Pi und Phi herausgefunden hatten.

Die Einfachheit des Systems, das den Maßverhältnissen der Pyramide zugrunde liegt, macht die mathematische Schwierigkeit der Kartenprojektion zu einem Kinderspiel. Man braucht sich nur klarzumachen, daß Pi die Konstante ist, die die gerade Linie eines Durchmessers mit der gleichmäßig gekrümmten Linie eines Kreises verknüpft (Kreisumfang = $2r\pi$).

Aufgrund der Bauweise der Pyramide ist es möglich, und zwar fast ohne alle Mathematik, ein Rechteck aus einer Seite und der doppelten Höhe der Pyramide zu bilden, das den gleichen Flächeninhalt hat wie ein Kreis, dessen Radius der Höhe der Pyramide entspricht. Das ermöglicht uns aber ohne weiteres, ein Rechteck oder Dreieck zu zeichnen, das flächengleich mit einem sphärischen Quadranten ist. Auf diese Weise ist ebenso einfach das Hauptproblem gelöst, mit dem es der Kartograph zu tun hat.

Abb. 99   Größenrelation Pyramide zu Pol und Äquator.

Abb. 100 Die π-Relation war bekannt.

Abb. 101 Die Fläche der Pyramidenseite ist ein exaktes Dreieck.

Abb. 102 Flächeninhalt jeder Seite = Quadrat der Höhe.

Abb. 103 Der Goldene Schnitt: ablesbar aus dem Boden der Königskammer.

Der hohe Stand altägyptischer Geodäsie

Daß die Cheopspyramide ihrem ganzen Bauplan nach als eine erdkundliche Darstellung der nördlichen Hemisphäre gedacht war, wird verschiedentlich in den alten Texten angedeutet. Bereits Jomard hatte darauf hingewiesen. Nach einer sorgfältigen Überprüfung der griechischen Klassiker ermittelte Stecchini, daß, abgesehen von Herodot, uns nur ein einziger griechischer Schriftsteller Auskunft über die Pyramide zu geben vermag, nämlich Agatharchides von Knidos, ein Philosoph aus der Schule der Peripatetiker, der gegen Ende des 2. vorchristlichen Jahrhunderts am Hofe des ägyptischen Königs wirkte.

Agatharchides berichtete, daß die Länge einer Seite der Grundfläche der Pyramide $^1/_8$-Minute und die Seitenhöhe $^1/_{10}$-Minute eines geographischen Breitengrades entsprach. Jomard war auf diese Mitteilung gestoßen, und sie ermöglichte ihm eine fast richtige Lösung. Die von ihm festgestellte Länge der Seitenhöhe von 184,722 Metern ergab danach eine Minute von 1847,22 Metern. Und das entspricht bis auf eine geringfügige Abweichung der Ausdehnung, die die Minute eines Breitengrades auf der Breite von 29° hat. Das führte Jomard zu der Annahme, daß die Baumeister der Pyramide bewußt die mittlere Breite Ägyptens den Ausmaßen ihres Bauwerks zugrunde gelegt hatten. Nach seinen Berechnungen lag diese Breite bei 27° 40'.

Was Jomard allerdings nicht wissen konnte, war die Tatsache, daß das älteste ägyptische Vermessungszentrum auf der Breite von 27° 45' lag und damit an einer Stelle errichtet worden war, die sich genau in der Mitte zwischen Syene auf dem Wendekreis des Krebses und Behdet an der Küste des Nildeltas befand. Er konnte das nicht wissen, weil das in der Nähe der modernen Ansiedlung Tell el-Amarna gelegene Gelände der Residenz des jungen Pharao Echnaton, Achetaton oder »Ruhestätte des Aton« genannt, noch nicht entdeckt worden war. Auch war dem jungen Champollion damals die Entzifferung der Hieroglyphen noch nicht gelungen.

Ein in Stein gemeißelter Text, der in den Ruinen von Tell el-Amarna gefunden wurde, bezieht sich auf die Gründung der Hauptstadt. Eine der erhaltenen Nachbildungen des Steines, einer Stele, ist etwa 7,5 Meter hoch. Darauf wird angegeben, daß die Länge der neuen Residenz durch zwei Grenzsteine festgelegt worden ist, die mit größter Sorgfalt »für alle Ewigkeit« in der ungewöhnlichen Entfernung von 6 Atur, das sind $^3/_4$ eines Stadions und 4 geographische Ellen, errichtet wurden. Dadurch wird angedeutet, daß bei der Festsetzung der Länge eine Genauigkeit von 0,0001 Prozent angestrebt worden war.

Die Pyramiden des Cheops und des Chephren.

Ernte an den fruchtbaren Ufern des Nils: Sennudjem und seine Frau schneiden Korn (Theben).

Bild links   Die alten Ägypter kannten und pflegten den Wein: Darstellung einer Weinlaube in der Grabkapelle des Sennofer.

Folgendes Bild   Sarg der Hager, Tochter des Horogda (Sakkaro).

Nach Ansicht Stecchinis bezeichnet der ägyptische Text nicht nur die Breite von 27° 45' als den Ort, auf dem das geodätische Zentrum Ägyptens lag, sondern er gibt auch die Ausdehnung des *durchschnittlichen* Breitengrades zwischen dem Äquator und dem Pol mit 240715 Ellen oder 111136,7 Metern an. Die moderne Berechnung ergab einen Wert von 111134,1 Metern.

Wie Stecchini betont, bedeutete Echnatons Reform des Systems der Landvermessung die Rückkehr zur prädynastischen Methode, die Länge Ägyptens in geographischen statt in königlichen Ellen zu berechnen. Wäre Jomard imstande gewesen, alle vier Seiten der Grundfläche der Pyramide mit der Präzision moderner Geodäsie zu vermessen, hätte er bemerkt, daß die alten Ägypter mit den *Grundkanten der Pyramide* die Ausdehnung eines geographischen Grades am Äquator angeben wollten. Denn es besteht Grund zur Annahme, daß sie glaubten, dort sei die Erde wirklich kreisrund und die Entfernung zwischen zwei Breitengraden gleich der zwischen zwei Längengraden.

Bis zur Zeit des Ersten Weltkriegs bestand noch weitgehend Unklarheit hinsichtlich der tatsächlichen Länge der vier Seiten der Grundfläche der Pyramide. Petrie hatte noch große Schwierigkeiten bei der genauen Ermittlung der Ecken, aus denen mehrere Steinblöcke herausgebrochen worden waren. Aber im Jahre 1925 erbat sich Ludwig Borchardt, der damalige Direktor des Deutschen Archäologischen Instituts in Kairo, die Unterstützung der ägyptischen Regierung für eine neue Vermessung der Großen Pyramide.

Borchardt hoffte, daß eine Reihe wirklich genauer Messungen endlich zu einer klaren Trennung zwischen Dichtung und Wahrheit in der Pyramidenforschung führen und der Spekulation hinsichtlich der Geometrie dieses Bauwerks ein Ende setzen würde.

Die ägyptische Regierung erklärte sich bereit, die Vermessung zu veranlassen. Sie stellte allerdings die Bedingung, daß Borchardt zuvor alles Geröll wegräumen ließ, das noch die ganze Basis der Pyramide bedeckte. Daraufhin wurde der Ingenieur J. H. Cole damit beauftragt, eine sorgfältige Vermessung durchzuführen. Cole erforschte zunächst einmal gründlich das Fundament des Bauwerks. Es gelang ihm dabei, bis auf Millimeter genau die ursprüngliche Lage jeder der vier Pyramidenecken festzustellen.

Wenn es zutraf, daß eine Grundkante den achten Teil einer Minute des geographischen Breitengrades ausmachen sollte, dann mußte der doppelte Umfang der Grundfläche einer Minute entsprechen. Cole ermittelte für diesen doppelten Umfang eine Länge von 1842,91 Metern. Moderne Messungen ergaben für eine Bogenminute am Äquator 1842,9 Meter.

Schwaller de Lubicz gelangte zum gleichen Ergebnis, als er feststellte, daß die Ägypter eine Bogenminute zu 1000 Brassen oder 1000 Faden zu je 6 Fuß rechneten. Nach ihm war die Brasse ein genau festgelegtes geodätisches Längenmaß, das zwischen 1,843 und 1,862 Metern schwankte, und zwar je nach der geographischen Breite, auf der es in Gebrauch war.

Die hier vorliegende Übereinstimmung ist insofern bemerkenswert, als die Bogenminute eines Breitengrades am Äquator 1842,9 und am Pol 1861,65 Meter mißt. Auch Stecchinis Analyse der altgriechischen Texte leistet einen Beitrag zur Lösung des Problems der Pyramiden-Seitenhöhe. Diese sollte bekanntlich den zehnten Teil einer geographischen Bogenminute oder 600 Fuß ausmachen. Nun berichtete Agatharchides von Knidos, daß die Große Pyramide in einem sogenannten »Pyramidion«, einer Art Schlußstein, endete. Dieser Stein soll vier Ellen hoch gewesen sein; ob man ihn bei der Festsetzung der Gesamthöhe der Pyramide berücksichtigen oder außer acht lassen wollte, hing ganz von der Problemstellung ab. Wie die Obelisken (104) waren auch die meisten Pyramiden mit einem Pyramidion aus kostbarem Metall gekrönt, das die Strahlen der aufgehenden Sonne zurückwarf.

Wenn man die vier königlichen Ellen des Pyramidions außer acht läßt, ergibt sich für die Höhe einer Pyramidenseite ein Wert von 352 Ellen zu je 0,525 Metern. Und das löst das ganze Rätsel der Elle als Maßeinheit für die Pyramide. Die oben angeführte Berechnung ergibt eine Seitenhöhe von 600 »geographischen« Fuß von je 0,308 Metern oder 400 Ellen zu je 0,462 Metern. In andere Maßeinheiten übersetzt, bedeutet das eine Seitenhöhe von 500 »Remen«, 200 megalithischen Yards, 320 *pyk belady*-Ellen, 100 »Brassen«, 60 »Dekapoden«, 6 Plethren oder 1 Stadion. All diese Größen entsprechen der Ausdehnung des zehnten Teils einer geographischen Bogenminute, gemessen auf dem Breitengrad der Großen Pyramide.

Jomard tat einen glücklichen Griff, als er für die Höhe einer Pyramidenfassade eine Ziffer von 600 Fuß ermittelte. Seine Schätzung erwies sich als zu niedrig, da er noch nichts von der Existenz eines Pyramidions wußte. Und so setzte er die Seitenhöhe der Pyramide mit 184,72 Metern an, eine Berechnung, die von der Wirklichkeit nicht weit entfernt war, dennoch aber von Jomards Kollegen mit Spott zurückgewiesen wurde. Sechshundert Fuß zu je 0,308 Metern ergibt 184,4 Meter. Die moderne Schätzung für ein Zehntel einer geographischen Bogenminute auf der Breite der Großen Pyramide beläuft sich auf 184,75 Meter.

Ecke der Pyramide des Snofru in Dahschur: deutlich sichtbar die minuziöse Vermantelung aus Kalkstein.

Aber Jomard hatte völlig recht, als er die Länge der Grundrißkante der Pyramide auf 500 alte ägyptische Ellen zu je 0,4618 Metern und 400 größere *pyk belady*-Ellen zu je 0,5773 Metern festsetzte. Diese Ellen entsprechen nach Forschungsergebnissen Stecchinis dem ältesten Fuß der alten Welt, dem »geographischen« Fuß, der noch im klassischen Griechenland in Gebrauch war und sich sogar bis ins Mittelalter hinein als europäische Maßeinheit behauptete. Als Jomard nach Ägypten kam, war dieses Längenmaß dort noch weit verbreitet. Stecchini fand untrügliche Hinweise darauf, daß auf der Basis dieses geographischen Fußes bereits um 3500 v. Chr. Tempel in Mesopotamien gebaut wurden, zu einer Zeit also, als die Kunst des Schreibens noch nicht erfunden war. Der geographische Fuß entspricht auch der Kantenlänge eines Würfels oder einer *Artabe*, eines alten Hohlmaßes für Getreide im Nahen Osten bis zur Zeit des persischen Reiches.

Es ist nun erwiesen, daß die geringfügigen Unterschiede in der Länge des Fußes, wie er in Persien, Griechenland, Mesopotamien und Ägypten in Gebrauch war, auf seine astronomische Berechnung zurückgehen. Denn er variiert nur um den Bruchteil eines Millimeters, und zwar je nach der geographischen Breite, auf der seine Länge bestimmt wurde.

Die Fassade des Parthenon mißt 100 geographische Fuß zu 0,3082765 Metern oder 1 Bogensekunde auf der Breite von Athen (37° 58'). Am Äquator ist der Fuß ein Millimeter kürzer, das heißt 0,30715 Meter; auf der mittleren Breite von Ägypten, bei 27° 45', mißt er 0,307795 Meter. Auf der Breite der Großen Pyramide ist der Fuß 0,3079 Meter lang, geradeso, wie das Jomard festgestellt hatte. Anderthalb solche Fuß ergeben eine geographische Elle von 0,4618 Metern. Und nach dieser Elle wurde noch allgemein gemessen, als Jomard nach Ägypten kam. Das hatte sich seit der Zeit al-Ma'muns nicht geändert. Die Verwendung dieses Längenmaßes hätte es übrigens den Arabern ermöglicht, den Umfang der Erde korrekt zu berechnen.

Wenn man den Äquator in 360 Grad zu je 60 Minuten einteilt und schließlich den 60. Teil einer Minute nimmt, erhält man eine Bogensekunde oder 100 geographische Fuß zu je 0,308 Metern. Das ergibt für den Erdumfang eine Länge von 39916,8 Kilometern. Nach den heutigen Berechnungen beträgt die Länge des Äquators 40000 Kilometer. Die Alten verschätzten sich also nur um 0,25 Prozent. Wenn man von der Ausdehnung des durchschnittlichen geographischen Breitengrades ausgeht, wie sie unter Echnaton ermittelt wurde, kommt man sogar zu der noch genaueren Schätzung von 40009,32 Kilometern.

Taylor verfehlte die Lösung des Problems nur um ein Haar, als er völlig richtig annahm, daß die Erbauer der Pyramide von einem Kreis von 360 Grad ausgingen, den sie zunächst in 60 Minuten und dann weiter in 60

Abb. 104   Wie die Obelisken wurden auch die Pyramiden von einem Pyramidion aus kostbarem Metall gekrönt, das die Strahlen der aufgehenden Sonne reflektierte.

Sekunden unterteilten. Das ergab insgesamt 1 296 000 Bogensekunden. Auf der Suche nach einer Einheit unter den alten Längenmaßen, die zu dieser Zahl von Bogensekunden passen würde, stieß er auf den »kurzen griechischen oder ptolemäischen Fuß« (von ihm so bezeichnet), der nichts anderes war als Jomards Fuß zu 0,3079 Metern, von dem sich die Elle zu 0,4618 Metern ableitete. Aber bei Taylor wollte diese Rechnung nicht ganz stimmen, weil er von der von Le Père und Coutelle berechneten Grundfläche ausging, bei der die Seiten der Pyramidenbasis ungefähr sechs Fuß zu lang angesetzt waren.

Warum Taylor, Smyth, Petrie und Davidson sich nicht die Ergebnisse von Jomards Messungen zunutze machen konnten oder wollten, bleibt ein Rätsel. Zwar sind die 21 in Leder gebundenen Foliobände der *Description de l'Egypte* sehr gewichtig (manche der Bände wiegen bis zu 45 Pfund) und nur schwer zugänglich. Dazu kommt, daß sie kein Sachregister haben und die wesentlichen Forschungsergebnisse über Hunderte von Textseiten verstreut sind. Aber die unwiderlegbaren Fakten und Zahlen sind in diesen Bänden enthalten, und Jomard breitet sie klar und deutlich vor uns aus. Es gilt heute als unbestritten, daß Jomards Elle von 0,4618 Metern 500mal in einer Grundkante der Großen Pyramide und 400mal in deren Seitenhöhe enthalten ist.

Alte Längenmaße, die in runden Zahlen oder Einheitsbrüchen in den Ausmessungen der Großen Pyramide enthalten sind (105):

Höhe der Seitenfläche	*Grundrißkante*
616 ägyptische Fuß zu 0,300 m	770 ägyptische Fuß
600 griechische oder geographische Fuß zu 0,308 m	750 griechische Fuß
500 Remen zu 0,3696 m	625 Remen
400 geographische Ellen zu 0,462 m	500 geographische Ellen
352 königliche Ellen zu 0,525 m	440 königliche Ellen
320 *pyk belady* zu 0,5775 m	400 *pyk belady*
220 megalithische Yards zu 0,84 m	275 megalithische Yards
100 Brassen oder Faden	125 Brassen oder Faden
60 Dekapoden oder Ruten zu 10 Fuß	75 Dekapoden
40 Ruten zu 15 Fuß	50 Ruten zu 15 Fuß
6 Plethren	7,5 Plethren
1 Stadion zu 600 Fuß	1¼ Stadien

Agatharchides hatte recht, wenn er alte ägyptische Quellen zitierte, aus denen hervorgeht, daß die Grundkante der Pyramide genau der Ausdehnung des 8. Teiles einer Bogenminute am Äquator entsprach. Fünfhundert Ellen in der von Jomard angenommenen Länge sind mit 8 zu multiplizieren, um eine Minute, mit 60, um einen Grad und mit 360, um den Erdumfang zu erhalten, der danach mit 86 400 000 Ellen anzusetzen ist.

Der alte ägyptische Fuß (zu 0,308 m) im Verhältnis zum Erdumfang.
Der Erdumfang mißt: 129 600 000 Fuß
Das ergibt:

360 Grad	zu je	360 000 Fuß
3 600 große ägyptische Schoenoi	zu je	36 000 Fuß
21 600 Meilen	zu je	6 000 Fuß
216 000 Stadien	zu je	600 Fuß
1 296 000 Plethren	zu je	100 Fuß
2 160 000 Schoenoi	zu je	60 Fuß
8 640 000 Kannes	zu je	15 Fuß
12 960 000 Dekapoden	zu je	10 Fuß
21 600 000 Brassen oder Ogyen	zu je	6 Fuß
86 400 000 Ellen	zu je	1½ Fuß
129 600 000 Fuß	zu je	1 Fuß
518 400 000 Handbreiten	zu je	¼ Fuß
2 073 600 000 Finger	zu je	$^{1}/_{16}$ Fuß

Diese Aufstellung enthüllt uns den Ursprung der ägyptischen Elle und des ägyptischen Fußes. Der 24-Stunden-Tag enthält 86 400 Sekunden, das ist die Zeit, in der sich die Erde einmal um ihre Achse dreht. Somit rotiert die Erde am Äquator mit einer Geschwindigkeit von 1000 Jomardschen Ellen pro Sekunde.

Die Erbauer der Großen Pyramide gaben ihrer Grundkante eine Länge, die der Strecke entspricht, welche die Erde bei ihrer Rotation in einer halben Sekunde zurücklegt. Das macht die Elle und den Fuß in doppelter Hinsicht erdbezogen: Die Elle entsprach $^{1}/_{1000}$ einer Zeitsekunde, der Fuß $^{1}/_{100}$ einer Bogensekunde.

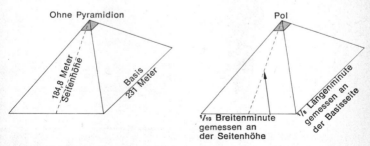

Abb. 105   Alle Maßeinheiten, die die alte Welt kannte und die die neue zum Teil übernahm, sind in den Maßrelationen der Großen Pyramide enthalten, die sich aus Basis und Seitenlänge ergeben. Denn diese sind wiederum exakter Teil des geographischen Längen- oder Breitengrades am Äquator.

Was hat die alten Astronomen dazu befähigt, diese Zusammenhänge zu ermitteln? Um den Erdumfang über die Pole zu berechnen, bedienten sich die Alten der Sonne und des von Obelisken geworfenen Schattens. Um den Äquatorumfang zu bestimmen, beobachteten sie den Sterndurchgang an festgelegten Punkten, wie zum Beispiel an Obelisken. Zur Ermittlung des Erdumfangs über die Pole brauchten sie nur die Entfernung zweier genügend weit voneinander liegender Obelisken auszumessen und den Unterschied in der Länge des von ihnen geworfenen Schattens zu bestimmen. Dazu war es keineswegs erforderlich, eine so große Entfernung wie die zwischen Alexandria und Syene zu wählen. Der Unterschied in der geographischen Breite zwischen zwei auf demselben Meridian liegenden Obelisken, meist wohl nur der Bruchteil eines Grades, läßt sich durch das Verhältnis des durch den Obelisken geworfenen Schattens zu dessen Höhe ermitteln, wenn die Messung zur Zeit der Sonnenwende oder Tagundnachtgleiche vorgenommen wird.

Um den Äquatorumfang zu ermitteln, konnte folgendes Verfahren angewandt werden: Ein Beobachter am Fuß eines Obelisken auf dem 30. Breitengrad signalisierte das Erscheinen eines Zenitsterns am östlichen Horizont einem zweiten Beobachter, der in einer ausgemessenen Entfernung an einem Punkt in der westlichen Wüste postiert war, von dem aus die Spitze des Obelisken am Horizont sichtbar war. Aus dem Zeitunterschied zwischen dem Ankündigungssignal des ersten Beobachters und dem Aufgang des Sterns an *seinem* Horizont konnte der zweite Beobachter den Äquatorumfang errechnen – er wußte ja, daß die Erde in 86400 Zeitsekunden eine Strecke von 1296000 Bogensekunden durchwanderte. Auf dem 30. Breitengrad würde sich dieser für den Äquator geltende Wert ändern, und zwar um den Kosinuswert von 30° oder $\sqrt{3}/2$. Es galt somit lediglich zu entscheiden, was für eine *Maßeinheit* man wählen sollte, um diese Längen zu berechnen.

Ein Beobachter, der in der großen Galerie der Cheopspyramide so postiert war, daß er die seitlichen Begrenzungen der Öffnung in ihrer Decke unter einem Winkel von 2° sah, konnte die Zeit feststellen, die ein Stern am Himmelsäquator für den Durchgang durch die Öffnung brauchte. Damit hatte er die notwendigen Werte an der Hand, mit denen er die Breite der Öffnung in der Decke der Galerie in Beziehung zum Erdumfang setzen konnte.

Aus diesen Ziffern ergibt sich, daß die alten Astronomen ihre Zeiteinheit von der täglichen Rotation der Erde um ihre Achse ableiteten und dann 1000 Ellen als die Entfernung definierten, die die Erde in einer

Vordere Doppelseite: Anubis bereitet die Mumie des Sennudjem für die Reise ins Totenreich vor.

Zeitsekunde zurücklegte. Mit einer Reihe von Obelisken konnten sie auf physikalischem Wege die Minuten und Sekunden eines Meridianbogens längs eines festgelegten Meridians messen und dann die Entfernung zum Pol extrapolieren.

Aus zahlreichen Textfragmenten konnte Stecchini ermitteln, daß die Ägypter eine vereinfachte Methode entwickelt hatten, wie sich die Veränderungen in der Ausdehnung der einzelnen Breitengrade vom Äquator zum Pol vermittels einer durch Addition oder Subtraktion gebildeten Reihe berechnen ließen. Die geographische Elle war auch insofern ideal, als sie eine leicht einprägbare Länge von 1 800 000 Ellen für Ägypten ergab. Denn von Behdet bis Syene sind es 7½ Grad oder ¹⁄₄₈ des Erdumfangs von 86 400 000 Ellen.

Diese nüchternen Tatsachen sollten genügen, um einen Aspekt des Geheimnisses der Großen Pyramide endgültig zu klären. Ganz offensichtlich waren die alten Ägypter mit der Gestalt der Erde in einem Maße vertraut, wie das erst wieder nach dem Auftreten Newtons im 18. Jahrhundert der Fall war, als sich erwies, daß unser Planet an den Polen etwas abgeplattet ist. Ferner hatten sie die Größe der Erde mit einer Genauigkeit errechnet, wie sie erst wieder um die Mitte des 19. Jahrhunderts erreicht wurde, als unser Planet mit vergleichbarer Exaktheit von dem deutschen Geodäten Friedrich Wilhelm Bessel vermessen wurde. Es ist ebenfalls sicher, daß die Ägypter einen Tag in 24 Stunden zu 60 Minuten mit je 60 Sekunden einteilen konnten und eine Maßeinheit festlegten, die erdkommensurabel war – geradeso, wie es Taylor, Smyth und Jomard vermutet hatten.

Altes Wissen gerät in Vergessenheit

Bis auf den heutigen Tag bleibt es ein Rätsel, wie die bedeutenden wissenschaftlichen Leistungen der alten Ägypter jahrhundertelangem Vergessen anheimfallen konnten. In seiner Erforschung des Standes der vorklassischen Geographie hat Stecchini nachweisen können, daß es schon damals eine hochentwickelte geographische Wissenschaft gab. Sie beruhte auf sehr genauen astronomischen Tabellen, die bis zu Beginn des 1. vorchristlichen Jahrtausends ständig nachgeführt wurden. Stecchini hat unter anderem festgestellt, daß auch noch die späteren Babylonier über ausgezeichnete Karten ihres Landes zwischen dem 30. und 36. Breitengrad verfügten. Da diese Landkarten jeweils Gebiete erfaßten, die sich über 6 Breitengrade und 7,2 Längengrade erstreckten, waren sie völlig quadratisch, denn die Ausdehnung eines Längengrades war ja in diesen Breiten kleiner. Dieses System wurde bis in die Regierungszeit Darius' des Großen von Persien beibehalten, dessen Reich seinen willkürlich gewählten Mittelpunkt in Persepolis hatte, das gleichzeitig ein Zentrum der Geodäsie war. Es ist gewiß nicht zufällig, daß das Reich des Darius durch zwei Linien begrenzt wurde, die 3 mal 7,2 Längengrade östlich vom ägyptischen Nullmeridian und in der gleichen Entfernung von der indischen Westgrenze verliefen.

Aber allmählich wurde dieses System der Geographie fehlerhaft. Die Geographen stützten sich zu sehr auf die Ergebnisse früherer astronomischer Berechnungen, die nicht länger stimmten.

Stecchini nimmt als einen möglichen Grund für diesen Verfall der wissenschaftlichen Geographie, der in der hellenistischen Zeit einsetzte und fast bis in die Neuzeit anhielt, die Zerstörung von Persepolis durch Alexander den Großen im 4. vorchristlichen Jahrhundert an. Es erscheint durchaus möglich, daß bei dieser Gelegenheit die von den Persern beschäftigten ägyptischen Geographen umkamen. Als dann Alexander auch noch Heliopolis, den Mittelpunkt der ägyptischen Wissenschaft, zerstören ließ, um seine eigene Hauptstadt in Alexandria zu errichten, war das Schicksal der geographischen Wissenschaft endgültig besiegelt. Heliopolis, das *On* der Bibel, galt als die bedeutendste Universität der Welt. Zur Zeit Ramses' III., also um 1225 v. Chr., sollen dort 13 000 gelehrte Priester gewirkt haben. Mehr als 200 Jahre davor wurde Moses in Heliopolis »in all der Weisheit der Ägypter« unterwiesen. Und deren Wissenschaft erstreckte sich auf Physik, Arithmetik, Geometrie, Astronomie, Medizin, Chemie, Geologie, Meteorologie und Musik (106). Alexander zerstörte neben Persepolis auch diese Stätte der Wissenschaft, und zwar aus Sicherheitsgründen, er wollte die geographische

Abb. 106 Die Astronomie stand in hoher Blüte: Darstellung von Zirkumpolarsternen an der Decke der Grabkammer Sethos' I. im Tal der Könige.

und damit auch die politische Grundlage der alten Reiche ein für allemal ausschalten.

Das von Stecchini gesammelte Material zeigt, daß die alexandrinischen Geographen der nachfolgenden fünfhundert Jahre – Eratosthenes, Hipparchos und Ptolemäus – durchaus nicht die großen Pioniere der geographischen Wissenschaft waren, für die man sie so lange hielt. Sie stützten sich im wesentlichen auf die großen wissenschaftlichen Leistungen der vorangegangenen Epoche, die sie nur zum Teil verstanden. Eratosthenes, dem die Leitung der berühmten Bibliothek von Alexandria anvertraut war, soll als erster den Erdumfang bestimmt haben, indem er zur Zeit der Sommersonnenwende in Alexandria den Einfallswinkel der Sonnenstrahlen maß (107). Es ist aber erwiesen, daß er sein Wissen vom Umfang der Erde aus alten ägyptischen Quellen schöpfte und daß er die Bedeutung der von den Ägyptern übernommenen Daten nicht wirklich begriff.

Eratosthenes behauptete, ermittelt zu haben, daß die Ausdehnung eines Breitengrads 700 Stadien betrage. Aber nach Stecchini liegt dieser Ziffer der lange vorher von den Ägyptern ermittelte Wert von 14 Atur zu

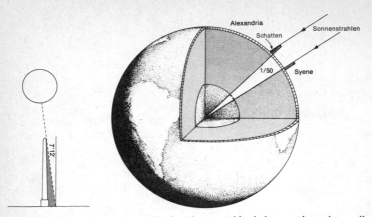

Abb. 107 Eratosthenes, Leiter der berühmten Bibliothek von Alexandria, soll als erster den Erdumfang gemessen haben, indem er zur Zeit der Sommersonnenwende den Einfallswinkel der Sonnenstrahlen maß.

je 50 Stadien zugrunde. Eratosthenes beanspruchte für sich auch die Entdeckung, daß die Sonne in Alexandria einen Schatten von 7° 12' wirft, wenn sie an der Südgrenze von Ägypten keinen Schatten erzeugt. In Wirklichkeit hatte Eratosthenes aus alten ägyptischen Aufzeichnungen entnommen, daß sich der Wendekreis des Krebses bei einer Breite von 23° 51' befinde und daß die Sonne in Elephantine keinen Schatten werfe. Was er nicht wissen und auch nicht durch Messungen feststellen konnte, war die Tatsache, daß sich der Wendekreis inzwischen zur Breite von 23° 45' verschoben hatte. Auch war ihm nicht bewußt, daß er seine Zahlenwerte gemäß dem Radius der Sonnenscheibe berichtigen mußte. Er glaubte, daß Alexandria auf demselben Meridian liege wie Elephantine, während sie ungefähr 3 Längengrade oder 200 Meilen auseinanderlagen.

Außerdem gebrauchte Eratosthenes die große babylonische Elle zu 532,702 Millimetern, um die Länge des Stadions zu ermitteln, statt der älteren königlichen Elle der Ägypter zu 525 Millimetern. Er war sich nicht bewußt, daß der erste Schritt der Assyrer nach ihrer Eroberung Ägyptens im 7. vorchristlichen Jahrhundert darin bestand, daß sie die ägyptische Elle durch ihre mesopotamische ersetzten, um auch dadurch ihre Oberherrschaft zu manifestieren.

Seine Studien auf dem Gebiet der alten Geographie haben Stecchini zu der Überzeugung gebracht, daß es bereits mehrere Jahrtausende vor der Blütezeit der griechischen Kultur ein Volk gab, das auf dem Gebiet der Mathematik und Astronomie Großes leistete.

Wer war der Baumeister der Pyramide?

Es wäre erfreulich, wenn sich eindeutig die Frage beantworten ließe, wie und wann die Große Pyramide erbaut wurde und wer ihr Baumeister war. Aber die für die Konstruktion dieses Bauwerks verantwortlichen Architekten, wer sie auch immer gewesen sein mögen, hinterließen keinerlei Aufzeichnungen über die von ihnen angewandte Technik. Es hat sich bisher nicht einmal ein *späterer* ägyptischer Bericht darüber gefunden, auf welche Weise die ersten Pyramiden gebaut wurden. Nur scharfsinnige Vermutungen stützen die Annahme der Ägyptologen, daß die Stufenpyramide von Sakkara die älteste ägyptische Pyramide überhaupt war und daß der legendäre Imhotep, der während der Regierung König Djosers aus der dritten Dynastie lebte, als ihr Baumeister zu gelten hat.

Die Stufenpyramide von Mêdûm, das erste stufenförmige Bauwerk, das zu einer richtigen Pyramide umgeformt wurde, wird aufgrund nicht ganz zwingender Beweise dem Vater des Cheops, Snofru, zugeschrieben. Das gleiche trifft für die Knickpyramide von Dahschur zu.

Da ihnen zuverlässige geschichtliche Unterlagen fehlten, verlegten sich die Araber – und mit ihnen die Juden – um so eifriger auf Legendenbildung. Die älteste Legende, die hier zu erwähnen ist, berichtet uns, daß die Große Pyramide zum Gedenken an eine gewaltige kosmische Katastrophe errichtet wurde, die unsere Erde mit Feuer und einer Sintflut heimsuchte.

Arabische Schriftsteller erzählen, daß die Pyramiden bereits vor der Sintflut von einem König erbaut wurden, dem eine Vision die drohende Vernichtung der Welt angekündigt hatte. Nach diesen arabischen Quellen hinterlegte jener König in den Pyramiden Aufzeichnungen über das gesamte Wissen seiner Zeit, wie es ihn die weisesten Männer seines Reiches gelehrt hatten. Es ist dabei die Rede von den Geheimnissen der Astronomie, vollständigen Sternkatalogen, Geometrie und Physik wie auch von Abhandlungen über Edelsteine, von Maschinen und Geräten sowie Erd- und Himmelsglobussen. Auch verformbares Glas wird in diesem Zusammenhang erwähnt.

Die frühesten jüdischen Berichte, wenn man einmal die vage Anspielung der Bibel auf die »Säulen aus Stein« außer acht läßt, finden sich bei Flavius Josephus. Dieser jüdische Historiker spricht davon, daß die Sethiten als erste im Besitz einer Weisheit waren, die sich auf die Himmelskörper und deren Ordnung am Himmelszelt bezog. Und um ihr Wissen für die künftige Menschheit zu bewahren, errichteten sie laut dieser Quelle zwei Bauwerke, eines aus Ziegeln, das andere aus Stein.

Josephus bemerkt ausdrücklich, daß das letztere noch zu seiner Zeit, also während des 1. nachchristlichen Jahrhunderts, in Ägypten bestanden habe.
Die arabischen Legenden berichten uns, daß die Große Pyramide nicht nur Abbildungen der Konstellationen der Gestirne und ihrer Himmelsbahnen enthielt, sondern auch eine Chronik der vergangenen und künftigen Zeiten.
Zu der Frage, *wer* die Große Pyramide erbaute, melden arabische Historiker wie Ibrahim ben Ibn Wassuff Schah, daß die Pyramiden von Giseh von einem vorsintflutlichen König namens Surid oder Saurid erbaut worden seien. Dem träumte, daß ein riesiger Planet auf die Erde stürzen werde, und zwar in dem Augenblick, »da das Herz des Löwen die erste Minute des Hauptes des Krebses erreicht«.
Abu Zeyd el Balkhy zitiert eine alte Inschrift, nach der die Cheopspyramide errichtet wurde, als sich das Sternbild der Leier in der Konstellation des Krebses befand, und dieser Hinweis ist so gedeutet worden, daß damit ein Zeitpunkt »zweimal 36000 Sonnenjahre vor der Hedschra« (Flucht Mohammeds nach Medina, 622), das heißt also vor etwa 73000 Jahren, gemeint ist.
Der berühmte arabische Forschungsreisende Ibn-Battuta, der im 14. Jahrhundert lebte, gibt uns eine andere Version von der Errichtung der Pyramide. Danach erbaute Hermes Trismegistos, der hebräische Enoch, nachdem ihm die Konstellation der Gestirne eine baldige Sintflut angekündigt hatte, die Pyramiden, um in ihnen Bücher der Wissenschaft und der Erkenntnis und andere wertvolle Gegenstände aufzubewahren, die vor Vergessenheit und Vernichtung gerettet werden sollten.
Nach Basil Steward, einem Theosophen und Verfasser des Werkes *The Mystery of the Great Pyramid,* ist die Annahme, die Ägypter hätten diese Pyramide erbaut, weil sie eben in Ägypten steht, nicht minder fragwürdig als eine Behauptung der Art, daß die Ägypter den Assuan-Damm errichteten, weil er sich in ihrem Lande befindet. Steward vertritt nach einer Überprüfung aller archäologischen Forschungsergebnisse und aller geschichtlichen Überlieferungen die Ansicht, daß »die Grundlagen für die Größe Ägyptens von einigen Einwanderern gelegt wurden, die friedlich in das Land kamen und die Durchführung großer Bauvorhaben organisierten«. Diese Kolonisten, die seiner Meinung nach wahrscheinlich aus Asien oder dem Gebiet des Euphrat kamen, waren wissenschaftlich hoch gebildet und vor allem auf dem Gebiet der Mathematik weit

Abb. 108 Echnaton, Nofretete und ihre Tochter Meritaton beim Aton-Opfer. Kalksteinrelief aus dem Großen Palast von Amarna.

fortgeschritten. Nach der Errichtung der Großen Pyramide sollen sie das Land wieder verlassen haben, ohne die Ägypter in ihr überlegenes Wissen einzuweihen.

Steward vertritt die Ansicht, daß die Pläne für die Große Pyramide lange vor dem Beginn der eigentlichen Bauarbeiten abgeschlossen waren und daß sie auf den Entwurf eines einzelnen Meisters zurückgehen, »der zur adamitischen Kultur weißer Menschen gehörte, die in moralischer, wissenschaftlicher und kultureller Hinsicht allen anderen Zivilisationen jener Zeit weit überlegen war«.

Petrie erhärtet diese These insofern, als er die Meinung vertritt, daß »die überragende Kunstfertigkeit, der man in der frühen Periode (der ägyptischen Architektur) begegnet, nicht so sehr auf einer weitverbreiteten handwerklichen Schulung und Überlieferung beruht, sondern vielmehr der Leistung einiger hervorragender Könner zu verdanken ist«. Im Hinblick auf die erstaunliche Genauigkeit in der Konstruktion der Großen Pyramide bemerkt Petrie: »Sie war das Werk eines einzigen hochbegabten Mannes.«

Sowjetische Autoren haben in jüngster Zeit die These vertreten, daß die Ägypter vielleicht aus Indonesien kamen, nachdem ihr Land und ihre Kultur vor 10 000–12 000 Jahren durch eine kosmische Katastrophe zerstört worden war. Es darf in diesem Zusammenhang erwähnt werden, daß Peter Kolosimo in seinem 1969 in Mailand erschienenen Werk *Terra Senza Tempo* (Land ohne Zeit) betont, daß die Russen unlängst einige faszinierende Geheimnisse der ägyptischen Archäologie ans Licht gebracht haben.

Danach sollen die Russen astronomische Karten von erstaunlicher Genauigkeit gefunden haben, Karten, die die Konstellationen der Gestirne so angaben, wie sie vor vielen tausend Jahren bestanden. Die Russen sollen auch mehrere Artefakte ausgegraben haben, die nicht alle gedeutet werden konnten, unter denen sich aber vollkommen sphärische Kristallinsen von großer Präzision befanden, die möglicherweise als Fernrohre benutzt wurden. Kolosimo weist darauf hin, daß ähnliche Linsen auch im Irak und in Zentralaustralien gefunden worden sind, betont aber gleichzeitig, daß solche Linsen heute nur mit einem besonderen Schleifmittel aus Ceriumoxyd geschliffen werden können, das nur elektrisch herzustellen ist.

Hinsichtlich der Frage, wann die Große Pyramide erbaut wurde, sind die Legenden wenig ergiebig, abgesehen von dem Bericht, daß sie 300 Jahre vor der Sintflut errichtet wurde. Ägyptologen, die ermittelten, daß Pharaonen der 4. Dynastie zwischen 2720 und 2560 v. Chr. regiert haben müssen, nehmen an, daß die Bauarbeiten an der Pyramide um das Jahr 2644 begannen. Andere wiederum setzen den Baubeginn auf das Jahr

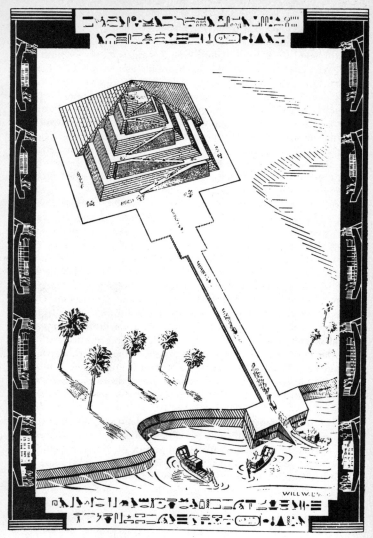

Abb. 109 Rampe zwischen Nil und Pyramide, über die das tonnenschwere Baumaterial herangeschafft wurde (Rekonstruktion).

2200 an und vertreten die Ansicht, daß der Bau 30–56 Jahre gedauert hat. Es gibt aber auch Fachgelehrte, die der Meinung sind, daß die Große Pyramide ein Jahrtausend früher gebaut wurde.

Was die Frage der beim Bau der Pyramide angewandten Technik anbetrifft, sind die vorhandenen Quellen ebenfalls sehr karg. I. E. S. Edwards von der Ägyptischen Abteilung des Britischen Museums in London, ein hervorragender Forscher und Ägyptologe, betont in seinem Werk *The Pyramids of Egypt*, daß uns die erhaltenen hieroglyphischen Texte oder bildlichen Darstellungen so gut wie nichts über dieses Problem verraten. Die Folge davon ist, daß wir uns einer Fülle widersprüchlicher Theorien in der Pyramidenforschung gegenübersehen. Nicht nur der Zeitpunkt, wann die Große Pyramide erbaut wurde, ist umstritten; das gleiche gilt für das Verfahren, mit dem man die ungeheuren technischen Probleme bei der Errichtung dieses gewaltigen Bauwerkes löste.

Dennoch besteht unter den Ägyptologen allgemein Übereinstimmung darüber, daß es vor dem eigentlichen Baubeginn erforderlich war, die vorgesehene Baustelle auf dem Plateau von Giseh von Sand und Kies freizumachen und dann den gewachsenen Fels so weit wie nötig einzuebnen. R. Engelbach, ein Schüler Petries und langjähriger Kustos des Ägyptischen Nationalmuseums in Kairo, ist der Ansicht, daß die Ägypter bei der Terrassierung der Pyramidenbasis folgendermaßen vorgingen: Sie bauten aus dem Nilschlamm rings um die vorgesehene Grundfläche des Baus flache Kanäle, die sie mit Wasser füllten. Dann legten sie quer durch den gewachsenen Fels ein System von Verbindungsgräben an und sorgten dafür, daß die Sohle all dieser Gräben gleichmäßig tief unter dem Wasserspiegel lag. Wie erfolgreich diese Methode war, bezeugt uns die Vermessung Coles, nach der das eingeebnete Fundament der Pyramide, eine Fläche von etwa 52 500 Quadratmetern, von der vollkommenen Waagerechten nur um wenig mehr als einen Zentimeter abwich.

Auf dem so eingeebneten Fundament wurde dann rings um die vorgesehene Grundfläche des Bauwerks eine Pflasterung aus sorgfältig bearbeiteten, rechteckigen weißen Kalksteinen gelegt, die die erste Schicht der Verkleidungssteine aufnehmen sollte. Die nächste vorbereitende Maßnahme bestand in der Vermessung der vier Grundkanten, deren Ziel es war, ein vollkommenes Quadrat zu erhalten, dessen Seiten genau nach den vier Himmelsrichtungen wiesen. Sowohl Lauer wie Borchardt, ein hervorragender deutscher Ägyptologe, von dem später noch die Rede sein wird, sind der Ansicht, daß die exakte Ausrichtung der Pyramide durch wiederholte Beobachtungen des Auf- und Untergangs eines Zirkumpolarsterns ermöglicht wurde. In erster Linie kam hierfür *alpha Draconis* (Thuban im Sternbild des Drachen) in Frage.

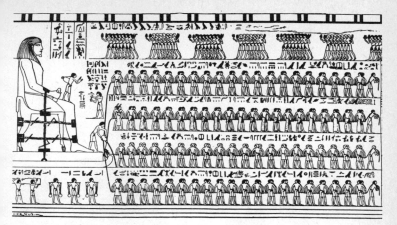

Abb. 110   Ägyptische Arbeiter transportieren eine Kolossal-Statue.

Nach diesen Vorbereitungen wird sodann die Einbettung der vier Ecksteine erfolgt sein, quadratische Blöcke, die das Niveau für die erste Schicht der Verkleidungssteine festlegten. Der Nachweis war nicht schwer zu erbringen, daß die meisten der zum Bau der Pyramide verwendeten Kalksteinblöcke aus den Steinbrüchen des nahen Mokattamgebirges jenseits des Nils stammen, wenn auch natürlich so viele Steinblöcke wie möglich aus dem Felsmassiv von Giseh selbst gewonnen wurden. Auf einigen der Blöcke ist in roter Ockerfarbe der Name der Arbeitsgruppen gemalt, die sie im Steinbruch herausgebrochen und bearbeitet haben. Wir finden da Namen wie »Bootsgruppe«, »Fleißige Gruppe« und manch andere. Die bis zu siebzig Tonnen schweren Granitblöcke, die zur Überdachung der Königskammer verwendet wurden, kamen aus den Assuan-Steinbrüchen, ungefähr fünfhundert Kilometer nilaufwärts. Von dort wurden sie vermutlich auf Booten zur Zeit des Hochwassers stromabwärts verfrachtet.

W. Emery, dem wir ein Werk über das archaische Ägypten verdanken, hat nachgewiesen, daß die Ägypter bereits zur Zeit der 1. Dynastie ausgezeichnete Kupferwerkzeuge besaßen, darunter Sägen und Meißel, mit denen alle Arten von Kalkstein bearbeitet werden konnten. Auch ihre Technik beim Abbau und Glätten von Granitblöcken soll hochentwickelt gewesen sein. Man nimmt an, daß sie beim Zurechtsägen der Steine angefeuchteten Quarzsand als Schleifmittel verwendeten.

Um große rohe Blöcke aus den Steinbrüchen zu hauen, gebrauchten die Ägypter verschiedene Techniken, von denen sich noch Spuren in dem

Abb. 111 Diese geneigte Transportebene führt zur Chephren-Pyramide.

Mokattamgebirge nachweisen lassen. Falls nötig, wurden zunächst Gänge über hundert Meter tief in den gewachsenen Fels vorgetrieben. Darauf trennte man den herauszubrechenden Kalksteinblock von der Decke. Anschließend schlug man mit einem Holzhammer und Kupfermeißel senkrechte Schlitze in die Wände hinein. Die dazu verwendeten Kupferwerkzeuge müssen nach einem Verfahren gehärtet worden sein, von dem wir heute nichts wissen. In die so geschaffenen Schlitze wurden Holzkeile hineingetrieben, die so lange mit Wasser getränkt wurden, bis sie durch ihre Ausdehnung Teile des Felsens absprengten. Manchmal wird man auch vor den Schlitzen Feuer angezündet und dann den erhitzten Stein mit Wasser oder Essig begossen haben, um die gleiche Wirkung zu erzielen.

Die einzige historische Schilderung des Verfahrens, wie die Kalksteinblöcke zur Baustelle der Pyramide geschafft wurden, verdanken wir Herodot. Es sei ihm in Ägypten berichtet worden, so sagt er, daß man zum Bau der Pyramide zwanzig Jahre gebraucht habe. Bis zu hunderttausend Mann seien jedes Jahr drei Monate lang für den Transport der Steine von den Steinbrüchen und zur Arbeit an der Pyramide aufgeboten worden. Herodot berichtet ferner, daß man zur Beförderung der roh behauenen Steinblöcke vom Ufer des Nils bis hinauf zum Felsplateau von Giseh einen großen »Aufgang« gebaut habe, an dem man zehn Jahre lang arbeiten mußte, bevor er endlich fertig war. Der Aufgang soll über neunhundert Meter lang und fast zwanzig Meter breit gewesen sein. Er war mit polierten Platten gepflastert, über die man die auf Holzschlitten geladenen Steinblöcke verhältnismäßig leicht zur Baustelle emporziehen konnte (109).

Fregattenkapitän F. M. Barber, ein amerikanischer Marineattaché, der gegen Ende des letzten Jahrhunderts in Ägypten stationiert war, schrieb ein sehr instruktives Büchlein mit dem Titel *Mechanical Triumphs of the Ancient Egyptians* (Technische Spitzenleistungen der alten Ägypter). Darin rechnete er sich aus, daß der Aufgang einen Höhenunterschied von 36,5 Metern zu überwinden hatte und im Verhältnis von 1:25 anstieg. Er betrachtete das als eine leicht zu überwindende Steigung, vor allem, wenn man die Steinplatten des Aufgangs vorher eingeschmiert hatte. Barber schätzte, daß man etwa neunhundert Mann brauchte, um ohne allzu große Mühe einen Monolithen von sechzig Tonnen an vier Zugseilen diesen breiten Aufgang heraufzuziehen. Aus diesem Grunde sieht man auf ägyptischen Abbildungen immer nur Männer und keine Tiere beim Transport behauener Steinblöcke dargestellt (110). Einige dieser Bilder zeigen auch einen Handwerker, der die Kufen der Transportschlitten einfettet, um deren Reibung zu verringern.

Manche Ägyptologen vertreten die Ansicht, daß mehrere Rampen vom Flußufer auf das Plateau von Giseh gebaut wurden, um die gewaltigen Mengen an Material, die man zum Bau der Pyramide benötigte, hinaufschaffen zu können. Aber es lassen sich jetzt kaum noch Spuren von solchen Rampen feststellen, weil das Gelände inzwischen immer wieder umgegraben wurde und die Massentouristik ein übriges getan hat. Der französische Gelehrte E. Amélineau berichtet, daß noch gegen Ende des 18. Jahrhunderts beachtliche Überreste einer geneigten Ebene, die vom Taltempel zur Ostseite der Pyramide des Chephren führte, bestanden (111). Überreste eines Aufgangs sind noch heute bei der Pyramide des Mykerinos zu sehen.

Der ägyptische Archäologe Selim Hassan berichtet, daß sich ein breiter, aus großen Kalksteinblöcken bestehender Streifen vom Rand des Plateaus von Giseh in nordöstlicher Richtung bis fast zur halben Höhe des Plateaus erstreckt. Er vermutet, daß es sich hier um Teile einer zu Transportzwecken errichteten Rampe handelt, die nach Beendigung der Großen Pyramide wieder abgerissen wurde. Von Ahmed Fakhry, einem anderen ägyptischen Archäologen, hören wir, daß Überreste einer solchen Transportrampe noch heute südlich des Hauptaufgangs zu dieser Pyramide bestehen.

Wie die Große Pyramide tatsächlich erbaut worden ist, darüber gehen die Meinungen der Ägyptologen auseinander. Herodot berichtet, daß der obere Teil der Pyramide zuerst vollendet wurde und daß man dann mit den abschließenden Arbeiten von oben nach unten fortfuhr. Danach wurden die polierten Verkleidungssteine zuerst an der Spitze der Pyramide angebracht. Man vermutet, daß man zum Transport dieser Steine eine Rampe gebrauchte, die man von Stufe zu Stufe wieder abriß, je tiefer man mit der Verkleidung kam. Für die vier verschiedenen Pyramidenseiten wäre dann je eine Rampe erforderlich gewesen. Herodot überliefert uns, daß die Verkleidungsblöcke mittels eines kurzen Holzgerüstes von Stufe zu Stufe emporgehoben wurden und daß man dazu Hebevorrichtungen gebrauchte, die er nicht näher beschreibt (112). Manche Pyramidenforscher meinen, daß man bei einem solchen Verfahren ungefähr einen Monat gebraucht hätte, um die obersten Verkleidungsblöcke zur Spitze der Pyramide zu befördern.

Barber vertritt die Ansicht, daß Stahlkräne zum Heben so schwerer Blöcke, wie sie beim Bau der Pyramide verwendet wurden, erforderlich gewesen wären. Die Ägypter hätten daher eine Rampe bauen müssen, um die Steine zu der erforderlichen Höhe zu schleifen. Überreste solcher Rampen sind an der Pyramide des Amenemhet bei Lischt und auch bei Mêdûm gefunden worden. Luftbilder zeigen deutliche Spuren von Baurampen unter dem Wüstensand bei Dahschur (113).

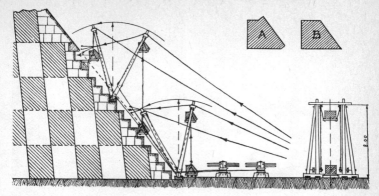

Abb. 112 Mit dieser von Herodot beschriebenen Maschine wurden Bausteine emporgewuchtet (Rekonstruktion durch Straub-Roessler).

Petrie meint, daß die Verkleidungsblöcke gleichzeitig mit dem Mauerwerk des Pyramidenkerns eingebaut worden seien, daß man also mit der Herstellung des Pyramidenmantels unten begonnen habe. Er schätzt, daß täglich etwa fünfhundert Steinblöcke von den Steinbrüchen geliefert und eingebaut wurden. Da die unteren Schichten der Pyramide aus etwa fünfzigtausend solcher Steinblöcke bestanden, wird man danach mehr als drei Monate zur Herstellung einer Schicht gebraucht haben.

Der Transport der Steine geschah vermutlich während der drei Monate der Nilschwemme, zu einer Zeit also, als eine genügend große Zahl von Arbeitern verfügbar war und das Hochwasser des Nils den Transport sowohl stromabwärts als auch über den Strom erleichterte. Unter der Annahme, daß nicht mehr als acht Mann für den Transport eines Steinblocks von ungefähr zweieinhalb Tonnen eingesetzt werden konnten, war es ihnen wohl möglich, zehn solche Blöcke in drei Monaten zur Pyramide zu schaffen. Nach Petries Schätzung waren etwa zwei Wochen für den Transport der Steine aus dem Steinbruch bis zum Nil erforderlich; bei gutem Wind brauchten die beladenen Boote für die Verschiffung auf dem Nil ein oder zwei Tage, und sechs Wochen hatte man zu tun, um die Steine an die betreffende Baustelle zu befördern. Wenn der November herankam und sich das Hochwasser des Nils verlaufen hatte, konnten die Männer wieder zu ihrer gewohnten Arbeit zurückkehren.

Es wird im allgemeinen angenommen, daß die Große Pyramide ursprünglich aus 2 300 000 Steinblöcken mit einem Gewicht von je zweieinhalb Tonnen und Ausmaßen von 1,27 × 1,27 × 0,71 Metern bestand. Wenn Arbeitskolonnen von acht Mann zehn Blöcke in drei Monaten zur

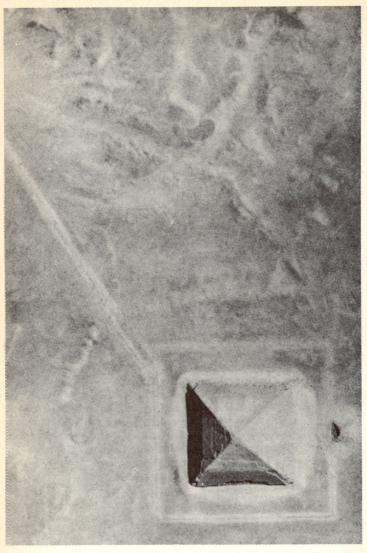

Abb. 113 Auf dieser Luftaufnahme ist deutlich die im Sand verschwundene Rampe zu sehen, die zur Pyramide von Dahschur führt.

Baustelle bringen konnten, dann hätten hunderttausend Mann in jeder Arbeitsperiode 125000 Blöcke heranschaffen können. Der Transport des gesamten erforderlichen Steinmaterials wäre in zwanzig Jahren möglich gewesen, wie es auch Herodot berichtet.

Es ist natürlich klar, daß neben den eigentlichen Transportarbeitern viele Steinmetzen und Maurer sowie Gehilfen beim eigentlichen Bau der Pyramide beschäftigt waren. Diese werden, wie Petrie vermutet, das ganze Jahr hindurch zu tun gehabt haben. Vielleicht wohnten sie in den Hütten, die westlich von der Pyramide des Chephren entdeckt worden sind und die Unterkunft für viertausend Mann boten. Insgesamt waren vielleicht viertausend Handwerker ständig beim Bau der Pyramide beschäftigt und in deren Nähe untergebracht.

Petrie nimmt an, daß die Steinmetzen den Mantel und den Kern der Pyramide stufenweise fertigstellten. Er entdeckte auf den Verkleidungsblöcken und den Blöcken des Kerns waagrecht eingeritzte Linien, die anzeigten, wie sie eingebaut werden sollten. Die Verkleidungssteine wurden mit geeigneten Geräten aufs sorgfältigste behauen und poliert. Nach Petrie wurden sie von *innen* in ihre endgültige Lage gebracht, während der Kern erst danach ausgemauert wurde.

Maragioglio und Rinaldi, zwei italienische Gelehrte, die in neuerer Zeit ausgedehnte Messungen an den Pyramiden von Giseh unternommen haben, stimmen darin überein, daß Mantel und Kern der Pyramiden gleichzeitig gebaut wurden (114). Nach ihrer Ansicht wurden die Verkleidungsblöcke auf den Seiten und der Grundfläche dünn mit Mörtel bestrichen, der als Schmier- und Bindemittel diente und ein leichteres Einfügen der Steine in ihre vorgesehene Lage ermöglichte. Auch sie vermuten, daß die Verkleidungssteine mit Hebeln von der Rückseite und den beiden Seiten aus eingebettet wurden, da man eine Beschädigung der Fassade vermeiden wollte. Andere Forscher wiederum meinen, daß es unmöglich gewesen sei, die fertig behauenen Blöcke einzubauen, ohne deren feine Kanten zu beschädigen. Das spricht dafür, daß die Verkleidungssteine erst an Ort und Stelle mit Hilfe von Lehren endgültig behandelt und zurechtgeschliffen wurden.

Der Ägyptologe Edwards ist wie Petrie der Ansicht, daß die Verkleidungsblöcke der ersten Steinschicht von innen her angebracht wurden, denn die gesamte unterste Steinschicht ruht auf einer ebenen Terrasse aus geglätteten Tura-Kalksteinplatten, die sich außerhalb der Pyramide als Zierstreifen fortsetzt. Die Verkleidung hätte demnach nicht von der Außenseite her angebracht werden können, ohne den Rand dieser kunstvoll gepflasterten Terrasse zu beschädigen. Aus diesem Grunde mußten die Blöcke des Pyramidenmantels vor ihrem Einbau fertig bearbeitet worden sein; eine Annahme, für die auch sonst manches spricht.

Petrie berichtet, daß er auf der Außenseite einiger Verkleidungsblöcke, die noch nicht vollständig behandelt worden waren, Spuren von roter Ockerfarbe entdeckt habe. Daraus schließt er, daß die Bearbeitung dieser Steine stufenweise geschah und daß man, ähnlich wie das heute der Zahnarzt tut, die richtige Neigung und Glätte sowie den richtigen Sitz eines Mantelblocks vor seinem Einbau an einem mit Ocker bestrichenen Musterblock, einer Art Lehre, überprüfte. Auf jeden Fall muß die Anordnung der Verkleidungssteine bis in jede Einzelheit vor ihrem Einbau ausgearbeitet worden sein. Denn schon aus statischen Gründen war dafür Sorge zu tragen, daß die senkrechten Fugen des Pyramidenmantels nicht mit den Fugen der sich daran anschließenden Kernschicht zusammenfielen.

Bei den Steinen, die heute an der Pyramide zu sehen sind, handelt es sich um Stütz- oder Futterblöcke, die so behauen wurden, daß sie sich mit der Rückseite der Verkleidungssteine verzahnen. Sie sind sorgfältig bearbeitet und vollkommen rechtwinklig, bestehen aber aus fossilem Kalkstein und nicht wie der Pyramidenmantel aus blendendweißem Tura-Kalkstein. Hinter diesen Stützblöcken beginnt das eigentliche Kernmauerwerk. Es besteht aus weniger sorgfältig behauenen Blöcken von sehr verschiedener Größe, deren Verwendung den Bau erleichterte und das Aufeinanderstoßen von Fugen verhinderte. Die einzelnen Blöcke werden durch einen Mörtel zusammengehalten, der aus Sand, Kalk und zermahlenen roten Tonscherben besteht.

In der Großen Pyramide wurden die Stützblöcke für ihren Mantel so verlegt, daß gegen die Mitte einer jeden Steinlage hin eine leichte Einbuchtung entstand. Maragioglio und Rinaldi erklären sich die Einbuchtung aus der Absicht, den einzelnen Schichten der Verkleidung dadurch einen besseren Halt zu geben. Denn durch dieses Verfahren wurden die Stützblöcke, vor allem in der Mitte, fest miteinander verklemmt. Auf der Nordseite beträgt die Einbuchtung 0,94 Meter. Die beiden Gelehrten nehmen an, daß die Außenseite der Verkleidungssteine ebenfalls ein wenig nach innen gewölbt war, wenn auch nicht aus Gründen der Statik, sondern wegen der ästhetischen Wirkung. Die Brechung der Lichtstrahlen wäre dadurch ausgeglichen worden, die Kanten wären schärfer hervorgetreten, die Seitenflächen der Pyramiden hätten den Eindruck einer vollkommen ebenen Fläche gemacht, und nicht zuletzt hätte man durch diese Bauweise leichter alle Fehler in der Bearbeitung der Vorderseite der Verkleidungssteine bemerkt.

Es besteht weitgehende Übereinstimmung darin, daß beim Bau der Pyramide sogenannte Baurampen erforderlich waren, auf denen bei wachsender Höhe die Blöcke der Verkleidung und des Kernmauerwerks zur Baustelle befördert wurden (115). Die Archäologen Petrie und Edwards

Abb. 114 Die handwerkliche Kunst der ägyptischen Maurer würde heute jede Norm übererfüllen. Steinmetzen bearbeiteten die Blöcke so glatt, daß Fugen kaum erkennbar waren (oben).

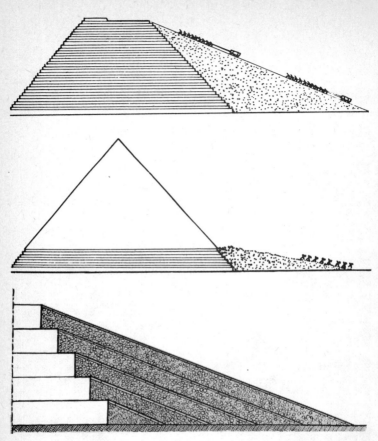

Abb. 115 Die Baurampen wuchsen mit der Höhe der Pyramide. Die notwendigen Geröllmassen übertrafen die Masse des Bauwerks oft vielfach.

halten es für wahrscheinlich, daß eine solche Rampe an einer Seite der Pyramide gebaut wurde und daß schließlich ihr Rauminhalt dem der eigentlichen Pyramide keineswegs nachstand. Barber, der sich vor allem für technische Fragen der Konstruktion interessierte, bemerkt, daß die Rampe im Niltal in einer Entfernung von 1829 Metern begonnen haben muß, wollte man eine Steigung von 1:10 erhalten. Natürlich erforderte die Herstellung einer solchen Rampe bis zur Spitze der Pyramide einen enormen Aufwand an Arbeit und Material. Nach Barbers Schätzung wurden dafür zwei Millionen Kubikmeter Ziegelsteine aus Nilschlamm benötigt. Mit fortschreitender Höhe der Pyramide wuchsen auch Höhe und Länge der Baurampe; sie wurde auch nach oben zu immer schmaler, entsprechend dem sich verengenden Umfang der Pyramide. Nach Plinius bestanden solche Baurampen aus Salpeter und Salz, die später in Wasser aufgelöst werden konnten. Aber natürlich ist das eine phantastische Vorstellung; denn man hätte einen ganzen Ozean gebraucht, um diese Mengen an Salz aufzulösen.

Der Ingenieur Olaf Tellefsen vertritt in der November-Nummer 1970 der Zeitschrift *Natural History* die Meinung, daß die Bauarbeiten an der Pyramide wesentlich leichter gewesen wären, hätte man sich einer ganz einfachen mechanischen Vorrichtung bedient, nämlich eines starken Rundholzes, das wie ein Hebel um einen Stützpunkt schwenkbar und dazu mit Gegengewichten ausbalanciert war. Das Ganze hätte auf hölzernen Kufen montiert gewesen sein müssen. Solch eine Vorrichtung hätte nach Tellefsens Ansicht den Bau so riesiger Rampen erübrigt, wie sie von den Ägyptologen auf Grund archäologischer Funde als notwendig betrachtet werden. Er begründet diese Meinung mit der Behauptung, daß im alten Ägypten nicht genügend Arbeitskräfte verfügbar gewesen seien, um solche Rampen so hoch hinauf zu bauen. Die Ägyptologen wiesen diese These mit dem Hinweis zurück, daß etwa von der Mitte der Pyramide an die Rampen schnell schmaler wurden und daß überhaupt die ganze Annahme durch keinerlei Beweise gestützt sei.

Cotsworth glaubt hingegen, daß sich die Ägypter ein sinnreicheres Verfahren ausgedacht hatten, um die schweren Steinblöcke an Ort und Stelle zu bringen. Danach hätten sie rings um das Bauwerk eine Rampe gelegt, die in Form einer Spirale nach oben führte (116). Diese Methode hätte es den Werkleuten ermöglicht, den Kern der Pyramide stufenweise bis zur Spitze auszumauern und den Mantel dann in einem zweiten Arbeitsgang von oben zur Basis hin anzubringen. Wenn auf diese Weise zunächst die südliche Schrägseite der Pyramide vollendet worden wäre, hätte man die noch verbleibenden Arbeiten im Schatten statt in der glühenden Sonne durchführen können.

Aber auch ohne glühende Sonne verlangte der Bau der Pyramide eine Hingabe und Arbeitsleistung, die unsere Vorstellungskraft übersteigt. Man bedenke nur, welche Mühe es allein kostete, die zwei Millionen Blöcke für den Kern der Pyramide in den Steinbrüchen zu brechen, sie grob zu behauen und dann zu transportieren. Dazu kommen die etwa 115000 gewaltigen Verkleidungsblöcke, die so sorgfältig zu bearbeiten waren, daß ihre Abweichung von der gewünschten Größe nur den Bruchteil eines Millimeters ausmachte. Dann galt es, all diese durchschnittlich $2^{1}/_{2}$ Tonnen schweren Steine zur Einbaustelle emporzuschleifen, sie richtig zu betten, die Fugen mit einer kaum sichtbaren Mörtelschicht zu versehen usw. Nach Ansicht von erfahrenen Praktikern bedurfte es der Organisationsgabe eines Genies, um alle Arbeitsgänge zu planen und zeitlich zu koordinieren, die Arbeiter einzuteilen sowie Vorsorge für Unfälle und Notlagen zu treffen. Es war darauf zu achten, daß die Männer in den Steinbrüchen, auf den Booten, an den Transportschlitten, in den Werkstätten der Schmiede und Steinmetzen ständig zu tun hatten und immer genügend Transportmittel verfügbar waren. Es war schließlich ein ganzes Heer von Arbeitern mit allem Lebensnotwendigen zu versorgen und zu betreuen. Kurz, es war Generalstabsarbeit im großen Stil zu leisten.

Es ist im Hinblick auf so viele unbekannte Faktoren müßig, sich ausmalen zu wollen, wie viele Menschen beim Bau der Pyramide beschäftigt waren und unter welchen Bedingungen sie arbeiten und leben mußten. Daß die Pyramiden auch eine Art Arbeitsbeschaffungsprogramm während der Zeit der Nilüberschwemmung darstellten, ist kaum anzunehmen. Daß Zwangsarbeit im Spiel war, kann man auf Grund erhaltener Hieroglyphentexte und bildlicher Darstellungen annehmen. Aber die bis in die jüngste Zeit genährte Vorstellung, daß Tausende von unwilligen Sklaven mit der Knute zur Arbeit an der Pyramide getrieben werden mußten, ist sicherlich falsch.

Die Steinsplitter, die bei der Arbeit der Steinmetzen abfielen, wurden südlich und nördlich von der Pyramide über die Klippen des Plateaus hinabgeworfen. Dort bildeten sie im Laufe der Zeit riesige Abfallhalden, die insgesamt mindestens soviel Raum einnahmen wie die halbe Pyramide. Auch auf diesen Abfallhalden hat systematische Suche manches zutage gefördert, was archäologisch von Wert ist, zum Beispiel Scherben von alten Wasserkrügen, Eßnäpfen, Holzsplitter und Holzkohle, sogar ein Stück Schnur aus dem 3. Jahrtausend hat sich gefunden.

Den einzigen Bericht über die täglichen Kosten, die beim Bau der Pyramide anfielen, verdanken wir Herodot. Bei ihm heißt es: »An der Pyramide ist in ägyptischen Buchstaben verzeichnet, welche Mengen von Rettichen, Zwiebeln und Knoblauch die Arbeiter verzehrt haben. Wenn ich mich recht an die Summe erinnere, die mir der Dolmetscher nannte, der die Inschrift entzifferte, so waren es 1600 Talente Silbers.« Diese Angaben Herodots erscheinen nicht recht glaubwürdig. Und dasselbe kann man mit Fug und Recht auch von der Stelle seines Reiseberichts sagen, wonach der durch seine Baulust in Geldnot geratene Cheops die eigene Tochter in ein Freudenhaus steckte und ihr die Beschaffung einer bestimmten Geldsumme befahl.

Der bereits erwähnte Kingsland hat hinsichtlich des Arbeitsaufwands beim Bau der Pyramide folgende Teilrechnung aufgestellt: Es war erfor-

Abb. 116 Spiralrampe zum Bau einer Pyramide. Möglicherweise ist der Komplex von Giseh auf diese Art errichtet worden.

derlich, etwa 2 300 000 Steinblöcke in einer Zeit von zwanzig Jahren mit insgesamt 7300 Arbeitstagen einzubauen. Das bedeutet eine Arbeitsleistung von 315 Blöcken pro Tag oder 26 pro Stunde, unter der Voraussetzung, daß man täglich 12 Stunden arbeitete. Die technischen Probleme, die bei der Errichtung der Cheopspyramide zu lösen waren, sind gewiß nicht geringer gewesen als die organisatorischen Schwierigkeiten bei der Lenkung des Arbeitseinsatzes, der Materialbeschaffung und der Versorgung der Arbeiter. Sie waren insgesamt nur zu bewältigen, wenn man sich eingesteht, daß die Pyramidenbauer ein wesentlich höheres Wissen, bessere Instrumente und Werkzeuge und eine größere Erfindungsgabe besaßen, als man das heute im allgemeinen annimmt. So fragen sich manche Forscher, was für eine Beleuchtung die Ägypter hatten, als sie den Schacht zur unterirdischen Grube anlegten, und wie sie bei diesen Arbeiten für die notwendige Luftzufuhr sorgten. Die Meinungen der Ägyptologen darüber, ob die Ägypter hochentwickelte technische Geräte beim Bau der Pyramide einsetzen konnten, sind auch heute noch geteilt. Die meisten Gelehrten wollen nicht daran glauben und vertreten die

Ansicht, daß das Werk mit recht einfachen Geräten und Vorrichtungen, aber unter vollem Einsatz menschlicher Arbeitskraft durchgeführt wurde, die nahezu unbegrenzt zur Verfügung stand. Der sich stets als strenger Gelehrter fühlende Edwards macht es sich in dieser Hinsicht wohl etwas zu leicht, wenn er in seinem Werk über die ägyptischen Pyramiden schreibt: »Cheops, der vielleicht dem Größenwahn verfallen war, hätte niemals während seiner Regierungszeit von ungefähr 23 Jahren einen Bau von solcher Größe und Dauerhaftigkeit wie die Große Pyramide errichten können, wenn es nicht technische Fortschritte seinen Steinmetzen ermöglicht hätten, Steine von sehr erheblichem Gewicht und Umfang zu bearbeiten und einzubauen.«

Der Ägyptologe Petrie äußert sich hier bestimmter und stützt die These, daß die Pyramidenbauer technische Verfahren anwandten, die uns unbekannt sind. So weist er darauf hin, daß es in der Chephrenpyramide einen granitenen »Fallstein« mit einem Gewicht von etwa zwei Tonnen gibt. Er befindet sich in einem engen Gang, der es nur sechs bis acht Mann erlaubte, gleichzeitig an ihm zu arbeiten. Da aber andererseits mindestens vierzig bis sechzig Mann erforderlich gewesen wären, einen solchen Steinblock zu bewegen, kommt Petrie zu dem Schluß, daß den Ägyptern technische Hilfsmittel zur Verfügung standen, von denen wir keine Vorstellung haben. Der dänische Ingenieur Tons Brunés hat zwar vorgeführt, wie Blöcke von beträchtlicher Größe leicht von einem einzigen Mann gehoben werden können, wenn man nur geschickt genug mit Gegengewichten, Hebeln und Keilen arbeitet. Dennoch ist der englische Archäologe davon überzeugt, daß die alten Baumeister wirksamere Mittel besaßen als bloße Gleitrollen, Hebel, Rampen und Muskelkraft, um ihre schweren Steinblöcke an Ort und Stelle zu bringen. Wohl das größte Rätsel bildete die Frage, wie es möglich war, die gewaltigen Granitblöcke, die das Ende des aufsteigenden Ganges versperren, in das Innere der Pyramide zu schaffen.

Rechts: Bierbrauer bei der Arbeit (Kalkstein, 5. Dynastie, Giseh).

Folgende Doppelseite: Pyramide des Mykerinos, von der Cheopspyramide gesehen.

Warum wurden die Gänge in der Pyramide verriegelt?

Die meisten Ägyptologen sind der Ansicht, daß die Große Pyramide für irgendeinen Pharao, vermutlich Cheops, gebaut wurde. Alle mathematischen, religiösen oder prophetischen Theorien über Sinn und Zweck dieses Bauwerks betrachten sie als reine Phantasie oder bestenfalls von untergeordneter Bedeutung. Für diese Wissenschaftler steht es fest, daß die Innengänge der Großen Pyramide lediglich dem Zweck dienten, den Sarg des verstorbenen Pharao zu seinem Sarkophag in der Begräbniskammer zu bringen und das Verlassen der Pyramide nach dessen Beisetzung zu ermöglichen; allenfalls wird noch eingeräumt, daß sie Grabräuber in die Irre führen sollten.

Vielfach wird von den Ägyptologen die Errichtung eines so gewaltigen Bauwerks allein mit der Absicht begründet, das Grab des toten Pharao vor räuberischem Zugriff zu schützen. Es ist nur merkwürdig, daß gerade diese Aufgabe von keiner der Pyramiden erfüllt wurde, auch nicht von der des Cheops. Denn es gibt keinen verläßlichen Bericht darüber, daß in irgendeiner Pyramide der Leichnam eines ägyptischen Königs gefunden worden ist. Es ist lediglich die Rede von einigen Knochensplittern ungewissen Alters. Selbst das ungeplünderte Grab von Cheops' Mutter Hetepheres, das 1925 von der Harvard-Boston-Expedition am Ende eines etwa 26 Meter tiefen, mit Geröll ausgefüllten Schachtes entdeckt wurde, erschien völlig unberührt. Doch der Sarkophag war leer, und es wird angenommen, daß er so in der Begräbniskammer aufgestellt wurde.

Dennoch vertreten so bedeutende Ägyptologen wie Petrie und Borchardt die Ansicht, daß ein Pharao in der Königskammer der Großen Pyramide bestattet worden ist. Sie meinen, daß man nach dem Vollzug der Beisetzungszeremonie und dem Verlassen der Grabkammer die riesigen Granitblöcke und mehrere Kalksteinplatten die stark geneigte große Galerie herabgleiten ließ und damit den aufsteigenden Gang hermetisch verriegelte.

Ob der Mechanismus, der die Sperrblöcke in Bewegung setzte, aus sicherer Entfernung von unten ausgelöst wurde, ob die Arbeiter, die diesen Mechanismus bedienten, lebendig eingemauert wurden oder ob sie das Freie durch den sogenannten Brunnenschacht gewinnen konnten, darüber gibt es unter den Ägyptologen verschiedene Ansichten.

Als Erklärung für die drei mächtigen Granitpfropfen und die merkwürdige Anlage der Innengänge der Pyramide führt Borchardt an, daß der Entwurf für die Pyramide noch während der Bauzeit dreimal geändert wurde. Der Gelehrte nimmt an, daß die Große Pyramide ursprünglich nur eine Grabkammer für den verstorbenen Pharao im gewachsenen Fels am Ende des absteigenden Ganges haben sollte. Dieser Plan wurde jedoch geändert, und aus einem nicht angegebenen Grunde faßte man den Entschluß, die Grabkammer des Königs nach oben auf das schon errichtete Mauerwerk des Kerns zu verlegen. Die Arbeit an der unterirdischen Grabkammer (auch Grube oder Brunnen genannt) wurde somit eingestellt. Man brach dann etwa zwanzig Meter vom Eingang entfernt ein Loch in die gemauerte Decke des ersten absteigenden Ganges, und von dieser Stelle aus wurde ein neuer aufsteigender Gang durch das bereits bestehende Mauerwerk des Pyramidenkerns geschaffen. Dieser neue Gang wurde bis zur Höhe der Kammer der Königin geführt (117).

Bei einer sorgfältigen Untersuchung des aufsteigenden Ganges stellte Borchardt fest, daß die Steine im unteren Teil ungefähr senkrecht, im oberen Teil dagegen fast durchwegs parallel zur Neigung des Ganges angebracht waren. Aus dieser Tatsache schloß er, daß die Stelle, an der sich der Winkel der Steinplatten änderte, die Höhe markiert, bis zu der das Bauwerk gediehen war, als man sich zum Bau einer neuen Grabkammer entschloß.

Borchardts Ansicht wird von Leonard Cottrell, dem Autor eines weitverbreiteten Buches über die Pyramiden, *Mountains of Pharao*, geteilt. Auch er meint, daß der zweite Entwurf für die Pyramide bis zum Bau der Kammer der Königin und der Anlage der notwendigen Luftschächte gediehen war, als man sich abermals zu einem neuen Entwurf entschloß. Dieser dritte Entwurf führte zu dem Entschluß, den aufsteigenden Gang zu der großartig eingewölbten großen Galerie zu erweitern. Diese Galerie hat eine Länge von etwa 47 Metern und sollte zur Königskammer, der endgültigen Ruhestätte des verstorbenen Pharao, führen. Nach Cottrell entschloß man sich zur Ausführung des dritten Entwurfs, als der Bau der Pyramide bereits weit gediehen war, so daß deren äußere Gestalt von den berichteten Planänderungen unberührt blieb. Dafür spricht bereits die ungewöhnliche Sorgfalt, mit der das Grundrißquadrat der Pyramide vermessen und der Neigungswinkel ihrer Seitenflächen bestimmt worden war.

Warum die große Galerie eine Höhe von achteinhalb Metern erhielt, während weniger als die Hälfte für den Transport des Sarges und die Lagerung der Sperrblöcke genügt hätte, wird von Cottrell nicht erklärt.

Die von Borchardt und Cottrell vertretene Theorie wurde von Maragioglio und Rinaldi angezweifelt. Sie heben hervor, daß der untere Teil des aufsteigenden Ganges ganz bewußt durch die tieferen Schichten des gemauerten Pyramidenkerns geführt wurde, um ihn besser mit dem

Baukörper zu verankern. Dieser Teil des Ganges wurde nach ihnen nicht aus dem bereits bestehenden, normalen Mauerwerk auf übliche Weise herausgehauen. Dieses Mauerwerk war vielmehr von vornherein so angelegt worden, um dem unteren Ende des Ganges einen festen Halt zu geben. Dafür spricht, daß viele der in ihm eingebauten Blöcke außergewöhnlich groß sind, flach, senkrecht und hochkant liegen und sich in ihrer ganzen Qualität von dem übrigen Mauerwerk des Kerns unterscheiden, vor allem auch viel feinere und sorgfältiger gearbeitete Fugen haben.

Nach Meinung der beiden italienischen Gelehrten war es der Zweck dieser Bauweise, eine Art Bollwerk an der Verbindungsstelle zwischen dem aufsteigenden und absteigenden Gang zu schaffen, um den Druck des oberen Ganges auf den darunter liegenden abzufangen. Sie weisen darauf hin, daß mehrere sogenannte Gürtelsteine in Abständen von je 5,25 Metern der ganzen Länge des aufsteigenden Ganges entlang angebracht sind und daß diese besonderen Steine die Aufgabe haben, dessen Verzahnung mit dem Kernmauerwerk zu bewirken und dadurch sein Abgleiten zu verhindern (118). Solche Gürtelsteine seien dagegen in dem absteigenden Gang nicht erforderlich gewesen, weil dieser überall festen Halt im gewachsenen Fels des Giseh-Massivs habe.

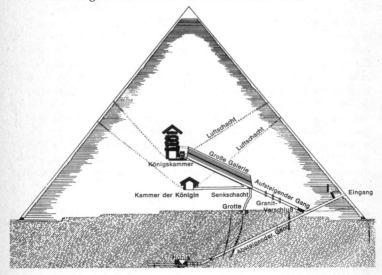

Abb. 117 Davidsons Darstellung der Gänge und Kammern in der Großen Pyramide. Sie zeigt drei große Risse im Felsgestein unter dem Bau.

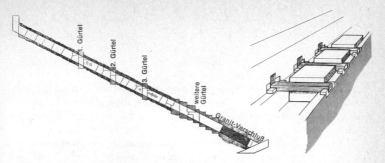

Abb. 118 (links) Die Gürtelsteine sollen die Verzahnung mit dem Kernmauerwerk bewirken.

Abb. 119 Nach Borchardt wurden in die Nuten der Gänge schwere Balken geschoben, die das Abgleiten der Blöcke verhindern sollten.

Borchardt krönte seine Theorie über die Konstruktion der Innengänge der Pyramide mit einer Vorstellung, die vielen seiner Kollegen unter den Ägyptologen unglaubwürdig erschien und seine ganze Behandlung des Problems etwas in Mißkredit brachte. Er führte nämlich aus, es sei undenkbar, daß die Granit- und Kalksteinpfropfen vor der endgültigen Verriegelung der Pyramide auf dem schrägen Boden der großen Galerie aufgestapelt gewesen seien, sonst hätte ja die ganze Prozession bei der Grablegung des Pharaos über diese Blöcke klettern müssen. Da die Blöcke zu sperrig waren für die engen Gänge, die zur Königskammer oder zur Kammer der Königin führten, kombinierte Borchardt, daß sie auf einem von Holzgerüsten getragenen Bohlenboden gelegen haben. Er verweist in diesem Zusammenhang auf Nuten, die sich in halber Höhe der Galeriewände hinziehen, in die der dicke Balkenboden einrasten konnte (119). Diese Vorrichtung hätte es wohl dem Leichenzug erlaubt, in würdiger Form die große Galerie zu durchschreiten. Aber damit war natürlich nicht erklärt, wie es der Leichenzug fertigbrachte, ohne Verletzung seiner Würde durch den niedrigen und engen aufsteigenden Gang nach oben zu kriechen, noch wie die Fallsteine von dem Bohlengerüst auf den Fußboden der großen Galerie heruntergelassen wurden.

Daß Borchardts Hypothese unhaltbar ist, geht nach Maragioglio und Rinaldi auch aus der Tatsache hervor, daß sie nur von wenigen Archäologen ernst genommen wurde. Auch Cottrell weicht in diesem Punkt von Borchardts Vorstellungen ab. Er glaubt zum Beispiel, daß die Gruben oder Einkerbungen in den Wandsockeln der großen Galerie zur Befestigung von Querstützen aus Holz oder Kalkstein angebracht wurden, die ein Verrutschen der auf dem Fußboden gestapelten Sperrblöcke verhindern sollten. Wenn dann der Leichenzug die Galerie verlassen hatte, konnten auf den Seitenrampen postierte Arbeiter jeden Block einzeln aus seiner Halterung lösen, und zwar geschah das mit dem untersten zuerst. Sie glitten nacheinander in den aufsteigenden Gang hinab und verriegelten ihn.

Angesichts dieser Vorstellung stellt sich die Frage, was schließlich mit den Querstützen geschah. Waren sie aus Holz, mögen sie im Laufe der vielen tausend Jahre vollständig verrottet sein. Die Arbeiter, die für die Verriegelung des Ganges verantwortlich waren, hätten diese Stützen auch auf ihrem Rückweg durch den engen Schacht zum Brunnen mitnehmen können, obgleich das wenig einleuchtet. Aber welche Möglichkeit man hier auch ins Auge faßt, die ganze Frage bleibt rätselhaft. Warum sollte man sich auch die Mühe machen, den aufsteigenden Gang zu verriegeln, wenn die Grabräuber die Möglichkeit hatten, auf verhältnismäßig einfache Art durch den Brunnenschacht wieder in die große Galerie und von da aus in die Grabkammer des Königs zu gelangen? Natürlich hätte man das untere Ende des Brunnenschachts geschickt verbergen können; aber es wäre kaum möglich gewesen, seine ganze Länge mit Blöcken zu versperren oder mit Geröll unpassierbar zu machen, nachdem die letzten Arbeiter auf diesem Wege die Pyramide verlassen hatten. Jedenfalls wäre es möglich gewesen, den absteigenden Gang zum Teil oder gänzlich zu blockieren und damit das Innere der Pyramide unzugänglich zu machen. Das wäre gleichzeitig das einfachste Mittel gewesen, wirksam allen den Zugang zu den Kammern in der Pyramide zu sperren. Denn es hätte einer geradezu übermenschlichen Anstrengung bedurft, sich einen Gang von mehr als hundert Meter Länge durch massive Kalksteinblöcke und gewachsenen Fels zu hauen. Die Erörterungen über die mögliche Verriegelung des absteigenden Ganges haben zu keinem allerseits befriedigenden Ergebnis geführt. Manche Forscher sind sogar der Ansicht, daß dieser Gang absichtlich nicht verstopft wurde und die unterirdische Kammer, der sogenannte Brunnen, unvollendet blieb, um mögliche Grabräuber irrezuführen und sie glauben zu lassen, daß überhaupt kein König in der Pyramide bestattet worden sei.

Was den Brunnenschacht anbetrifft, so vertreten Maragioglio und Rinaldi eine ganz eigene Theorie über dessen Funktion. Sie glauben nicht, daß er als eine Art Notausgang gedacht war, sondern nehmen vielmehr an, daß er bereits in einem früheren Stadium des Pyramidenbaues als Versorgungsschacht zur Belüftung der unteren Partien des absteigenden Ganges angelegt worden sei.

Sie nahmen ferner an, daß lange bevor ein Leichenzug die große Galerie betrat, der gesamte Brunnenschacht von oben mit Geröll und Schutt verstopft wurde. Der untere Zugang zu ihm wurde dann sorgfältig getarnt, während der obere Eingang, der sich in der westlichen Rampe der großen Galerie befand, mit einer Steinplatte versiegelt wurde, so daß er von außen nicht zu erkennen war. Sie berufen sich dabei auf die Tatsache, daß von der Zeit des klassischen Altertums bis zum 19. Jahrhundert niemand den unteren Zugang zum Brunnenschacht entdeckte.

Natürlich ist sich jeder Pyramidenforscher im klaren darüber, daß Diebe und Grabräuber bald nach der Fertigstellung der Pyramide in das Innere des Baues einbrachen. Das geschah vor allem während der Bürgerkriege, die zwischen 2270 und 2100 v. Chr. das Land erschütterten. Wie diese Grabräuber vorgingen, darüber haben Maragioglio und Rinaldi eine ziemlich kühne Theorie aufgestellt. Sie behaupten nämlich, daß es diese frühen Grabräuber und nicht al-Ma'muns Männer waren, die sich am Ende des aufsteigenden Ganges einen Weg um die Granitpropfen herum bahnten.

Die Diebe folgten diesem Gang weiter nach oben, durchbrachen die herabgelassenen Fallsteine und befanden sich dann in der »Krypta«. Nach Ansicht der Italiener entdeckten diese Diebe oder auch spätere Grabräuber den Brunnenschacht. Ein auffälliger Unterschied in den Steinplatten am unteren Ende der westlichen Rampe in der großen Galerie veranlaßte sie, die betreffende Platte zu entfernen; und damit standen sie am oberen Zugang zum Brunnenschacht. Spuren von Hammerschlägen neben der herausgebrochenen Platte deuten an, daß das Herausbrechen mit Hilfe eines von oben angesetzten Meißels geschah. Für diese Annahme spricht auch die Tatsache, daß es äußerst schwierig gewesen wäre, den Stein von unten her zu entfernen, weil der Brunnenschacht zu eng dafür war.

Die Italiener beschäftigte natürlich auch das Problem, wie der aufsteigende Gang durch die Granitblöcke verriegelt wurde. Sie vertreten die Ansicht, daß der Sperrmechanismus durch eine Art Fernsteuerung ausgelöst wurde, und verweisen in diesem Zusammenhang auf neuere Forschungen in der Knickpyramide des Snofru von Dahschur; diese hätten klar ergeben, daß die den absteigenden Gang versperrenden Granitblöcke nur durch ihre eigene Schwere an die Sperrstelle gleiten konnten und nicht durch Arbeiter mit Hebeln dorthin befördert wurden, denn es gibt in dieser Pyramide keinen besonderen Schacht, durch den sie wieder hätten ins Freie gelangen können.

Die beiden Forscher nehmen an, daß die in der Großen Pyramide verwendeten Sperrblöcke auf einer Schicht flüssigen Mörtels herabglitten. Den zehn Zentimeter breiten Spalt zwischen dem ersten und zweiten Granitpropfen erklären sie sich damit, daß sich beim Herabrutschen der beiden Blöcke ein Teil des Mörtels zwischen sie preßte. Dabei erhebt sich

allerdings die Frage, was mit diesem Mörtel im Lauf der Zeit geschah; denn er kann sich ja nicht verflüchtigt haben.
Auch sonst ist gegen die Vermutung der Italiener manches einzuwenden. So kann man sich zum Beispiel nur schwer vorstellen, wie die ersten Grabräuber genau die Stelle in der Mitte des absteigenden Ganges gefunden haben sollen, von wo der mit Granitblöcken versperrte aufsteigende Gang abzweigt, wenn es zutrifft, daß diese Stelle mit einem prismatischen Kalksteinblock verdeckt war. Maragioglio und Rinaldi beseitigten diese Schwierigkeit, indem sie das Vorhandensein eines solchen Blocks leugnen. Seltsamerweise schenken sie der Überlieferung Glauben, nach der al-Ma'muns Werkleute den Fall eines schweren Steins hörten, und zwar hauptsächlich deswegen, weil der von ihnen angelegte Stollen sich plötzlich scharf nach Osten wendet, bevor er auf den absteigenden Gang stößt.
Wiederum eine andere Theorie, die eine Erklärung geben soll, wie der Pyramideneingang möglicherweise verriegelt worden ist, wurde 1963 von August Mencken aufgestellt. In seinem Buch, in dem der Ingenieur aus Baltimore über die Cheopspyramide geschrieben hat, rekonstruiert er sich den Gang der Ereignisse etwas zu phantasievoll in folgender Weise: Als der Bau der Pyramide bis zur Decke der Königskammer gediehen war und man noch in der großen Galerie und der sogenannten Vorkammer arbeitete, wurde das Ganze durch ein heftiges Erdbeben erschüttert. Es entstanden Risse in den Deckenplatten der Königskammer, die Risse erweiterten sich, und im Gefolge der aufgetretenen Spannungen löste sich zum Schrecken der Baumeister die Befestigung der auf dem Fußboden der großen Galerie abgestellten Sperrblöcke. Diese glitten in den aufsteigenden Gang und versperrten somit den Arbeitern den Ausgang aus der Pyramide.
Aber die Lage der Arbeiter war nach Mencken nicht hoffnungslos. Sobald sich der Schreck und die Verwirrung gelegt hatten, begriff man außerhalb der Pyramide, was den Arbeitern innen zugestoßen war, und stellte eine Verbindung mit ihnen durch die zur Königskammer führenden Entlüftungsschächte her. Über diese Schächte wurden sie auch mit Wasser und Lebensmitteln versorgt.
Wie sollte man nun die eingeschlossenen Männer befreien? Sich einen Weg durch die drei Granitblöcke in dem engen aufsteigenden Gang zu brechen war nach Mencken ganz unmöglich. Sie in einem Stollen seitlich zu umgehen hätte einen nicht wiedergutzumachenden Schaden an den Gängen angerichtet. Darum sollen sich die Ägypter dazu entschlossen haben, vom unteren Ende des absteigenden Ganges den Brunnenschacht anzulegen, der zur großen Galerie hinaufführt. Die eingeschlossenen Männer hatten von den ins Werk gesetzten Rettungsarbeiten

 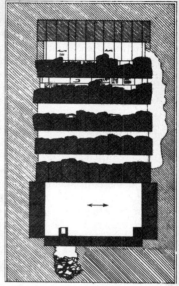

Abb. 120 Davidsons Darstellung der Kammern oberhalb der Königskammer, die wahrscheinlich den Druck abfangen sollten.

Kenntnis erhalten, und bevor der Schacht bis zur Sohle der großen Galerie vorgetrieben worden war, hatten sie den einen Stein in der Rampe herausgebrochen.
Nach Menckens eigenen Vorstellungen ließ die Bauleitung der Pyramide den durch das Erdbeben angerichteten Schaden überprüfen. Diese Prüfung richtete sich vor allem auf den Zustand der Decke in der Königskammer. Und zu diesem Zweck wurde auch ein kurzer Schacht in den ersten druckabwehrenden Hohlraum, die Davison-Kammer, oberhalb der Kammer der Königin vorgetrieben (120).
Die unplanmäßige Verriegelung des aufsteigenden Ganges machte, wie Mencken betont, alle weiteren Arbeiten im Innern der Pyramide unmöglich. Sie verhinderte außerdem die Verwendung der Königskammer als Bestattungsraum. »Somit wurde alle weitere Arbeit oberhalb der Sperrblöcke aufgegeben, und auf diese Weise endete der erste und einzige Versuch der alten Ägypter, oberirdische Grabkammern anzulegen.«
Menckens Theorie ist nicht einwandfrei. Zunächst einmal: Wenn der Bau der Pyramide beim Eintreten des Erdbebens bereits über die Decke

der Königskammer hinaus gediehen war, wäre es dann nicht wesentlich einfacher gewesen, sich einen Zugang zu den eingeschlossenen Männern von oben zu bahnen, als einen Schacht von über hundert Meter Länge vom unterirdischen Brunnen bis zur großen Galerie anzulegen? Ferner: Wenn die Erbauer der Pyramide keine Verwendung mehr für ihre Innenräume hatten, warum machten sie sich dann die Mühe, ihre Außenflächen mit etwa 115 000 sorgfältig behauenen und polierten Steinblöcken zu verkleiden?

Zu einer völlig anderen Lösung des Problems kommt David Davidson, der Bauingenieur aus Leeds. Nach ihm beweist die Breite und Tiefe der Granitblöcke, die das untere Ende des aufsteigenden Ganges versperren, daß sie bereits in diesem Gang eingebaut wurden, als das Mauerwerk der Pyramide bis zum Niveau dieser Sperrblöcke hochgezogen war, also eine Höhe von siebzehn Steinlagen erreicht hatte. Er meint, daß das Innere der Pyramide bis auf weiteres gar nicht genutzt werden sollte. Sie war vielmehr gedacht als ein »Buch in Stein«, eine Botschaft an die Nachwelt über das Wissen und die Kultur jener Zeit, zu dem sich die Menschen einer späteren Kultur gewaltsam einen Zugang verschaffen müßten, so wie das al-Ma'mun getan haben soll. Auf den möglichen Einwand, daß furchtlose Erforscher der Pyramide relativ leicht durch den Brunnenschacht unmittelbar in die große Galerie hätten vorstoßen können, erwidert Davidson, daß dieser Schacht zunächst nicht als Notausgang vorgesehen war, und zwar schon deswegen nicht, weil die Pyramide gar nicht als Grabstätte dienen sollte.

Davidson nimmt an, daß die Pyramide kurz nach ihrer Vollendung von Erdbeben erschüttert wurde. Die Priester oder Wächter der Pyramide bemerkten, daß sich Teile des Bauwerks gesenkt hatten, und man kam zu dem Entschluß, zu erkunden, ob die Königskammer bei der Katastrophe zerstört oder ernsthaft beschädigt worden war. Das konnte um so leichter geschehen, als damals die Konstruktionspläne der Pyramide noch vorhanden waren.

Die mit der Überprüfung der Königskammer beauftragten Männer gelangten durch den absteigenden Gang in das Innere des Bauwerks. Sie legten dann den bis zur großen Galerie emporführenden Schacht an. Die sogenannte Grotte im Brunnenschacht wurde von ihnen aus technischen Gründen zur Stapelung von Geräten und als Ausweichstelle für Menschen und Material angelegt. Von der Grotte aus wurde der Schacht in Richtung auf die Galerie weiter vorangetrieben, und nach einer genauen Lagebestimmung gelangten sie schließlich in die Galerie unter der tiefsten Stelle ihrer westlichen Rampe. Im Gegensatz zu Mencken ist Davidson davon überzeugt, daß die betreffende Steinplatte in der Rampe von unten her aufgebrochen wurde.

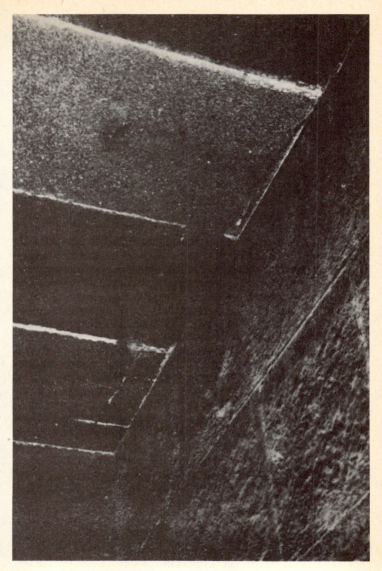
Abb. 121   Risse in den Deckenplatten der Königskammer.

Sie entfernten eine Reihe von Fußbodenplatten im unteren Teil der großen Galerie und legten damit den waagerechten Gang zur »Kammer der Königin« frei. Diese wurde sorgfältig überprüft und völlig in Ordnung befunden. In der Königskammer entdeckte man dagegen Anzeichen einer Beschädigung durch das Erdbeben. Die Deckenplatten wiesen an ihren südlichen Enden Risse auf (121). Davidson glaubt, daß die Arbeitsgruppe diese Risse und auch offene Fugen mit Zement und Mörtel ausfüllte. Petrie berichtete später, daß er Spuren von Zement, die von Fingerabdrücken herrührten, zu beiden Seiten der Risse gefunden habe.

Als Petrie die Königskammer eingehend untersuchte, entdeckte er, daß sie heftig erschüttert worden sein mußte, vermutlich durch ein Erdbeben, unter dessen Einwirkung sich der ganze Raum um mehr als zwei Zentimeter ausdehnte. Jede einzelne Deckenplatte war auf ihrer südlichen Auflagerung mehr oder weniger losgerissen und in ihrer ganzen Länge gespalten worden. Die ganze ungefähr viertausend Tonnen schwere Decke wurde nur noch durch Schub und Druck in ihrer Lage gehalten. Nach Petries Worten war der Einsturz der Königskammer nur eine Frage der Zeit oder eines möglichen Erdbebens. Allein die Tatsache, daß sie in keinem festen Verbund mit dem Kernmauerwerk der Pyramide steht, hat sie bisher gerettet.

Ein französischer Professor der Architektur, J. Bruchet, der nach Ägypten ging, um sich an Ort und Stelle über die Konstruktion und die genauen Ausmaße der Großen Pyramide zu orientieren, veröffentlichte ein illustriertes Werk – betitelt *Nouvelles recherches sur la Grande Pyramide*, Aix-en-Provence, 1965 (Neue Untersuchungen über die Große Pyramide). Darin stimmt er Davidson zu, daß die Granitpfropfen nicht in den aufsteigenden Gang herabgleiten konnten. Er glaubt, daß diese Blöcke gestapelt wurden, als der Bau der Pyramide die Höhe der Königskammer erreicht hatte. Bei einem so geringen seitlichen Spielraum hätten die Wände des Ganges so glatt wie Glas sein müssen, um die Blöcke durchzulassen. In Wirklichkeit aber sind sie grob behauen, wie Bruchet feststellt. Damit die Arbeit am Brunnenschacht von oben her durchgeführt werden konnte, mußte damit begonnen werden, bevor der aufsteigende Gang verriegelt wurde oder nach der gewaltsamen Öffnung der Pyramide durch al-Ma'mun. Sobald der oberirdische Teil des Bauwerks verschlossen war, gab es im Innern keinen Platz zur Ablagerung des Gerölls, das beim Bau des Brunnenschachts anfiel. Der französische Architekt betont, daß der Brunnenschacht nicht nach al-Ma'mun entstanden sein kann, weil der untere Teil des absteigenden Ganges von ihm mit den Trümmern der zerbrochenen Kalkstein-Sperrblöcke verstopft wurde. Und diese Trümmer wurden erst 1817 von Caviglia ausge-

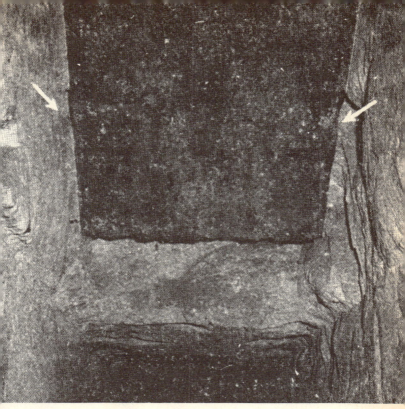

Die Pfeile markieren Schlitze in den Granitblöcken, in die Holzstücke eingeführt wurden, die das Abrutschen verhindern sollten.

räumt. Außerdem weist Bruchet darauf hin, daß keine *Graffiti*, das heißt keine in die Wände eingekratzte Namen, die Anwesenheit von Besuchern in diesem Abschnitt des absteigenden Ganges nach 622, dem Jahr der Hedschra, bezeugen.

Auch ein anderer Franzose, Georges Goyon, der Reproduktionen aller an der Pyramide gefundenen *Graffiti* und Inschriften sammelte und sie 1944 in einem Buch veröffentlichte, lehnt die These ab, daß der Brunnenschacht als eine Art Notausgang diente. Er nimmt ebenfalls an, daß man kurz nach Errichtung der Pyramide gewaltsam in sie einbrach und daß das sogenannte »Loch des al-Ma'mun« bereits aus dieser Zeit stammt. Er versteigt sich sogar zur Annahme, daß diese ersten Grabräuber in dem Gang vordrangen, dessen Bau allgemein al-Ma'mun zuge-

schrieben wird, und daß der Araber in das Innere des Bauwerks eindrang, nachdem seine Verkleidung aufgebrochen worden war.
In einem jüngst in der *Revue Archéologique* erschienenen Aufsatz befaßt sich Goyon ausschließlich mit der Frage, wie das Innere der Großen Pyramide versperrt wurde. Er führt darin aus, daß es einem oder zwei Männern durchaus möglich gewesen wäre, die ganze Reihe von Sperrblöcken den aufsteigenden Gang herab zu steuern. Nach seiner Vorstellung wurde dazu der Fußboden des Ganges mit einer Mischung aus Lehm und Kamelmilch bestrichen und dann die Geschwindigkeit der herabgleitenden Blöcke mit Holzkeilen auf beiden Seiten des ersten Blocks kontrolliert (122). Als Bestätigung für die Richtigkeit dieser Annahme verweist Goyon auf das Vorhandensein von zwei sieben Zentimeter breiten Schlitzen an dem niedrigsten Granitblock, die für das Anbringen von Keilen bestimmt waren.
Wenn man all diese Theorien kritisch auf ihre Wahrscheinlichkeit überprüft, muß man zu dem Ergebnis kommen, daß eine davon allen möglichen Einwänden am besten standhält. Es ist die Theorie, die den Forschungsergebnissen Davidsons nicht widerspricht und von den Astronomen Proctor und Antoniadi vorgetragen wurde. Nach dieser Theorie, die auch von Kingsland und Morton Edgar unterstützt wird, diente der Pyramidenstumpf als ein astronomisches Observatorium. Dieses Observatorium ermöglichte den ägyptischen Priestern die Anfertigung exakter Karten und Tabellen von allen sichtbaren Sternen, die dann als Grundlage für die weitere Entwicklung der Wissenschaft der Astronomie, Geographie und Geodäsie benutzt wurden. Nachdem die Priester auf diese Weise alle Unterlagen zusammengestellt hatten, die sie für ihre astronomischen und astrologischen Voraussagen brauchten (natürlich auch für die hermetische Kunst der Landvermessung und Karthographie), mögen sie den Entschluß gefaßt haben, ihr Observatorium zu vermauern und somit die Quelle ihres Wissens zu verschließen.
Unter dieser Annahme wäre es sinnvoll gewesen, mit den Granit- und Kalksteinblöcken den aufsteigenden Gang zu versperren, während die große Galerie bis zum Niveau der Königskammer noch ohne Dach blieb. Im Rahmen dieser Theorie hätte der Brunnenschacht von unten aus begonnen sein können, wie das Davidson annimmt, aber es spricht auch nichts dagegen, daß er früher angelegt worden war, vielleicht auch als Zugang zur unterirdischen Kammer, wenn der absteigende Gang wegen astronomischer Beobachtungen nicht benutzt werden konnte. Auf jeden Fall bestand dann leicht die Möglichkeit, diesen Schacht von oben her zuzuschütten, bevor der Bau der Pyramide weiter bis zur Spitze fortgeführt wurde, die als Sonnenuhr und zugleich als Kalender diente.
Donald Kingsbury, Professor für Mathematik an der McGill-Universität

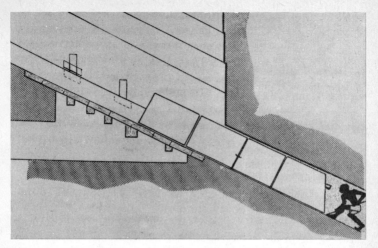

Abb. 122 Goyons Erklärung für das Verschließen der Großen Pyramide: Der Boden des Ganges wurde mit einer Mischung aus Lehm und Milch bestrichen, die Geschwindigkeit der rutschenden Blöcke mit Keilen zu beiden Seiten des ersten Blocks kontrolliert.

in den USA, vertritt die Ansicht, daß möglicherweise der Brunnenschacht zur Beobachtung des Zenitdurchgangs von Sternen über der Pyramide gebraucht wurde. Dieser Schacht enthält zwei senkrechte Abschnitte, die sich für diesen Zweck während verschiedener Phasen des Baues sehr gut geeignet hätten. Einmal gibt es eine kurze senkrechte Strecke von der Grotte nach unten, die eine Verbindung zum absteigenden Gang hat, so daß leicht Signale zwischen Zenit- und Polbeobachtern ausgetauscht werden konnten. Ein zweiter vertikaler Abschnitt führt vom Fußboden der großen Galerie in die Tiefe. Von ihm aus waren Zenit-Beobachtungen möglich, und zwar in Zusammenarbeit mit Beobachtern am aufsteigenden Gang, der nach Süden orientiert ist und das Licht von Sternen nach Norden reflektieren konnte. Kingsbury betont, daß zwei solche in so geringer Entfernung voneinander liegende Schächte die Beobachtung des Meridiandurchgangs eines im Zenit stehenden Sterns in solcher Weise ermöglichten, daß daraus der Umfang der Erde berechnet werden konnte.

Duncan Macnaughton, der Verfasser eines Werkes über das System der ägyptischen Zeitmessung, vertritt die etwas abweichende Theorie, daß die ägyptischen Astronomen zwar den Pyramidenstumpf als Observatorium gebrauchten, daß aber irgendein Pharao in ihr beigesetzt wurde, nachdem der Bau der Pyramide von der nachfolgenden Generation beendet worden war. Der Brauch, hervorragende Männer eines Volkes in bedeutenden Bauwerken der Nation beizusetzen, ist ja in der ganzen Welt verbreitet. Es sei hier nur auf Westminster Abbey, den Invalidendom in Paris, das Pantheon und Maes-Howe verwiesen.

Andererseits wird auch die These vertreten, daß der Sarkophag in der Königskammer niemals einen Sarg enthalten hat, sondern daß er von vornherein als »ein offenes Grab« gedacht war, als Symbol der Auferstehung und der geistigen Wiedergeburt bei Initiationsriten.

Die Pyramide als Tempel geheimer Einweihung

Verschiedene Autoren haben die Ansicht geäußert, daß es eine enge Verbindung zwischen der Großen Pyramide und den sogenannten ägyptischen Mysterien gibt. Unter diesen Mysterien ist das geheime Wissen einer Hierarchie von Eingeweihten zu verstehen, das denen weitergegeben wurde, die sich in einem langen Prozeß der Bewährung und schwerer Prüfungen als dessen würdig beweisen mußten. Es handelt sich im Grunde um eine Lehre und ein System, die durch Orden wie die Templer, die Rosenkreuzer oder die Freimaurer bewahrt oder auch verfälscht wurden.

Im Laufe der Zeit, nach entsprechender Bewährung, sollen den Eingeweihten die großen Gesetze und Prinzipien des Kosmos und ihre Bedeutung für das Leben des Menschen enthüllt worden sein. Es handelt sich dabei um Weisheit, die den mehr oder weniger Unwissenden nicht vermittelt werden könnte, weil sie nicht imstande sind, über das Niveau eines groben Realismus hinauszuwachsen, der die Dinge für das nimmt, als was sie erscheinen.

Der ägyptische Tempelorden wird von modernen Freimaurern als eine sich stufenweise vollziehende Einweihung und Aufnahme beschrieben. Am Ende dieses Prozesses stand die Initiation in den höchsten Grad beziehungsweise in die drei höchsten Grade des Ordens, die wahrscheinlich in der Großen Pyramide vollzogen wurde. Während des ganzen Verlaufs der in Stufen erfolgenden Einweihung, die sich angeblich über 22 Jahre erstreckte, wurde das künftige Mitglied des Ordens in die verschiedenen Wissenschaften eingeführt, zu deren wesentlichsten die Geometrie und die Zahlenlehre gehörten. »In diesem Zusammenhang«, so bemerkt Tons Brunés, Autor des Buches *The Secrets of Ancient Geometry* (Die Geheimnisse der alten Geometrie), »kann es uns nicht überraschen, daß sie (die Mitglieder des Tempelordens) das so erworbene Wissen in den Abmessungen des Einweihungstempels zum Ausdruck brachten.«

Die Kenntnis der Umlaufbahn der Gestirne und ihre praktische Anwendung bildete ebenfalls einen Bestandteil der alten Initiationslehre. In jenen Tagen, betont William Kingsland, war die Astronomie nicht lediglich die Wissenschaft von der Himmelsmechanik; sie stand vielmehr in enger Beziehung zur Astrologie, »einer zutiefst esoterischen Lehre, die im Zusammenhang mit den verschiedenen Stufen der menschlichen Entwicklung zu sehen ist, wie sie nur von den Eingeweihten verstanden wird«. Kingsland fährt dann fort: »Wenn die Große Pyramide von Eingeweihten für Eingeweihte gebaut wurde, was wäre dann einleuchtender

als die Annahme, daß verborgene Kräfte der Natur bei ihrem Bau zu Hilfe genommen wurden und daß diese – wenn wir nur etwas von ihnen wüßten – die Rätsel lösen würden, die uns die technische Konstruktion der Pyramide aufgibt.«

Die Theosophin Helene P. Blavatsky vertritt in ihrer Schrift *The Secret Doctrine* (Die geheime Lehre) die Überzeugung, daß die Pyramide nicht nur die Bahnen der Sterne am Himmelszelt wiedergibt, sondern daß dieses Bauwerk »die unvergängliche Bekundung und das unzerstörbare Symbol der Mysterien und Einweihungen auf Erden ist«. In ihrem Werk *Isis Unveiled* (Die entschleierte Isis) führt Frau Blavatsky diesen Gedanken näher aus. Sie sagt darin, daß die Pyramide in ihren äußeren Formen »das schöpferische Prinzip der Natur verkörpert und auch die Prinzipien der Geometrie, Mathematik, Astronomie und Astrologie veranschaulicht«; in ihrem Innern sei das Bauwerk hingegen die Stätte der Mysterien der Einweihung – »ein Tempel der Initiation, in dem die Menschen zu den Göttern emporwuchsen und die Götter sich zu den Menschen herabließen«. Für Frau Blavatsky war der Sarkophag »ein Taufbecken, aus dem der Novize neugeboren aufstieg, um ein Eingeweihter zu werden« (123).

Brunés weiß zu berichten, daß der Neophyt während der Zeremonie der Einweihung von dem obersten Priester des Tempels in eine todesähnliche Trance versetzt wurde, die den Tod symbolisierte. Beim Erwachen aus diesem Zustand, nachdem er die Welt der Götter durchwandert habe, sei er als ein Wiedergeborener anerkannt worden.

Blavatsky beschreibt den alten Ritus folgendermaßen: »Der eingeweihte Adept, der alle Prüfungen bestanden hatte, wurde auf eine Liege in der Form des griechischen Buchstabens Tau (= T) geknüpft ... und in einen tiefen Schlaf versetzt (den Schlaf Siloams). In diesem Zustand wurde er drei Tage und drei Nächte belassen, und während dieser Zeit sollte sein ›spirituelles Ego‹ mit den ›Göttern‹ in vertrautem Gespräch stehen, herabsteigen in den Hades, nach Amenti oder Patala (je nach dem Land, in dem die Zeremonie spielte) und Werke der Menschenliebe an unsichtbaren Wesen verrichten, seien es nun menschliche Seelen oder Elementargeister. Während das alles geschah, verblieb sein Körper in einer Tempelkrypta oder tiefen Höhle. In Ägypten wurde der Einzuweihende in den Sarkophag der Königskammer in der Cheopspyramide gelegt und in der Nacht vor dem herannahenden dritten Tag zum Eingang einer Galerie gebracht, wo zu einer bestimmten Stunde die Strahlen der aufgehen-

Abb. 123 Die Pyramide als Ort geheimer Mysterien: Danach war der Sarkophag eine Art Taufbecken, aus dem der Novize »neugeboren aufstieg, um ein Eingeweihter zu werden«.

den Sonne voll auf das Gesicht des in Trance liegenden Kandidaten fielen, der darauf erwachte, um von Osiris, dem Thoth und Gott der Weisheit, eingeweiht zu werden.«

Die Durchführung eines solchen Ritus setzt voraus, daß entweder die Pyramide damals noch als ein Kegelstumpf bestand oder daß sich in ihr geheime Gänge befinden, die bis auf den heutigen Tag unbekannt geblieben sind.

Die meisten alten Philosophen und die großen Lehrer der Religion, wie zum Beispiel Moses und Paulus, sollen ihre Weisheit von den ägyptischen Eingeweihten empfangen haben. Zu den Männern, auf die das zutrifft, gehören Sophokles, Solon, Plato, Cicero, Heraklit, Pindar und Pythagoras.

Einige der Zeremonien, die manchmal als die niedrigsten Mysterien oder Weihen bezeichnet werden, sind noch heute in einer mehr oder weniger entarteten oder rein formellen Art im Ritual der Freimaurer und der christlichen Kirchen erhalten. Kingsland glaubt sogar, daß das Geheimnis der Pyramide selbst heute noch einigen Eingeweihten bekannt ist. Aber wahrscheinlich »gehört dieses Wissen zu den Dingen, die sie der großen Menge vorenthalten zu müssen glauben«.

Nach Norman Frederick de Clifford, dem Verfasser des Buches *Egypt, the Cradle of Ancient Masoury* (Ägypten, die Wiege der alten Freimaurerei) entstand die Freimaurerei viele Jahrhunderte vor dem Beginn der schriftlich aufgezeichneten Geschichte. Er behauptet, daß die alte Bruderschaft »im Besitz eines viel umfassenderen Wissens auf dem Gebiet der Mechanik und Naturwissenschaften war, als das für die Baumeister unserer Tage gilt«.

Einige der Autoren, unter ihnen W. Marshal Adams, glauben, daß die Pyramide in monumentaler Form die Lehre zum Ausdruck bringt, die im *Totenbuch* aufgezeichnet ist. Die Steine und Maßverhältnisse zeugen danach in allegorischer und symbolischer Form von dem geheimen Wissen der Eingeweihten oder den Gesetzen, die im Kosmos wirken. Dadurch soll dem Eingeweihten bewußt gemacht werden, wo der eigentliche Ursprung seines Lebens liegt.

Totenbuch ist die zusammenfassende Bezeichnung für eine Sammlung von ägyptischen Inschriften und Papyri, die man in Gräbern oder auf den Leinwandbinden von Mumien fand (124). Ein später Text, der einer Mumie beigegeben war, befand sich auf einer zwanzig Meter langen Papyrusrolle und ist in 165 Kapitel unterteilt. Der Papyrus befindet sich heute im Museum von Turin.

Die alten Ägypter hielten Thoth, den Gott der Weisheit, der die Taten der Menschen aufzeichnet und sie der Seele am Tage des Gerichts vorhält, für den Verfasser des Totenbuchs. Die Ägyptologen nehmen allge-

Abb. 124 Einzug in das Totenreich.

mein an, daß dieses Buch weiter nichts ist als eine Sammlung von Begräbnistexten oder rituellen Formeln, die aus verschiedenen Perioden der ägyptischen Geschichte stammen und von den Priestern bei ihren Bestattungszeremonien gebraucht wurden. Aber Henri Furville erklärt in seinem Werk *La Science Secrète* (Die geheime Wissenschaft), daß die Texte des *Totenbuchs* von niemandem verstanden werden können, der sich nicht gründlich mit ihnen vom Standpunkt der Parapsychologie aus befaßt habe. »Die dunklen Texte«, sagt Furville, »erhellen sich im Lichte der Initiation, und die Praktiken, die dem Nichteingeweihten ungewöhnlich und gar absurd erscheinen, sind vielmehr das Ergebnis einer ungemein tiefen Wissenschaft.

Die Schwierigkeit der Übersetzung von hermetischen, in Hieroglyphen niedergelegten Aussagen wird von Giorgio de Santillana hervorgehoben, wenn er darauf hinweist, daß in dem *Wörterbuch der ägyptischen Sprache* von A. Erman und H. Grapow 37 verschiedene Ausdrücke für »Himmel« angeführt werden (125). Die Folge davon ist, wie Santillana meint, daß die ausführlichen Anweisungen des *Totenbuchs* über das Verhalten der Seele auf ihrer himmlischen Reise bei einer Übersetzung zu bloßem »mystischen Gerede« und reinem Hokuspokus werden. Die heutigen Übersetzer glauben nach Santillana so fest an ihre eigenen Ideen, nach denen zum Beispiel die Unterwelt im Innern der Erde statt im Himmel zu suchen ist, daß ihnen selbst die Existenz von 370 besonderen astronomischen Termini keinen Anlaß zu kritischer Besinnung gibt. Er führt als Beispiel für ein solches Vorgehen an, daß die Göttin Hathor als »Herrin aller Freuden« beschrieben wird, während es bei genauer Übersetzung heißen müßte »die Herrin jeglichen Kreislaufs der Seele« (126). Als Determinativ-Zeichen für Herz, bemerkt Santillana, tritt häufig das Senklot auf, das bei astronomischen Beobachtungen und Landvermessungen gebraucht wird und im Ägyptischen *merkhet* heißt. »Offensichtlich«, so sagt Santillana, »ist das Herz etwas sehr Besonderes, gleichsam der innere Schwerpunkt.«

Auch J. Raiston Skinner vertritt in seinem Buch *The Source of Measure* (Der Ursprung des Maßes) die Überzeugung, daß die Pyramide kein Grab, sondern ein Tempel der Einweihung war. Er ging aber noch weiter und brachte die Pyramide mit der jüdischen Kabbala in Verbindung, jener mystisch-esoterischen Lehre, die den Eingeweihten den geheimen Sinn des Alten Testaments und die großen kosmischen Gesetze des menschlichen Seins und Ursprungs enthüllt. Nach Skinner soll der Schlüssel zum Verständnis der Kabbala das geometrische Verhältnis zwischen dem Inhalt eines Kreises und dem des Quadrats, das ihn umschließt, oder entsprechend zwischen Kugel und dem sie einschließenden Würfel sein. Das führte zur Beziehung zwischen Durchmesser und Umfang eines Kreises, deren numerischer Wert durch den Bruch $^{22}/_7$ ausgedrückt wird (127).

Das Verhältnis von Kreisdurchmesser zu Kreisumfang und sein numerischer Wert wurde nach Skinners Ansicht als sakral betrachtet und mit den Götternamen Elohim und Jehova in Beziehung gesetzt, wobei jener den Umfang und dieser den Durchmesser symbolisierte.

Tons Brunés weist nach, daß die Große Pyramide ebenso wie die meisten großen Tempel des Altertums auf der Grundlage einer fortgeschrittenen, aber hermetischen Geometrie entworfen wurde, deren Geheimnis so sorgsam gehütet wurde, daß es erst ihm vergönnt war, sie im Jahre 1969 wieder ans Licht zu bringen.

Nach seiner Auffassung entwickelten sich Mathematik und Alphabet aus der Geometrie, nicht umgekehrt. Heute gebrauchen wir Zahlen als das grundlegende Element unserer Berechnungen, und die Geometrie gilt nur als zusätzliches Hilfsmittel. Die Ägypter dagegen verfuhren in

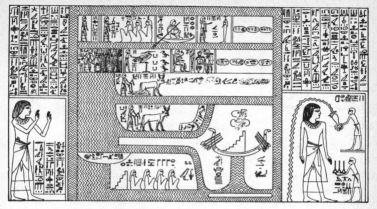

Abb. 125 Darstellung aus dem Ägyptischen Totenbuch, das ausführliche Anweisungen für die Seele auf ihrer himmlischen Reise enthält.

umgekehrter Weise. Brunés stützt diese Hypothese mit einer eingehenden Analyse des mathematischen Papyrus Rhind. Er zeigt darin, daß das alte ägyptische Zählsystem durch geometrische Faktoren bestimmt war und daß ihren Vorstellungen und Theorien geometrische Regeln zugrunde lagen.

Brunés ermittelte, daß die Ägypter den Kreis in der Tat als heilig betrachteten, wie das auch mit dem Quadrat, dem Kreuz und dem Dreieck der Fall war. All diese Figuren treten als wesentliche Formen der Pyramide auf, denn ihre quadratische Grundfläche und ihre dreieckigen Seiten verkörpern ganz bewußt den »heiligen« Kreis. Brunés zeigt ferner, wie der in ein Quadrat eingeschriebene und durch ein Kreuz viergeteilte Kreis den ägyptischen Geometer dazu befähigte, die grundlegenden Figuren des Pentagons, Hexagons, Oktagons und Dekagons zu zeichnen. Von diesen Figuren ist vielleicht das Pentagon mit seinem fünfzackigen Stern die wichtigste. Aus ihr ergibt sich auf einfachste geometrische Weise der Goldene Schnitt und die Phi-Proportion (128).

Obgleich Griechenland immer als die Geburtsstätte der Mathematik betrachtet wird – hauptsächlich deswegen, weil die ältesten Aufzeichnungen auf dem Gebiet der Mathematik und Geometrie aus diesem Lande stammen –, weist Brunés darauf hin, daß Pythagoras, der Begründer der griechischen Mathematik, 22 Jahre als Priester des Tempels in Ägypten verbrachte (129). Er kehrte erst nach Griechenland zurück, nachdem Kyros der Große, der König von Persien, die Tempel von Memphis und Theben niederbrannte und ihn gefangen nach Babylon verschleppte.

 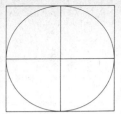 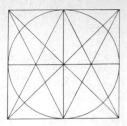

Abb. 126 (links)   Das Zeichen der Göttin Hathor.

Abb. 127   Schlüssel zur Kabbala: das Verhältnis von Kreisinhalt zum Quadrat.

Wieder in Griechenland, lehrte Pythagoras Mathematik nach den Erkenntnissen, die er in Ägypten erworben hatte. Aber nach seinem Tode wurden seine Anhänger verfolgt und verbannt. Etwa achtzig Jahre später verließ Plato nach dem Tode des Sokrates Athen und schloß sich den pythagoreischen Geheimbünden an. Er ging nach Ägypten, wo auch er in die niedrigen Grade des Tempelwissens eingeführt wurde, in Gemeinschaften von Priestern, die nach der persisch-babylonischen Gefangenschaft nach und nach wieder in die Heimat zurückgekehrt waren.

Plato sammelte Urkunden und Schriften, die auf Pythagoras zurückgingen. Auf der Grundlage dieses Materials entwickelte er jene Vorstel-

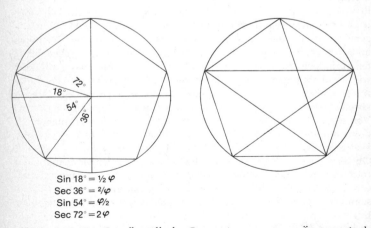

$\sin 18° = 1/2\, \varphi$
$\sec 36° = 2/\varphi$
$\sin 54° = \varphi/2$
$\sec 72° = 2\varphi$

Abb. 128/129   Die Grundbegriffe der Geometrie stammen aus Ägypten. Auch Pythagoras war 22 Jahre Priester an einem ägyptischen Tempel. Das Pentagon enthält Phi und Goldenen Schnitt.

lung, daß das Weltall durch die fünf regelmäßig gebildeten Körper dargestellt werde, die in einer Kugel Platz haben.
Brunés vertritt die Ansicht, daß Plato die geheimen Lehren der Ägypter in seinen Schriften, vor allem aber im *Timaios* niedergelegt hat. Er tat das nicht in allgemeinverständlicher Form, weil er eidlich zur Geheimhaltung dieser Lehren verpflichtet war, sondern in einer hermetischen Sprache, die uns Brunés entschlüsselt. Nach ihm hatte Moses, der auch ein ägyptischer Priester war, Kenntnis von der alten Mathematik, die er in verborgener Form in seinen Anweisungen zum Bau des Tabernakels weitergab. Diese Anweisungen gelangten schließlich nach Jerusalem, wo sie ein Bestandteil der heiligen Lehre wurden.
Der französische Archäologe und Mathematiker Charles Funk-Hellet stimmt in seinem Werk *La Bible et la Grande Pyramide d'Egypte* der Ansicht zu, daß die biblische Elle nur die königliche ägyptische Elle sein kann, die er um einen halben Millimeter kürzer ansetzt, als Stecchini das tut. Nach ihm war die Elle das Grundmaß des Tempels in Jerusalem, und ihre Länge betrug $\pi/6$ oder 523,6 und nicht 524,1 Millimeter, wie es Stecchini annahm. Funk-Hellet betont, daß Salomon den König Hiram von Tyrus beauftragte, einen Tempel zu bauen, dessen Säulen 18 Ellen hoch und 12 Ellen im Umfang sein sollten. Mit anderen Worten, eine Elle des Umfangs entsprach dem zwölften Teil des Kreises oder 30° oder $\pi/6$. Zieht man den Umfang der Säule von der Höhe ab, erhält man sechs Ellen oder den halben Umfang der Säule beziehungsweise genau den Wert von π. Daraus folgt, daß die Hebräer bereits tausend Jahre vor Christi Geburt wußten, daß eine Elle als mathematische Größe vom Kreisumfang abhängig ist, und somit den Wert von π bis auf vier Dezimalstellen berechnen konnten.
Für Funk-Hellet ist die Große Pyramide ein geodätisches »Gnomon« (Meßgerät), das sowohl die Werte für das Meter als auch die Elle angibt. Er sagt, daß der Finger, die Handspanne und die Elle in der Seitenflächenhöhe der Pyramide enthalten seien. In der Königskammer hat er festgestellt, daß das Doppelquadrat ihres Fußbodens 5,236 mal 10,472 Meter mißt. Diese Messung weicht nur um einige Millimeter von den Feststellungen Petries und Davidsons ab. Nach der Ansicht von Funk-Hellet mußte die grundlegende Maßeinheit des Meters, von dem die Elle abgeleitet wurde, geheimgehalten werden. Alle Berechnungen, einschließlich derjenigen, die sich um die genaue Länge des Jahres bemühen, sollten ausschließlich vom Wissen der amtierenden Priester abhängen.
Schwaller de Lubicz nimmt ebenfalls an, daß die Ägypter das Meter kannten. Er weist unter anderem darauf hin, daß eine Umfassungsmauer aus der 3. Dynastie (3000–2000 v. Chr.) von Anfang an in ihrer

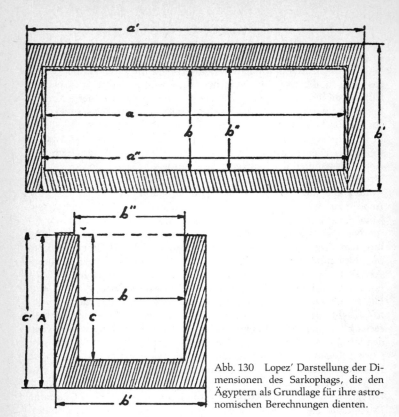

Abb. 130 Lopez' Darstellung der Dimensionen des Sarkophags, die den Ägyptern als Grundlage für ihre astronomischen Berechnungen dienten.

ganzen Länge mit drei Linien markiert war, die genau einen Meter voneinander entfernt waren. Auch Schliemann fand in den alten Schichten von Troja eine Maßeinheit in der Größe von genau einem halben Meter.

José Alvarez Lopez, ein argentinischer Gelehrter, bemerkt in seinem Werk *Fisica y Creacionismo* (Physik und schöpferisches Vermögen), daß eine Elle von 523 Millimetern – sie ist danach ungefähr ein halbes Millimeter kürzer als die von Funk-Hellet und 1 Millimeter kürzer als Stecchinis – genau die Hälfte derjenigen Größe ist, die er als *absolutes Meter* bezeichnet und die nach ihm als eine naturgegebene Einheit im Sonnensystem auftritt. Er ist davon überzeugt, daß die Große Pyramide symbolisch das Sonnensystem darstellt, und zwar in Größenordnungen des Dezimalsystems. Er nimmt an, daß die Höhe des Bauwerks einen millionsten Teil der Entfernung zur Sonne ausmacht, vom Rande der Erdatmosphäre aus gemessen, während seine Grundfläche den zehnmillionsten Teil der Erdoberfläche darstellt. Die Maße des Granitsarkophags in der Königskammer sind nach Ansicht des argentinischen Professors so gewählt, daß sie einen vollkommenen »astronomischen Atlas« bilden. Danach liegt dem Rauminhalt das *absolute Kubikmeter* zugrunde. Aber die Granitwanne hat nicht die Form eines Würfels, so daß ihre verschiedenen inneren und äußeren Ausmessungen auch die verschiedenen astronomischen Konstanten darstellen konnten (130).

All diese astronomischen Konstanten hängen nach Lopez von einer genauen Kenntnis der Sonnenparallaxe ab. Er ist erstaunt darüber, daß die Pyramidenbauer die Parallaxe und den Polradius der Erde ohne Fernrohre und photographische Apparate genau ermitteln konnten. Nach ihm wird es sehr aufschlußreich sein, einen von uns neu zu ermittelnden Wert für die Sonnenparallaxe mit der sich aus der Granitwanne der Königskammer ergebenden Größe zu vergleichen. Die Möglichkeit einer neuen Berechnung wird sich bei der nahen Passage des Kleinplaneten Eros vor der Sonne ergeben, die alle 37 Jahre eintrifft und wieder im Jahre 1975 stattfand.

Stecchini ist im Vergleich zu dem Gesagten wesentlich nüchterner. Er kann nachweisen, daß das von Schliemann gefundene Halbmeter in Wirklichkeit eine babylonische Elle von 0,49907 Meter ist und daß das Meter von Funk-Hellet und de Lubicz tatsächlich 3 Fuß von je 0,3329 Meter darstellt, wobei die beiden Maße von dem geographischen Fuß und der geographischen Elle abgeleitet sind. Als ich Stecchini darauf aufmerksam machte, daß nach Petries Feststellungen die Sargwanne in der Königskammer bewußt so gestaltet wurde, daß ihr Rauminhalt ein geradzahliges Vielfaches von Fünfteln einer Kubikelle ist, löste er das Rätsel der Wanne. Er wies nämlich nach, daß diese genau vierzig *Artaben* faßt oder vierzig Würfel, deren Seiten einen geographischen Fuß lang sind, und daß ihr Gesamtvolumen, von Außenkante zu Außenkante gemessen, zweimal so groß ist, nämlich achtzig solche Würfel.

Wir haben wissenschaftliche Forschungsinstitute, die hervorragend mit Elektronenrechnern ausgestattet sind und über ebenso hervorragende Männer verfügen. Würde es sich nicht lohnen, wenn sie trotz mancher grundsätzlicher Bedenken die Ideen von Alvarez Lopez und Funk-Hellet eingehend analysieren würden, um sie entweder zu widerlegen oder durch zuverlässige Fakten zu bestätigen? Es mag sich dabei herausstellen, daß einige ihrer Ideen durchaus nicht phantastischer sind als diejenigen, derentwillen Jomard, Taylor, Smyth und vielleicht sogar Davidson zu Unrecht verhöhnt worden sind.

Weitere geheime Gänge und Kammern

Viele Ägyptologen und Pyramidenforscher waren davon überzeugt – und viele sind es auch heute noch –, daß die Cheopspyramide noch eine oder mehrere geheime Kammern enthält, die bisher nicht entdeckt worden sind. Man nimmt ferner an, daß diese Pyramide durch unterirdische Gänge mit anderen Pyramiden verbunden ist, auch mit der Sphinx sowie den seit langem zerstörten Eingangshallen, kleinen Tempeln und anderen Bauten des Pyramidenkomplexes.

Der australische Eisenbahningenieur Robert Ballard hielt es für möglich, daß die Pyramiden von Giseh über einer großen Zahl von Katakomben errichtet wurden und daß in ihnen Kammern sowie Galerien zu finden sind, wie dies in den Pyramiden vom Moerissee der Fall ist, die riesige unterirdische Wohnräume für ihre Priester und Wächter enthalten sollen (131).

Ballard rechnet damit, daß ein großer Teil der Kalksteinblöcke, die für den Bau der Pyramiden von Giseh benötigt wurden, aus solchen Katakomben stammen. Er macht in diesem Zusammenhang den Vorschlag, eine leistungsfähige Bohrmaschine mit einem Gestänge von 70 bis 100 Metern zu Probebohrungen auf dem Plateau von Giseh einzusetzen. Dem liegt die Überzeugung zugrunde, daß solche Bohrungen das Vorhandensein einer unterirdischen Stadt erweisen werden, die geheime Zugänge für Priester und Aufseher und dazu Verbindungsgänge zu jeder Pyramide hatte.

Während die Pyramiden in den Augen der Außenstehenden den Anschein von sorgfältig versiegelten Grabmälern erwecken mußten, nimmt Ballard an, daß ihre hermetische Verriegelung die Aufenthaltsräume und Schlupfwinkel der Priester mit einem Schleier des Geheimnisses umgeben sollte. Niemand bemerkte, wie diese das Innere des Bauwerks durch einen unterirdischen Gang betraten und dann auf nur ihnen bekannten Wegen bis zu seiner Spitze emporstiegen.

Als Perring und Howard-Vyse 1839 die Knickpyramide von Dahschur (132) erforschten, beobachteten sie eine ungewöhnliche Erscheinung. Die Arbeiter, die die Innengänge vom Schutt räumten, litten unter sehr großer Hitze und akutem Sauerstoffmangel, als plötzlich ein starker kalter Windzug durch die Gänge fegte. Der Wind wehte zwei Tage lang so heftig, daß die Arbeiter größte Mühe hatten, ihre Lampen vor dem Erlöschen zu schützen. Ganz unvermittelt setzte er wieder aus, und niemand hat sich bisher den rätselhaften Vorgang erklären können.

Horus im Grab Ramses' I. (Tal der Könige).

Abb. 131 Die Pyramide vom Moerissee enthält unzählige Kammern, die einstmals Priesterwohnungen waren.

Ahmed Fakhry, der in den fünfziger Jahren in derselben Pyramide Untersuchungen vornahm, hörte dort seltsame Geräusche, aufgrund derer er annahm, daß es innerhalb oder unter dieser Pyramide unentdeckte Gänge geben müsse. Auch Edgerton Sykes, ein Archäologe und Schriftsteller, vielleicht die größte heute lebende Autorität auf dem Gebiet der sagenhaften Insel Atlantis, nimmt an, daß unter dem Plateau von Giseh ein ganzes Labyrinth von Stollen und Gängen besteht. Er zitiert dazu eine alte arabische Quelle, in der berichtet wird, daß die Baumeister der Pyramide »mehrere Türen anlegten, die sich über unterirdischen Steingewölben befanden, von denen jedes eine Drehtür aus Stein hatte«.

Peter Kolosimo nimmt an, daß sich unter den Bauwerken von Sakkara, Abydos und Heluan noch viele unentdeckte Gräber und Höhlen aus dem Alten Reich befinden, und bezieht sich dabei auf Legenden von verborgenen Türen, »die sich durch eine geheimnisvolle Kraft öffnen ließen«, etwa durch Wellen im Überschallbereich oder eine besonders volltönende Stimme. Nach Ansicht des Barons de Cologne, der von Robert Charroux in seinem Buch *Le Livre des Secrets Trahis* (Das Buch der verratenen Geheimnisse) – Paris, Laffont, 1965 – zitiert wird, befindet sich unter der ägyptischen Wüste ein unterirdisches Königreich, ähnlich dem »Agartha« von Tibet. Auch Commander Barber, jener amerikanische Marineattaché, der sich so eingehend mit der Konstruktion der Pyramide beschäftigte, rechnete mit der Möglichkeit, daß sie noch viele unentdeckte Kammern aufweist. Er bemerkt dazu: »Wenn man die unerklärliche und doch exakt berechnete Anordnung der verschiedenen Kammern und Gänge und dazu die Tatsache bedenkt, daß in der Pyramide Platz genug für 3700 weitere solche Kammern ist, ... drängt sich die Annahme auf, daß wir noch nicht alle Kammern, vielleicht nicht einmal die wahre Königskammer entdeckt haben.«

Auch Piazzi Smyth war davon überzeugt, daß es eine unentdeckte Kammer in der Großen Pyramide gibt, »die sich als das eigentliche Archiv des ganzen Bauwerks erweisen wird«. Als eine Menge Splitter von schwarzem Dioritgestein auf dem Plateau der Pyramide gefunden wurden, kam Smyth auf den Gedanken, daß die unentdeckte Kammer mit Dioritplatten verkleidet sein könnte. Thomas Holland, ein Freimaurer des 33. Grades, glaubt, daß die sich in dem sogenannten »Fallsteingang« vor der Königskammer befindliche Granitplatte den Zugang zu »bisher noch nicht betretenen prächtigen Gängen und Kammern« verberge.

Louis P. McCarthy bemerkt in seiner Schrift *The Great Pyramid of Jeezeh* (Privatdruck San Francisco, 1907), daß sich nach seiner Überzeugung wenigstens noch drei weitere Kammern in der Pyramide befinden, und zwar zwischen der Königskammer und der Spitze. Eine davon soll mindestens doppelt so groß sein wie die Königskammer. Nach seiner

Abb. 132 Die Knickpyramide von Dahschur. Der Pfeil zeigt auf den zweiten Eingang hoch oben an der Nordseite.

Abb. 133   Prof. Alvarez in seinem Strahlenmeßlabor.

Vermutung liegen sie in der Höhe der 75., 100. und 120. Steinlage. Auch McCarthy vertritt die Meinung, daß von der Nordostecke der Pyramide ein unterirdischer Gang zur Sphinx führt. Funk-Hellet rechnet mit der Möglichkeit, daß sich auf der jetzigen Plattform der Pyramide einstmals eine kleine Hütte befunden hat.

William Kingsland macht in seinem zweibändigen Werk über die Cheopspyramide den Vorschlag, in der Königskammer Radiowellen mit einer Länge von fünf Metern auszusenden und durch Ermittlung der Stärke ihres Empfangs außen an der Pyramide festzustellen, ob in ihrem Innern noch weitere Kammern existieren. Gegen Ende der 1960er Jahre entwickelte Dr. Luis Alvarez, der Nobelpreisträger für Physik des Jahres 1968, ein Gerät zur Aufzeichnung des Durchgangs von kosmischen Strahlen durch die Pyramide des Chephren. Damit wollte er das Vorhandensein geheimer Gänge oder Kammern in ihrem Innern feststellen. Das Unternehmen, an dem ein Team von Wissenschaftlern beteiligt war, erwies sich als ein kostspieliges Vorhaben. Insgesamt wirkten daran zwölf amerikanische und ägyptische Stellen mit, darunter die US-Atomenergie-Behörde, die Altertümerverwaltung der Vereinigten Arabischen Republik, das Smithsonian Institut in Washington und die Naturwissenschaftliche Fakultät der Ein-Shams-Universität in Kairo.

Das Projekt von Professor Alvarez ging von der Tatsache aus, daß kosmische Strahlen, die mit ihren Teilchen Tag und Nacht unseren Planeten bombardieren, beim Durchdringen eines Festkörpers einen Teil ihrer Energie verlieren, und zwar im Verhältnis zu dessen Dichte und Stärke. Durch die Errichtung einer »Funkenkammer« in dem unterirdischen Gewölbe der Pyramide wollten die Wissenschaftler die Anzahl der kosmischen Strahlen, die das Bauwerk durchdrangen, ermitteln. Die Strahlen, die ihren Weg durch einen Hohlraum in der Pyramide nahmen, mußten bei diesem Experiment die Funkenkammer häufiger erreichen als jene, die kompakten Fels oder festes Mauerwerk zu durchdringen hatten. Der so festgestellte Unterschied in der Strahlung würde das Vorhandensein von geheimen Kammern oder Gängen anzeigen.

Bei einem solchen Unternehmen wird jeder einzelne Strahl elektronisch aufgenommen und auf einem Magnetband festgehalten. Die Magnetbänder werden dann in einen Computer eingegeben, der den Punkt berechnet und festhält, an dem jeder aufgenommene Strahl die Oberfläche der Pyramide durchdrang (133).

Um die Lage aller festgestellten Hohlräume genauestens zu bestimmen, planten die Wissenschaftler, die Funkenkammer im Verlaufe ihrer Untersuchungen mehrmals zu verlegen, um dadurch eine Art von Stereo-Aufnahme der Strahlungen zu erhalten. Wäre auf diese Weise die Lage einer verborgenen Kammer festgestellt worden, hätte die Möglichkeit bestanden, sich direkt einen Weg zu ihr zu bahnen, ohne die Pyramide ernsthaft zu gefährden. Es war dann nur erforderlich, einen engen Stollen in der vorgezeichneten Richtung zu jedem Hohlraum zu bohren, der auf ihrer »Röntgenplatte« erschien. Moderne optische Geräte würden es den Archäologen ermöglichen, in die betreffende Kammer durch ein röhrenförmiges Loch von etwa dreißig Meter Länge und zwei Zentimeter Durchmesser hineinzusehen. Dr. Alvarez wählte zu dem Versuch die Pyramide des Chephren, weil er von der Annahme ausging, daß Chephren, der Sohn des großen Cheops, sich kaum eine so imposante Pyramide errichtet hätte, ohne darin ein verborgenes System von Gängen und Kammern anlegen zu lassen, wie es in der Großen Pyramide entdeckt worden ist.

Alvarez nahm an, daß die Architekten der Cheopspyramide mehrere gut ausgedachte Pläne für die Anlage geheimer Kammern in ihrem Innern hatten. Einige von diesen Ideen konnten unter Cheops nicht verwirklicht werden; aber sie hofften, das nun in der Pyramide des Chephren, des Nachfolgers von Cheops, tun zu können. »Ich stelle mir das so vor«, sagt Alvarez, »daß es jüngeren Architekten verweigert wurde, ihre Ideen unter Cheops zu verwirklichen. Vielleicht waren sie damit später erfolgreicher.« Wie schwach begründet diese Annahme auch sein mochte, sie ermutigte ihn zu dem Unternehmen, in der Pyramide nach einer geheimen Kammer zu forschen. Vielleicht konnte man dabei sogar den Sarkophag des toten Pharao finden, ein Wunschtraum aller Ägyptologen.

Alvarez wählte die Pyramide des Chephren auch darum, weil ihre zentrale Kammer (135) eine günstige Gelegenheit für den Aufbau seiner komplizierten elektronischen Geräte bot. Das unterirdische Gewölbe, das der Italiener Giovanni Belzoni 1818 entdeckt hatte, war kurz zuvor vom Schutt befreit worden, und andere Kammern und Gänge in der Pyramide hatten elektrisches Licht erhalten, dessen Strom von dem nahe gelegenen Mena-Haus kam.

Bis zum September 1968 waren die Bahnen von zwei Millionen kosmischen Strahlen gemessen. Das, so glaubte man, sei ausreichend zur Entdeckung jedes verborgenen Gewölbes in der Pyramide. Als die Magnetbänder zum erstenmal im Rechenzentrum analysiert wurden, erschien das Ergebnis großartig. Die Bänder zeigten deutlich die Ecken und Flächen der Pyramide, so wie sie von den Geräten aufgenommen worden waren. Die Geräte waren also in Ordnung. Aber dann ereignete sich etwas Rätselhaftes.

Während Dr. Lauren Yazolino, der Assistent von Dr. Alvarez, in die Vereinigten Staaten zurückkehrte, um die Bänder mit Hilfe des modern

Statue des Königs Djoser.

sten Elektronenrechners zu analysieren, kam John Tunstall, ein Korrespondent der Londoner *Times*, nach Kairo, um sich an Ort und Stelle von den Ergebnissen der amerikanischen Messungen zu überzeugen. In der Ein-Shams-Universität suchte der Engländer Dr. Amr Goneid auf, dem das Pyramidenprojekt während der Abwesenheit Dr. Yazolinos anvertraut war. Er fand ihn vor einem modernen 1130-IBM-Computer, um den herum Hunderte von Kassetten mit Magnetbändern aufgestapelt waren. »Es widerspricht allen bekannten Gesetzen der Physik«, mit diesen Worten empfing der Ägypter John Tunstall. Was war geschehen? Jedesmal, wenn Dr. Goneid die Magnetbänder durch den Computer laufen ließ, ergab sich ein anderes Muster, und die entscheidenden Merkmale, die sich auf jedem Band wiederholen sollten, fehlten. Goneid bemerkte, daß das wissenschaftlich nicht zu erklären sei. Man habe feststellen müssen, daß die früheren Aufnahmen, die zunächst bedeutsame Entdeckungen erwarten ließen, nun ein Durcheinander sinnloser Zeichen ohne jede erkennbare Struktur darstellten.
Tunstall fragte Goneid: »Sind all diese modernen wissenschaftlichen Geräte durch irgendeine die menschliche Vorstellung übersteigende Kraft in ihrer Funktion beeinträchtigt worden?« Dieser soll darauf geantwortet haben: »Entweder weicht die Geometrie der Pyramide von allen bekannten Gesetzen ab und führt dadurch bei unseren Messungen zu verwirrenden Resultaten, oder aber wir stehen vor einem unerklärlichen Rätsel. Man mag es nennen, wie man will, Okkultismus, Fluch der Pharaonen, Zauberei oder Magie, jedenfalls ist in der Pyramide eine Kraft am Werk, die allen Naturgesetzen zu trotzen scheint.«
In Berkeley wies Alvarez die Darstellung Tunstalls zurück. Er erklärte, daß die Geräte ausgezeichnet funktionierten. In dem Bereich des zu 35° geneigten Kegels, der aus der »Funkenkammer« abgetastet worden war, seien keinerlei Anzeichen irgendwelcher Gänge oder Kammern gefunden worden (136). Das war der Teil der Pyramide, in dem nach Ansicht der Wissenschaftler die größte Wahrscheinlichkeit für das Vorhandensein solcher Hohlräume bestand. Dennoch hoffte man, an den noch nicht erforschten Stellen des Bauwerks etwas zu finden.
Sobald weitere Geldmittel verfügbar waren, wollte man diese Erforschung der Chephren-Pyramide fortsetzen. Dr. Yazolino deutete sogar die Möglichkeit an, die Funkenkammer in der Cheopspyramide aufzubauen, um auch dort nach bisher unentdeckten Gängen oder Kammern zu suchen. Er bemerkte bei dieser Gelegenheit, ihre einzige Schwierigkeit bei dem ganzen Unternehmen sei daher gekommen, daß sich jedesmal unbefriedigende Meßwerte ergeben hätten, wenn das Neon in der Funkenkammer verbraucht war und dann einige schwer zu deutende dunkle Flecken auf dem Bildschirm erschienen, die wie eine mögliche

Abb. 135 In dieser Kammer, die Belzoni in der Chephren-Pyramide entdeckte (zeitgen. Darstellung), baute Alvarez sein Labor auf.

Kammer aussahen. Aber bei einer sorgfältigen Nachprüfung stellte sich heraus, daß diese Flecken nur durch den Ausfall der Funkenkammer verursacht waren. Alvarez unterstrich dann sein Vertrauen in die wissenschaftliche Tüchtigkeit des Ägypters Dr. Goneid durch die Bemerkung, daß er ihn auf ein Jahr zur Mitarbeit in seinem Laboratorium an der Universität von Berkeley eingeladen habe. »Wenn ich ihm auch nur einen Augenblick den Unsinn zugetraut hätte, der ihm zugeschrieben

Abb. 136 Die Chephren-Pyramide.
Strahlenbild der Pyramidenspitze (links).

wird, dann hätte ich ihn niemals aufgefordert, in meiner Forschungsgruppe mitzuarbeiten.«

Und dennoch liegt über der Pyramide etwas Geheimnisvolles, das nach Aufklärung verlangt. Als M. Bovis, ein Franzose, die Große Pyramide besuchte, bemerkte er in Abfalltonnen in der Königskammer einige tote Katzen und andere kleine Tiere, die sich anscheinend in die Pyramide verirrt hatten und dort gestorben waren. Etwas an diesen Tierkörpern war merkwürdig: Sie waren völlig geruchlos und ließen keinerlei Zeichen der Verwesung erkennen. Da ihn die Ursache dieses Phänomens interessierte, untersuchte Bovis die Tiere und stellte dabei fest, daß sie dehydriert und mumifiziert waren, und zwar trotz der Luftfeuchtigkeit in der Kammer.

Bovis überlegte sich, ob dieser Tatbestand einer automatischen Einbalsamierung allein aus der Gestalt der Pyramide zu erklären sei. Darum fertigte er sich ein Holzmodell der Cheopspyramide an, orientierte es genau nach Norden und legte in das Modell, in einer Höhe, die maßstabgerecht der Lage der Königskammer entsprach, eine kurz zuvor gestorbene Katze. Bovis fügte der Katze noch andere organische Stoffe bei, die normalerweise schnell verwesen, wie zum Beispiel Kalbshirn. Als diese nicht in Fäulnis übergingen, schloß er, daß irgend etwas an der Gestalt der Pyramide die Zersetzung organischer Stoffe verhindert und ihre Austrocknung bewirkt.

Ein tschechoslowakischer Radioingenieur, Karel Drbal, las Bovis' Bericht über die Experimente und machte darauf seinerseits einige Versuche mit Pyramidenmodellen. Er kam dabei zur Schlußfolgerung, es gebe »zweifellos eine Beziehung zwischen dem Innenraum einer solchen Pyramide und den physikalischen, chemischen und biologischen Prozessen, die in ihm vorgehen«. Dasselbe Phänomen ist auch in Italien und Jugoslawien beobachtet worden. Dort soll sich Milch in pyramidenförmigen Packungen unbegrenzt frisch halten, und zwar außerhalb von Kühlschränken. Eine französische Firma hat sich sogar eine pyramidenförmige Verpackung für Joghurt patentieren lassen.

Drbal fragte sich, ob die Pyramidenform eine Konzentration elektromagnetischer Wellen oder kosmischer Strahlen bewirke oder irgendeine unbekannte Form von Energie anziehe. Als er eine gebrauchte Rasierklinge in ein etwa 15 Zentimeter großes Modell der Cheopspyramide legte, die genau nach Norden ausgerichtet war, stellte Drbal fest, daß die Klinge von selbst ihre ursprüngliche Schärfe zurückgewann. Auf diese Weise erreichte er, daß er sich mit einer Gillette-Klinge zweihundertmal rasieren konnte. Der tschechische Radioingenieur nahm darum an, daß die Gestalt des Raums im Innern der Pyramide die Ursache dafür war, daß die Kristalle in der Stahlklinge in ihre ursprüngliche Lage zurückkehrten. Drbal erhielt vom tschechoslowakischen Patentamt das Patent Nr. 91304 für seine »Cheopspyramide-Rasierklingenschärfer«, die er zunächst aus Pappe herstellte und auf den Markt brachte.

Der Radioingenieur L. Turenne vertritt die Ansicht, daß verschieden gestaltete Körper die vom Kosmos ausgehende Energie in unterschiedlicher Weise zurückstrahlen. Das hat zu der Spekulation geführt, daß die Pyramide wie eine riesige Linse wirkt, die durch ihre äußere Form eine unbekannte Art der Energie wie in einem Brennpunkt zu sammeln vermag. Sogar der Granitwanne in der Königskammer ist von Worth Smith eine solche noch ungeklärte Bedeutung zugesprochen worden, wenn er darauf hinweist, daß der Rauminhalt der Wanne *genau* dem der biblischen Bundeslade entspricht. Nach Maurice Denis-Papin, einem Nachkommen des berühmten Physikers, war diese Bundeslade eine Art elektrischer Kondensator, der eine elektrische Ladung von 500 bis 700 Volt erzeugen konnte. Die Lade soll aus Akazienholz bestanden haben und innen wie außen mit Gold verkleidet gewesen sein. Das heißt also, daß hier zwei Stromleiter mit einem Isolator vorhanden waren. Auf beiden Seiten der Bundeslade waren girlandenähnliche Verzierungen angebracht, die vielleicht ebenfalls als Kondensatoren wirkten. Denis-Papin meint, daß die Lade auf trockenen Untergrund gestellt wurde, wo der Erdmagnetismus normalerweise eine Vertikalintensität von 500 bis 600 Volt pro Meter erreichte

Vom Erdboden isoliert, sollen von der Bundeslade feurige Strahlen ausgegangen sein wie von einer Leydener Flasche. Nach Denis-Papin wurde der Kondensator über die seitlichen Verzierungen in die Erde abgeleitet. Zum Transport der Lade wurden zwei goldene Stäbe gebraucht, die durch an ihrem Deckel angebrachte Ringe gesteckt werden konnten.

Als der aus Deutschland nach England ausgewanderte und dort geadelte Erfinder Sir William Siemens einmal auf der Spitze der Cheopspyramide stand, forderte ihn einer der arabischen Führer auf, eine Hand hochzuhalten und dabei die Finger zu spreizen. Siemens streckte lediglich den Zeigefinger aus und fühlte dabei ein deutliches Prickeln darin. Als er sich anschickte, aus einer mitgebrachten Weinflasche zu trinken, verspürte er einen leichten elektrischen Schlag. Darauf feuchtete er eine Zeitung an und wickelte sie um die Flasche, um sie so zu einer Leydener Flasche zu machen. In der Tat lud sie sich zunehmend mit Elektrizität auf, und zwar nur dadurch, daß er sie über seinem Kopf hochhielt. Als dann Funken aus der Weinflasche zu sprühen begannen, glaubten seine arabischen Führer an Hexerei. Einer von ihnen stürzte sich auf den Begleiter von Siemens; aber dieser richtete die Flasche auf ihn, worauf er einen so starken Schlag erhielt, daß er zu Boden sank, um dann laut schreiend die Plattform der Pyramide zu verlassen.

Solche seltsamen Erlebnisse, die ganz sachlich berichtet werden, wirken noch einigermaßen glaubhaft im Vergleich zu den phantastischen Vorstellungen, die man bei pseudowissenschaftlichen Schriftstellern oder in sensationellen Science-Fiction-Romanen finden kann. Sie sind so absurd, daß auf sie hier nicht eingegangen zu werden braucht. Bemerkenswert ist dagegen, daß bereits Herodot auf diesem Gebiet seiner Phantasie freien Lauf ließ. So äußerte er die romantische Idee, daß die Zikkurats und Pyramiden den Göttern als eine Art Freitreppe dienten, wenn sie vom Himmel auf die Erde herabstiegen. Nach ihm war ferner die Königskammer in der Großen Pyramide vielleicht ein Empfangsraum, als das Bauwerk noch nicht vollendet war. Herodot beschreibt eine Zikkurat, die er in Babylon besuchte, folgendermaßen: »Auf dem höchstgelegenen Turm befindet sich ein geräumiger Tempel; im Innern des Tempels steht ein großartiges Bett, bedeckt mit feinen Leinentüchern und mit einem goldenen Tisch daneben. Man findet keine einzige Statue in dem Bauwerk, und des Nachts ist der Raum ganz leer, nur eine Frau hält sich in ihm auf, die nach dem Bericht der chaldäischen Priester von der Gottheit aus allen Frauen des Landes ausgewählt wurde. Die Priester erklären auch, was ich allerdings nicht glauben kann, daß der Gott in Person in diese Kammer herabsteigt und mit ihr in dem Bett schläft.«
Neuere wissenschaftliche Entdeckungen machen es erforderlich, nach dieser märchenhaften Geschichte eine weitere Theorie zu erörtern, daß nämlich die Große Pyramide nicht nur als ein astronomisches, sondern auch als ein astrologisches Observatorium errichtet wurde. Als solches diente sie zur Anfertigung von Horoskopen für die regierenden Monarchen.

Die Pyramide im Dienste der Astrologie

Obgleich viele Annahmen der Astrologie völlig phantastisch erscheinen, neigt die moderne Forschung zu der Annahme, daß sich die Astrologie in ihrer ursprünglichen Form auf einige vertretbare Theorien stützen konnte. Proctor weist in diesem Zusammenhang darauf hin, daß die alten Ägypter ihren Pharao als den Repräsentanten des ganzen Volkes gegenüber den Kräften des Kosmos und den himmlischen Mächten sahen. Aus dem festverwurzelten Glauben, daß das Wohl des Landes unlösbar mit dem Heil des Königs verbunden war, trafen die Ägypter keine wichtige politische Entscheidung, ohne ihre Priester, die zugleich Astrologen waren, um Rat zu fragen. Diese bildeten sich ihre Meinung gemäß der Konstellation der Gestirne, die von der Plattform einer Pyramide aus beobachtet wurden. Nach seinem Tode wurde der König vermutlich im Innern der Pyramide beigesetzt, worauf dann das Bauwerk seine krönende Spitze erhielt.

Die Vorstellung, daß die Bewegung der Himmelskörper irgendwie das Schicksal und den Charakter des Menschen beeinflußt, ist so alt und tief verwurzelt, daß die Menschen immer noch martialisch (Mars), jovial (Jupiter), saturnisch (Saturn) oder launisch (Luna-Mond) genannt werden. Bis in unsere Zeit werden die Wochentage nach der Sonne, dem Mond und den Planeten benannt, und die Daten für unsere religiösen Feste beruhen noch jetzt auf den astronomischen Berechnungen der alten Ägypter. Weihnachten fällt auf die Wintersonnenwende und Ostern auf die Frühlings-Tagundnachtgleiche.

In seinem Werk *The Scientific Basis of Astrology* (Die wissenschaftliche Grundlage der Astrologie), New York 1969, beschreibt Michel Gauquelin einige Wirkungen der scheinbaren Bewegung der Sonne und des Mondes auf unsere Erde. Abgesehen von solchen offensichtlichen Wirkungen wie das Zustandekommen der Jahreszeiten, der Vegetation und der Gezeiten berücksichtigt er auch die weniger offensichtlichen, aber dennoch genauso starken Einflüsse, wie sie von dem Elfjahreszyklus der Sonnenflecken auf unsere Flora, Fauna und die Menschen ausgehen.

Sonnenflecken, die wie dunkle Blumen auf der Oberfläche der Sonne erscheinen, bilden und entfalten sich, um kurz darauf wieder zu verschwinden. Während dieses Vorgangs entstehen phantastische Wolken weißglühender Gase und riesige magnetische Wirbelstürme. Darauf folgt ein verstärkter Ausstoß von Wellen und Partikeln in Richtung auf unsere Erde. Etwas gewagt sagt Gauquelin dazu, daß wir Erdbewohner geradezu annehmen können, inmitten der Sonne zu leben.

Die jeweilige Stellung der Erde auf ihrer Umlaufbahn beeinflußt auch die Sonnenflecken. Wenn sich Venus und Erde auf derselben Seite der Sonne befinden, verbindet sich ihr Einfluß auf die Sonnenflecken. Diese Art von Vorgängen in der Sonne bewirkt Erdbeben und beeinflußt sogar die Dauer des Tages. Die Felder des Erdmagnetismus werden gestört, es entstehen Empfangsstörungen im Rundfunk und ähnliche, nicht leicht zu erklärende Phänomene. Gleichzeitig unterliegt die Erde einem heftigen Beschuß durch stellare Partikel nach Art der kosmischen Strahlungen, die ebenfalls eine Wirkung ausüben.

Die Aktivität der Sonnenflecken wird mit so unterschiedlichen Erscheinungen in Verbindung gebracht wie dem Zustand der Eisberge im Nordatlantik, dem Wasserstand in Seen, der Stärke der Jahresringe in Bäumen, sogar der Zahl der Kaninchenfelle, die der Hudson Bay Company angeboten werden. Schließlich wird auch die Qualität des Burgunderweins davon berührt. Ausgezeichnete Jahrgänge werden uns in Perioden intensiver Sonnenaktivität beschert.

Man hat auch nachgewiesen, daß die Sonnenflecken die kleinsten Zellen beeinflussen, und die Welt der Mikroben wird so nachhaltig durcheinandergebracht, daß sich ganze Wellen von Epidemien ausbreiten. Gauquelin zitiert einen Dr. Fauré, nach dem die Häufigkeit der Diphtherie in Mitteleuropa und die Zahl der Pockenopfer in Chicago vom Elfjahreszyklus der Sonnenflecken abhängt, wie das auch für die früher wiederholt in Europa auftretenden Typhus- und Choleraepidemien gilt.

Mittelbar hängen die meisten Erscheinungen unseres Wetters, wie zum Beispiel Barometerdruck und Windstärke, von den Eruptionen der Sonne ab.

Vielleicht, so fragt sich Gauquelin, gibt es auch subtilere Wirkungen auf die Luft, die uns umgibt, auf unser physisches und seelisches Befinden, möglicherweise sogar auf die Art, wie wir denken. Kürzlich durchgeführte Experimente deuten an, daß Menschen, die mit positiven Ionen geladene Luft einatmen, häufig unter Unwohlsein, Kopfschmerzen und Schwindel leiden, während dieselben Menschen froh, entspannt und in bester Form sind, wenn die Luft reich an negativen Ionen ist.

Der Gehalt an positiven oder negativen Ionen hängt letzten Endes von der Sonnenaktivität ab. Die Ionosphäre ist mit positiven und negativen Ionen geladen. Partikel, die eine sehr hohe Ionisation in der oberen Atmosphäre auslösen, werden von der Sonne auf die Erde gelenkt. Leider haben die negativen Ionen die Neigung, an den Wolken hängenzubleiben, während sich die positiven gern auf der Erdoberfläche ansammeln.

Solche Beobachtungen stimmen überein mit den Theorien von Wilhelm Reich über die positiven Auswirkungen der von ihm so bezeichneten »Orgon-Energie« auf die Gesundheit, im Gegensatz zu den giftigen

Grabbeigabe (Mittleres Reich). Diese Modelle aus Ton und Holz sollten sich in echte Gehilfen und Arbeitsgeräte verwandeln, die dem Toten dienen konnten wie zu seinen Lebzeiten.

Wirkungen des »tödlichen Orgon«, das nach ihm Felsen braun färbt, in gesunden und starken Männern Schwindel erregt und die Menstruation der Frauen stört.

Gegenwärtige Forschungen und Experimente hinter dem Eisernen Vorhang, über die von Ostrander und Schroeder in ihrem Buch *PSI – Wissenschaftliche Erforschung und praktische Nutzung übersinnlicher Kräfte* (Scherz Verlag 1971) berichtet wird, liefern uns noch phantastischere Einsichten in die Bedeutung der Astrologie. Die beiden Autoren beschreiben ein Institut des tschechoslowakischen Gesundheitsministeriums, das mit modernen Computern ausgestattet ist und von Gynäkologen und Psychiatern geleitet wird. Es nennt sich »Astra-Forschungsinstitut für Geburtenkontrolle«. Wie der Name andeutet, verwendet das Institut astrologische Daten, wie die Stellung von Sonne, Mond und Planeten, bei der Geburt eines Menschen, um zu einem sicheren Mittel der Geburtenkontrolle ohne Pillen, Empfängnisverhütung oder operative Eingriffe zu kommen. Die gleiche Methode wird angewandt, um scheinbare Unfruchtbarkeit von Frauen zu beheben, wiederholt aufgetretene Fehlgeburten künftig zu vermeiden und das Geschlecht des zu erwartenden Kindes zu bestimmen.

In seinem Buch *Wie man das Geschlecht eines Kindes vorausbestimmen kann* behauptet der tschechische Arzt Eugen Jonas, auf den die Gründung der »Astra-Klinik« zurückgeht, daß nicht nur die weibliche Periode von den Mondphasen abhängt, sondern daß jeder Mensch bei seiner Geburt durch die gerade bestehende Konstellation von Sonne, Mond und Planeten beeinflußt wird. Dr. Jonas ist davon überzeugt, daß er aus dieser Konstellation nicht nur genau die Tage der Empfängnisfähigkeit einer Frau bestimmen, sondern auch die Tage vorhersagen kann, die für das künftige Kind am günstigsten bzw. ungünstigsten sind. Jonas fand heraus, daß Tot- und Mißgeburten erfolgten oder geistig behinderte Kinder geboren wurden, wenn die Empfängnis der betreffenden Frau in eine Zeit fiel, wo Sonne, Mond und größere Planeten in einer bestimmten Opposition zueinander standen.

Das System wird jetzt in Ungarn und in der Tschechoslowakei erprobt, wo ein Dr. Kurt Rechnitz, früher Direktor der Budapester Entbindungsanstalt, 120 Frauen eine astrologische Geburtenkontrolle verschrieb, die sich in allen Fällen als voll wirksam erwies.

Die bisherigen Beobachtungen auf diesem Gebiet genügen noch nicht, um die Gültigkeit solcher Angaben zu erhärten. Aber diese Zusammenhänge endgültig zu klären ist vielleicht eine lohnendere Mühe als die Fahrt zum Mond. Denn die Erkenntnisse, die hier zu gewinnen sind, würden vielleicht auf unserer übervölkerten Erde Wunder bewirken. Jonas beklagt sich ein wenig darüber, daß die meisten Gynäkologen ebensowenig von Astronomie verstehen wie die Astronomen von Geburtshilfe und daß beide die Astrologie für puren Unsinn und Aberglauben halten. Wenn sich beide Disziplinen verbinden würden, wäre das ein Segen für die Menschheit.

Wären die Architekten der Großen Pyramide imstande gewesen, mit einem in der großen Galerie angebrachten Bildschirm die Sonnenflecken zu registrieren, wie das von Proctor vorgeschlagen wurde, hätte die Pyramide auch für astrologische Zwecke genutzt werden können. Man hätte dort zuverlässige astrologische Daten und Unterlagen für die Beratung der Könige, der Priester und des Adels gewinnen können.

In seinem Buch über die Große Pyramide erklärt William Kingsland rundheraus, daß die alten Ägypter ihr profundes Wissen auf dem Gebiet der Astronomie mit astrologischen Einsichten verbanden, daß sie Mensch und Kosmos nicht getrennt sahen und daß dies alles ein Bestandteil ihres hermetischen Wissens war. William Kingsland bemerkt, daß die Ägypter seit den ältesten Zeiten fest an ein Leben nach dem Tode glaubten und daß ein kosmisches Denken in Jahrmillionen sie nicht schreckte. Er zitiert eine Hymne an den Sonnengott Re in dem altägyptischen *Totenbuch*, in der es heißt: »Millionen Jahre sind über die Welt gegangen; ich kann nicht die Zahl derer angeben, die du durchschritten hast ...« Für Kingsland steht es fest, daß das *Totenbuch*, scheinbar eine Sammlung von rituellen Texten für die Bestattung eines verstorbenen Königs oder hohen Beamten, in Wahrheit eine Beschreibung der Erprobungen, Versuchungen und Mühen war, die ein Adept auf seinem Läuterungswege und bei seinem immer tieferen Eindringen in die göttlich-geistige Welt durchmachen mußte. Das letzte Ziel der Einweihung war nach Kingsland »die volle Verwirklichung der essentiell göttlichen Natur des Menschen, die Rückgewinnung aller Kräfte seiner göttlich-geistigen Natur«.

Die alten Griechen, die Schüler der Ägypter, stellten diese läuternden Prüfungen und Aufgaben der großen Eingeweihten in den Mythen von ihren Heroen und Halbgöttern symbolisch dar. Manly P. Hall, der ein ganzes Leben der Erforschung der Geheimnisse alter Initiation gewidmet hat, vertritt die Ansicht, daß die Große Pyramide dem Gott Hermes geweiht war. Dieser Gott ist die Verkörperung universaler Weisheit. Somit war dieses Bauwerk nicht nur ein Tempel der Einweihung, sondern auch eine Stätte, an der geheime Wahrheiten, nach Hall die Grundlage aller Künste und Wissenschaften, aufbewahrt wurden. Die Zeit wird kommen, so glaubt er, wo diese verborgene Weisheit wieder zum bestimmenden religiösen und philosophischen Antrieb der Menschheit werden wird. »Aus der erkalteten Asche der erstarrten Glaubensbekenntnisse werden phönixgleich die alten Mysterien auferstehen ... Der Nachweis der Entfaltung der geistigen Natur des Menschen ist nicht weniger eine exakte Wissenschaft als Astronomie, Medizin und Jurisprudenz.«

Aber was für mystische oder okkulte Vorstellungen auch mit der Großen Pyramide in Verbindung gebracht werden, sie bleibt immer ein außergewöhnliches Bauwerk, und ihre Architekten müssen außergewöhnliche Männer gewesen sein. Wer sie waren und wann sie ihre Pyramide bauten, bleibt ein Rätsel. So wird diese Frage auch weiterhin die Menschheit beschäftigen. Aber bestimmte Tatsachen muß man anerkennen, und unsere Lehrmeinungen sind entsprechend zu berichten. So war Eratosthenes sicherlich nicht der erste, der den Umfang der Erde bestimmte. Hipparchos war nicht der Begründer der Trigonometrie. Der berühmte Lehrsatz des Pythagoras geht nicht auf den Mann zurück, dessen Namen er trägt. Mercator war nicht der Erfinder der nach ihm

benannten Kartenprojektion, obgleich er tatsächlich die Große Pyramide besuchte und als Beweis dafür seinen Namenszug an ihren Wänden zurückließ.

Wer auch immer die Große Pyramide erbaut haben mag, er kannte die Dimensionen unseres Planeten und besaß auf diesem Gebiet ein Wissen, das erst wieder im 17. Jahrhundert unserer Zeitrechnung ans Licht kam. Die Pyramidenbauer konnten die Länge des Tages und Jahres messen, sie kannten die Länge des Platonischen Jahres, jener Periode von rund 25 700 Jahren, die mit der Präzession verknüpft ist. Sie waren imstande, mit Hilfe von Obelisken sehr genau Länge und Breite eines geographischen Ortes und auch den Durchgang von Gestirnen zu berechnen. Sie kannten die unterschiedlichen Werte für die Längen- und Breitenkreise der Erde, und sie versuchten es, ausgezeichnete Karten mit einem Minimum an Verzerrung herzustellen. Sie entwickelten ein klug ausgedachtes System von Maßen, das auf der Umdrehung der Erde um ihre Achse beruhte. Ihr Fuß und ihre Elle sind erdbezogene Maße, und sie brachten sie in der großen Pyramide zur Geltung.

In der Mathematik waren diese Ägypter so weit fortgeschritten, daß sie die Fibonacci-Reihe und die Funktion von Pi und Phi entdeckten. Was sie außerdem noch wußten, bleibt zu erforschen. Aber in dem Maße, wie auf diesem Gebiet Neues zutage tritt, wird uns die alte Kultur in einem neuen und besseren Licht erscheinen. Es wird uns dann auch klarwerden, daß die Menschheit eine viel längere Geschichte hat, als uns das bisher bewußt war.

Statue eines Schreibers (bemalter Kalkstein, 4. Dynastie, Sakkara).

Chronologie der ägyptischen Geschichte*

Zeit	Politische Geschichte	Religions- und Kunstgeschichte
Prähistorische Zeit 5./4. Jahrtausend	5000–4000 Jungsteinzeit 4000–3000 Kupfersteinzeit Gegenübertreten von oberägyptischem Nomadentum und unterägyptischem Bauerntum.	Totemistische Vorstellungen. Tier- und pflanzengestaltige Lokalgottheiten. Verehrung der Muttergöttin. Geometrische Ornamentik der Jungsteinzeit.
Frühzeit etwa 3000 bis 2650	Vormachtstellung der Städte Buto, Hierakonpolis und Abydos. Vorthinitische Könige: »Skorpion«, Narmer. 1.–2. Dynastie, Thinitenzeit, etwa 2850–2650 Könige der 1. Dynastie: Menes, »Schlange«	Anthropomorphisierung der Gottesgestalt. Personifizierung der Naturkräfte. König = Inkarnation des Weltgottes Horus. Erste Schriftsymbole auf Denkmälern von Hierakonpolis. Schminkpaletten (Narmer). Höhepunkt der Elfenbeinschnitzerei.
Altes Reich etwa 2650 bis 2189	3.–8. Dynastie. Hauptstadt Memphis 3. Dynastie: König Djoser 4. Dynastie um 2600–2480: Snofru, Cheops, Chephren, Mykerinos. 5. Dynastie um 2480–2350: Sahure, Unas. 6. Dynastie: Phiops II.	Theologische Systeme von Heliopolis (Sonnengott Re, Ortsgott Atum) und von Memphis (Ortsgott Ptah). König = Sohn des Re. Erbauung der Pyramiden (ab 3. Dynastie). Stufenpyramide des Djoser als erster großer Steinbau der Welt. Sphinx von Giseh (4. Dynastie). Offene Sonnentempel (5. Dynastie). Reliefs im Grab des Ti.
Erste Zwischenzeit etwa 2189 bis 2040	9.–10. Dynastie. Herakleopolitenzeit. Zerfall des Reiches in die Machtgebiete von Herakleopolis und Theben.	Lehre vom Ba. Sich anbahnende Entwicklung, daß jeder Verstorbene zum Osiris wird. Abydos = Hauptort der Osirisverehrung. Gedanke des Totengerichts. Ältere Sargtexte. Verfall bzw. Stagnierung der Plastik.

* Nach Eberhard Otto, *Ägypten, der Weg des Pharaonenreiches*, Stuttgart, 4. Auflage 1966 (gestützt auf E. Drioton/J. Vandier, *L'Egypte*, Paris 4. Auflage 1962).

Zeit	Politische Geschichte	Religions- und Kunstgeschichte
Mittleres Reich etwa 2040 bis 1658	11. bis frühe 14. Dynastie: 11. Dynastie: Königsnamen Mentuhotep. Hauptstadt wird Theben. 12. Dynastie (um 1991 bis 1786): Residenz beim Fajjum. Königsnamen Amenemhet und Sesostris. 13. Dynastie: Königsnamen Sebekhotep.	Aufkommen des Amun-Kultes in Theben. Jüngere Sargtexte. Zu Heliopolis ältester erhaltener Obelisk. Gaufürstengräber von Beni Hasan. Erstes Vorkommen der sogenannten Würfelhocker und der Hathorsäule. Totentempel Amenemhets III. (bekannt als »Labyrinth«)
Zweite Zwischenzeit etwa 1658 bis 1552	15.–16. Dynastie: Fremdherrschaft der Hyksos; Residenz Auaris. In Theben einheimische 17. Dynastie.	Eindringen syrischer Götter; Baal wird Seth gleichgesetzt (Reichsgott unter den Hyksos). Letzte Königsgräber in Pyramidenform (17. Dynastie).
Neues Reich 1552 bis 1070	18.–20. Dynastie. 18. Dynastie (1552–1306) Könige Amenophis I., Thutmosis I., Königin Hatschepsut, Thutmosis III. (unterwirft große Teile Syriens), Amenophis III., Amenophis IV. = Echnaton Nofretete (Residenz: Amarna), Tutench-Amun. 19. Dynastie (1306–1186) Sethos I. Ramses II. (Ausgleich mit den Hethitern. Neue Residenz: Ramses-Stadt). 20. Dynastie (1186–1070) Könige Ramses III. (letzte große Machtentfaltung) bis Ramses XI.	Amun wird Reichsgott. Unter Nofretete und Echnaton an den Monotheismus grenzender Aton-Glaube. Das Totenbuch gehört zur Grabausstattung. Ausbau des Amun-Tempels in Theben. Totentempel der Hatschepsut zu Der el-Bahri. Memnonskolosse = Sitzstatuen Amenophis' III. Gräber des Nacht und Ramose. Naturalistische Kunst der Amarna-Zeit. Totentempel Sethos' I. zu Abydos. Felsentempel zu Abu Simbel. Bau des »großen Tempels« von Medinet Habu (von Ramses III. begonnen).

Zeit	Politische Geschichte	Religions- und Kunstgeschichte
Übergang zur Spätzeit 1070 bis 663	21.–25. Dynastie. 21. Dynastie residiert in Tanis. In Oberägypten der »Gottesstaat des Amun«. 22. Dynastie (950–730) durch libysche Söldnerführer in Bubastis gegründet. 23. Dynastie 24. Dynastie (ebenfalls Libyer). 25. Dynastie äthiopischer (nubischer) Fremdherrscher. 671 Assyrer erobern Ägypten.	Die bisher als Offenbarungsträger heilig gehaltenen Tiere werden nun selbst Verehrungsobjekte, besonders Stier, Krokodil und Katze (zunehmende Bedeutung der Göttin Bastet). Häufige Darstellung von Figuren, die einen Naos tragen. Äußerst realistisch gestaltete Statuen unter der 25. Dynastie.
Spätzeit 663 bis 332	26.–30. Dynastie. 26. Dynastie (663–525) Könige Psametich I. und Necho residieren in Sais. 27. Dynastie = Fremdherrschaft der Perser. 28.–30. Dynastie mit den letzten einheimischen Fürsten im Delta. König Nektanebos I.	Die Theologisierung der Religion führt zu einer volkstümlichen Gegenströmung, getragen von magischen Vorstellungen und Praktiken. Sogenanntes Serapeum (= Anlage für die Apis-Gräber) des Psametich I. zu Sakkara.
Griechische Zeit 332 bis 30 v. Chr.	332 Eroberung Ägyptens durch Alexander d. Gr. Dynastie der Ptolemäer mit der Hauptstadt Alexandria.	Ptolemaios I. prägt das Bild des hellenistisch-ägyptischen Mischgottes Serapis. Ausbreitung des Isis-Kultes über Ägypten hinaus. Chnum-Tempel in Esne. Horus-Tempel in Edfu. Hathor-Tempel in Dendera. Doppeltempel für Suchos und Haroeris in Kom Ombo.

Portal Amenhoteps' II. mit Blick auf die Cheopspyramide

Personen- und Sachregister

(Die amerikanische Originalausgabe des Werkes enthält ferner ein Quellenverzeichnis sowie eine umfangreiche Bibliographie zum Themenkreis »Große Pyramide« und Ägyptologie.)

Abd al-Latif 13, 33
Abu Abd Allah Mohammed ben Abdurakin Alkaisi 19
Abury Hill 135
Abusir: Pyramide 38
Abu Zeyd al Balkhy 217
Abydos 266
Adams W. Marshal 256
Agartha von Tibet 267
Agatharchides von Knidos 196, 203, 205
Ägyptische Dynastien 177, 178, 195, 215, 261
Ägyptische Mysterien 151 ff., 253
Ägyptische Texte 186, 196, 205, 210, 215, 232, 256
Alexander Polyhistor 13
Alexander der Große 54, 212
Alexandria 17, 103, 210, 214
– Bibliothek 15, 212
Ali Gabri 84, 93, 103 ff.
Alkyone (Stern) 89
alpha Centauri 168
alpha Draconis 89, 150, 220
alpha Lyrae 166
alpha Ursae majoris 168
Alvarez, Luis Walter 269 ff.
Amélineau, E. 224
Amenemhet: Pyramide in Lischt 224
Amunkult 173
Amuntempel 164, 179, 182 f.
Anglure, Baron d' 30
Antares (Stern im Skorpion) 168
Antisthenes 13
Antoniadi, Eugen Michel 160, 250
An-Yang 184
Apion 13
Äquinoktiallinie 173
Äquinoktialpunkte → Frühlings- und Herbstpunkt
Äquinoktium → Tagundnachtgleiche
Arbuthnot, Lady Ann, Kammer von 68
Argonautensage 185
Aristagoras 13
Aristoteles 17
Armillarsphäre 156
Artabe (Hohlmaß) 204, 263

Artemidoros von Ephesos 13
Assyrer 214
Astrolabium 156
Astrologie 250, 253, 278, 280 f.
Astrologische Geburtenkontrolle 281
Astronomie 33 f., 52 f., 122, 136, 143 f., 147, 151 f., 153 f., 155 ff., 160 f., 163, 164, 169, 174 f., 177 f., 212, 214, 215 ff., 250, 253 ff., 258, 263
Assuan → Syene
Atkinson, R. J. C. 136
Atlantis (sagenhafte Insel) 266
Atur (Maßeinheit) 180, 196
Azimut 155 f.

Babylon: Zikkurat 125, 185 ff.
Wissenschaften 125, 178, 190
Babylonier 8, 75, 212
Bagdad (Dar al-Salam) 17, 19, 33, 186
Ballard, Robert T. 123 ff., 265 f.
Barber, F. M. 223, 230, 267
Barluk, Sultan 30
Barsipki: Zikkurat von Nabu 185
Beda, genannt Venerabilis 139
Behdet (Hermopolis Parva) 179 f., 184, 196, 211
Belzoni, Giovanni Battista 270 ff.
Berg Gerizim 184
Bessel, Friedrich Wilhelm 211
Beteigeuze (Stern) 139
Bibel 101, 122, 216, 258
Biot, Jean Baptiste 127, 169
Blavatsky, Helene P. 255 f.
Borchardt, Ludwig 178 f., 201, 220, 238 f., 241
Borst, Lyle B. 137
Bouchard, Pierre-François-Xavier 57
Bovis, M. 275
Brasse (Maßeinheit) 201, 203, 205, 207
Breitengrad 8, 10, 34, 50, 73, 179 f., 182 f., 186, 190, 196 f., 201, 203, 204, 211 f., 213 f.
Breitenkreis 160 f., 182, 284
Britannien: Erdhügel 135, 136, 140
Bruchet, J. 248, 249
Brunés, Tons 234, 253, 255, 258

Bundeslade 276
Burattini, Tito Livio 38f., 42, 102
Butorides 13

Campbell, Patrick, Kammer von 68
Canterbury, Erzbischof 34
– Kathedrale 139
Capella (Stern im Fuhrmann) 168
Cardano, Girolamo 34
Cäsar, Gajus Julius 15
Caviglia, Giovanni Battista 58ff., 84, 89, 103, 249
Champollion, Jean-François: Stein von Rosetta 56f., 196
Charroux, Robert 266
Chassapis, C. S. 136
Cheops (Khufu) 68f., 142, 169, 215, 232f., 238
– Pyramide → Große Pyramide
Chephren 11, 270
– Pyramide 222, 224, 227, 234, 265, 269, 270, 272, 275
Cicero 256
Clifford, Frederick Norman de 256
Cole, H. J. 201, 220
Cologne, Baron de 263
Cotsworth, Moses B. 127ff., 140, 144f., 231
Cottrell, Leonard 239f.
Coutelle, Jean Marie Joseph 48f., 52, 70, 205
Cuernavaca (Mexiko): Pyramide von Xochiocalco 186

Darius der Große 212
Dahschur: Pyramide 38, 132, 138, 215, 224ff.
Daued 66
Davidson, David 113ff., 122, 132f., 205, 240, 245ff., 261, 263
Davison, Nathaniel 43ff., 48, 58
Davisons-Kammer 46, 48, 58, 66, 245
Dechend, Hertha von 174
Dekagon 259
Dekapode (Maßeinheit) 203, 205, 207
Deklination (eines Sterns) 155, 156, 161
Delphi 184
Delta → Nildelta
Demetrius von Phaleron 13
Demoteles 13
Denon, Dominique Vivant 57
Dendera, Tierkreis von 54, 168, 174

Denis-Papin, Maurice 276
Desaix, Louis Charles Antoine 54, 168, 172
Dezimalsystem 47, 263
Diodorus Siculus 13, 49, 54
Dionysius von Halikarnaß 13
Djoser 215
Dodona 184
Drachen (Sternbild) 89, 150, 172, 220
Drbal, Karel 275f.
Dreieck 72, 125f., 180, 184, 191
– pythagoreisches 108f., 139, 193
Druiden 135
Dubhe (Stern) 168, 169
Dümichen, Johannes 150
Duris von Samos 13

Echnaton 196, 204
Edgar, Morton 118, 122, 250
Edwards, I. E. S. 220, 227, 228, 234
Elephantine 178, 181, 214
Ekliptik 136, 144, 166, 172, 175
Elgin, Thomas Burke 64
Elle 34, 39, 40, 42, 50, 52, 74f., 78, 81, 104, 112, 114, 115, 180, 182, 191, 196, 201, 203, 204ff., 211, 214, 261f., 263, 284
Elohin → Jehova
Emery, W. 221
Engelbach, Reginald L. 220
Enoch → Hermes Trismegistos
Eratosthenes 8, 34, 42, 50, 184, 213f.
Erdachse 113, 116, 118, 137, 144, 166, 174
Erdbahn 10, 137
Erdrotation 96, 113, 137, 144, 183, 207, 284
Erdumfang 10, 19, 34, 42, 50, 53, 73, 177, 204, 206f., 213f., 251
Euhemeros 13
Euklid 17

Fakhry, Ahmed 224, 266
Fernrohr 160, 177, 218
Fibonacci, Leonardo Biglio 195, 284
Fibonacci-Reihe 193
Fingerbreite 207, 261
Fische (Sternbild) 144, 175
Fixsterne 157, 161
Fledermäuse 35, 37, 43, 45, 48, 58, 60
Flinders, Mathew 102
Flinders Petrie, siehe Petrie

291

Freimaurer 45, 256
Frühaufgang (eines Sterns) 142, 155, 168
Frühlingspunkt, äquinoktialer 130, 137, 144, 160, 168, 172, 174
Funkenkammer 269, 272
Funk-Hellet, Charles 160, 261, 263, 269
Furville, Henri 257
Fuß (Maßeinheit) 34, 36, 39, 50, 75, 81, 203 ff., 263, 284

Galen 17
Galileo Galilei 39, 157
Gauquelin, Michel 278
Geodäsie und Geographie 10, 34, 52 f., 123, 136 f., 139, 177, 180, 181 ff., 196, 212, 213 f., 250
Geographische Breite 88, 123 ff., 132, 135, 177, 179 f., 182, 204, 210
Geographische Länge 179
Geometrie 54, 136, 212, 215, 253, 258 ff.
Gibbon, Edward 17
Giseh-Plateau 11, 58, 103, 105, 123, 125, 142, 217, 220, 223 f., 232 f., 240, 265, 266
Glyphe 178, 221
Goldener Chersones 186
Goldener Schnitt (Phi-Proportion) 7, 191 ff., 259, 284
Goneid, Amr 272, 273
Goyon, Georges 249 f.
Graffitti 15, 249
Granitsarg → Sarkophag
Gravitation 42, 118, 122
Greaves, John 33 ff., 40, 43, 69, 102
Gregor I, Papst 139
Griechische Wissenschaften 13, 136, 137, 183 f., 185, 203, 204
Großer Bär 150, 174
Große Pyramide
– Absteigender Gang 14 f., 20 ff., 31, 35, 52, 59 f., 84, 88 f., 105, 107 f., 151, 153, 239
Große Pyramide
– Aufsteigender Gang 24, 84, 151, 239 f.
– Baukonstruktion 52, 72, 140, 191, 201, 215, 218, 220, 221, 223, 224 f., 225 f.
– Brunnenschacht 15, 36 f., 58 f., 82, 84, 105, 233 f., 238, 239, 242 f., 244, 251
– Fundament 38, 49 f., 69 f., 72, 73, 93, 101, 108 ff., 113 ff., 116, 196, 201, 205, 220, 231, 239 f.
– Granitblöcke 27, 36, 67, 108, 221, 234, 238 f., 243 ff., 248 ff.

– Höhe 38, 49, 52, 73 f., 90 f., 203
– Kalksteinplatten 25, 30, 35, 69 f.
– Kammer der Königin 25, 37, 66, 136, 153, 239 f., 248
– Kern 20, 30 f., 36, 113, 225, 231, 239, 240, 248
– Königskammer 27, 38, 40, 45 f., 52 f., 55, 67 f., 69 f., 78, 84, 105 ff., 109, 122, 125 f., 239 f., 242 f., 244 f., 255, 267, 275, 276
– Mantel 31, 36, 52, 69, 70, 72, 92, 109, 113, 220 f., 224 f.
– Maße 75, 102, 104, 114 f., 195, 201
– Sarkophag 35 f., 43 f., 46, 52 f., 78, 108, 238, 252, 254 f., 276
– Seiten 48 f., 83, 129, 191, 193, 195 f., 203 f., 205, 261 f.
– Sperrblöcke 21, 29, 35, 82, 123, 238, 241 f., 243, 248
Groves, P. R. C. 113
Guignaud, Maurice 140

Hades 255
Hall, Manly P. 282
Handbreite 34, 39, 207, 261
Harun al-Rschid 17
Harvey, William 68
Hasan, Sultan: Moschee Kairo 30
Hassan, Selim 224
Hathor 258
– Tempel 168, 171 ff.
Hawkins, Gerald S. 163
Hayford, John Fillmore 114
Hedschra 217
Heliopolis 142, 168, 212
Heliozentrisches System 39
Heluan 266
Heraklit 256
Herbstpunkt, äquinoktialer 89, 137, 144
Hermes (Gott) → auch Thot 282
Hermes Trismegistos (Enoch) 217
Hermepolis Parva → Behdet
Herodot 13, 50, 54, 72, 166, 178, 186, 191, 195, 196, 223, 224, 227, 232, 277
Herschel, Sir John 10, 74, 89, 150, 186
Hesekiel 186
Hetepheres, Grab von 238
Hexagon 259
Hieroglyphen 8, 15, 47, 108, 142, 144 f., 177, 179, 196
Hill, Mr. 69
Himmelsäquator 155, 161, 210

Himmelsmechanik 175
Himmelsnordpol 89, 150 f., 174
Hipparchos 8, 50, 144, 174, 213, 282
Hiram, König von Tyrus 261
Hogben, Lancelot 161
Holland, Thomas 267
Homer: Odyssee 185
Horoskop 157, 160, 277
Horizont 163 f., 169, 210
Howard-Vyse, Richard 62 ff., 84, 89, 106, 108 f., 265
Hypatia 82

Ibn-Batuta 217
Ibrahim ben Ebn Wasuff Schah 217
Imhotep 169, 215
Irland: Rundtürme 139
Isistempel 168, 169
Ismail Pascha 82

Jahreslänge 113 f., 127, 129 f., 133, 140, 163, 166, 211, 283
Jahreszeit 129, 136, 139
Jehova 258
Jerusalem 184, 261
– Tabernakel 261
Jomard, Edmée-François 48 ff., 69, 73, 78, 191, 196 f., 203 f., 263
Jonas, Eugen 281
Josephus, Flavius 40, 215

Kaaba 184 ff.
Kabbala 258 f.
Kairo 30, 38, 58, 82, 103, 144, 201, 220
Kalender 123, 127 f., 136, 140 ff., 166, 173, 250
Karnak: Tempel des Amun-Rê 166 f.
Kartusche 68
Katakomben 265
Katarakte (Nil) 180
Kepler 160
Kingsbury, Donald 250
Kingsland, William 131, 232, 250, 253, 256, 269, 281
Kircher, Pater Athanasius 39 f.
Kleiner Bär 89, 172, 175
Kolosimo, Peter 218, 266
Koordinaten 177, 184
Kompaß 8
Kopernikus 160
Kosmologie 176, 250 f., 256 f.
Kosmos 7, 126, 176

Krebs (Sternbild) 217
Kreis: 73, 90 f., 195, 204, 258
Kreuz 259
Krypta 243
Kugel 258
Kyrill St., Bischof von Alexandrien 15
Kyros der Große 259

Landvermessung 50, 52, 125, 184, 250, 258
Längengrad 10, 47, 50, 182 f., 185 f., 201, 203 f., 207, 212
Laserstrahlen 177
Lauer, Jean Philippe 195, 220
Leonardo da Vinci 34, 195
Le Père, Gratien 51 f., 70, 205
Lichtgeschwindigkeit 118
Lieder, Rudolf Theophilus 182
Lindsay, Alexander William Crawford 58 f.
Lischt: Pyramide des Amenemhet 224
Lockyer, Sir Joseph Norman 132, 163 f., 170 f.
Lopez, José Alvarez 262 f.
Luftschacht 38, 69, 82, 106, 239, 244
Luxor: Tempel 142, 164 ff.

Maße 75, 102 f., 113, 206 ff., 261, 284
Macnaughton, Duncan 251
Maes-Howe (Schottland) 134 ff., 145, 252
Maibaum 135, 136, 145
Ma'mun, Abdullah al 17 f., 23 f., 29 f., 33 f., 60, 84, 89, 204, 243, 246, 248 f.
Mandeville, Sir John 33
Maragioglio, Vito 227, 228, 239 f.
M. Antonius 15
Maspero, Sir Gaston Camille Charles 144, 166, 171, 185
Mastaba 132, 145, 153
Masudi, al 19
Mathematik 96, 108, 122, 177, 195, 214, 217, 255, 259 f., 284
McCarthy, Louis P. 267
Mêdûm: Pyramide 132, 136 f., 215, 224
Mekka 184
Memphis 142, 182, 259
Mencken, August 244 f.
Menon, C. P. S. 185
Menzies, Robert 96, 113
Mercator, Gerhardus 282
Mercator-Projektion 185 f.

293

Meridian 45, 52, 74, 125, 130, 144, 147, 151 f., 155, 161, 174, 182 f., 186, 211, 283
Mesopotamien 178, 185 f., 204
Meßinstrumente und -verfahren 34, 36, 81 ff., 102 f., 106 ff., 123 f., 163 f.
Meßschnur 85 f.
Meßstab 85 ff., 179
Messungen 40, 85 ff., 104, 118, 137 ff., 164, 201, 210 f., 227
Miletus, Bischof 139
Miniaturkamera 87
Moerissee: Pyramiden 265
Mokattamgebirge 38, 66, 223
Monolith 134 f., 223
Montagu, Edward Wortley 43
Moses 212, 256, 261
Muck, Otto H. 142, 144
Murad Bey 47
Mykerinos, Pyramide von 11, 71, 224

Napoleon 45 f., 49 f., 147 f.
Nelson, Admiral Horatio, Kammer des 68
Neroman, D. 114
Newton, Sir Isaac 40, 42, 114, 143, 211
Nil 57, 82, 123, 141, 163, 180, 219 f., 223 ff.
– Blauer 142
Nildelta 48, 52 f., 180, 196
Nilflut 123, 140, 142, 225
Nilopolis → Pi-Hapy
Nimrud 184
Nonie (Meßstabzusatz) 85, 102
Nullmeridian 180 ff., 184, 212
Nute 155, 241

Obelisk 58, 127, 132 f., 135, 144 f., 156, 205, 210, 283
Oberägypten (Nordägypten) 54, 178, 180, 210
Observatorium in Mêdûm 160
Oktagon 259
Omphalos 182 f.
On → Heliopolis
Ostrander, S. 280

Pantheon 252
Paracelsus 112
Parembole 181
Parthenon: Säulen 204
Paulus 256

Pentagon 259 f.
Pepi I 169
Perring, John Shae 63, 69, 71, 265
Persepolis 184, 212
Petrie, William 102, 220
Petrie, Sir William Matthew Flinders 102 ff., 113, 151, 201, 205, 218, 225 f., 228, 234, 238, 248, 261, 263
Pharao 142, 178, 191, 238 ff., 251, 278
Phi-Proportion → Goldener Schnitt
Piazzi, Father Giuseppe 81
Piazzi Smyth → Smyth, C. Piazzi
Picard, Jean 42
Pi-Hapy (Nilopolis) 179
Pindar 256
Pi-Proportion 72 f., 81, 90 f., 108, 132, 191 ff., 284
Plato 17, 54, 125 f., 256, 260
– Timaios 7, 125, 147, 261
Platonisches Jahr 116, 283
Plattform (Pyramide) 147, 153 f., 155 f., 269, 276
Plethron (Maßeinheit) 203, 205, 207
Plinius 231
Poge, A. 150
Polachse 74, 96, 114
Polarstern 107, 139, 149 ff., 155
Präzession (der Äquinoktien) 10, 116, 118, 143 f., 160, 166, 172 ff.,
Proctor, Richard Anthony 147 ff., 160, 250, 281
Proklos 147
Ptolemäus 17, 34, 54, 184, 213
– Almagest 17
pyk belady (Elle) 203
Pylone 163 ff., 166
Pyramide → Große Pyramide
Pyramidion 70, 203, 205
Pythagoras 8, 108 f., 136, 256, 259 f., 282

Quarter (Maßeinheit) → Scheffel

Rabbi Benjamin ben Jonah aus Navarra 33
Rampe 26 f., 219, 223 ff., 230 f., 243 f., 246
Ramses III 212
Ratapignata (Pyramide) 140
Rê 169, 282
Rechnitz, Kurt 281
Rektazension 155, 161
Reich, Wilhelm 279

Remen (Maßeinheit) 203, 205
Rhind, Papyrus 73, 259
Rinaldi, Celeste 227 f., 239 ff.
Rosenkreuzer 253
Rosette-Stein 68
Rute → Dekapode

Salomo 261
Sakkara: Pyramide des Djoser 38, 132, 136 f., 144, 215 f., 263
Sanduhr 261
Santillana, Giorgio de 170, 174 f., 257 f.
Sardis 184
Sargwanne → Sarkophag (Pyramide)
Sarton, George 156
Saurid → Surid
Schatten (Pyramide) 129 ff., 136, 140, 156, 180
Scheffel (Hohlmaß) 78
Schliemann, Heinrich 262 f.
Schoene (Maßeinheit) 205
Schritt (Maßeinheit) 34, 143
Schroeder, L. 280
Schwaller de Lubicz, R. A. 142 ff., 171 ff., 181, 191 ff., 201 f., 261, 263
Sethiten 215
Sextant 85, 102
Siemens, Sir W. 276
Silbury Hill 134 f., 145
Sintflut 215 f., 218
Sirius (Stern) 141 f., 172
Skinner, J. Raiston 258
Smithsonian Institut: Geographische Tabellen 180
Smith-Täfelchen 186
Smyth, Charles Piazzi 79, 81 ff., 96, 101 ff., 105, 108, 112 f., 115, 127 f., 205, 211, 263, 267
Snofru 215 (→ auch Pyramide von Dahschur)
Sokar (Gott) 182
Sokrates 260
Solon 54, 256
Sonnenbahn 116, 156
Sonnenflecken 157, 278, 281
Sonnenjahr 113 ff., 118, 142
Sonnenparallaxe 118, 263
Sonnensystem 157, 174, 263
Sonnentempel 163 f.
Sonnenuhr 127, 136, 156, 250
Sonnenwende 127, 132, 134 ff., 144, 163 f., 168, 178, 181, 210, 213 f., 278

Sophokles 256
Sothisjahr 142
Sothiszahl 142
Spezifisches Gewicht (Erde, Mond, Sonne) 118
Sphinx 42, 58, 75, 265, 269
Stadion (Maßeinheit) 50, 75, 196, 203, 205, 214
Stecchini, Livio Catullo 174, 177, 261, 263
Stele 196
Sternaufgang 155, 168, 172, 210
Sternbahn 149, 155, 172, 215, 253
Sternbild 144, 157, 160, 172
Sternjahr 114, 118, 142
Sternkalender 144, 156
Sternkarte 8, 19, 153, 156, 161, 168, 178, 250
Sterntempel 164, 174
Sternwarte 127, 153, 160
Sternzeit 153
Steward, Basil 217
Stier (Sternbild) 144, 172 ff.
Stonehenge 8, 136 f., 147, 163, 169
Strabo 14 f., 23, 49
Sumerer 8, 177
Surid 217
Susa 184
Syene 178 ff., 210 (→ auch Elephantine)
Sykes, Edgerton 266

Tagundnachtgleiche 137, 144, 160, 164, 166, 172 f., 210, 278
Taylor, John 72 ff., 96 ff., 112 f., 186, 191, 204 f., 211, 263
Teleskop 147, 163, 168, 186
Tellefson, Olaf 231
Tell el-Amarna 196 (→ auch Echnaton)
Tempel 163 f., 168 ff., 169 f., 181
Templerorden 140
Terrasse (Pyramide) 48, 70, 92 ff., 111, 129 ff., 132, 227
Thales 13
Theben 54, 142, 182, 259
Theodolit 8, 85, 91, 102, 104, 113, 123
Theon 16
Thom, Alexander 136
Thot (Gott der Weisheit) 256
Tierkreis 54, 143 f., 152 f., 155 f., 160, 168 ff.
Totenbuch 101, 256 ff., 282
Triangulation 103 f., 123 ff.

Trigonometrie 125, 178, 184, 282
Troja 142, 262
Tunstall, John 272
Tura-Kalkstein 227 f.
Turenne, L. 276
Tycho Brahe 88
Tyrus, Tempel von 166

Unterägypten (Südägypten) 52, 178, 180
Ur 185
Uruk 185

Wadi-Magharah-Berge 68
Wasseruhr 153, 161
Wast → Theben
Watkins, Alfred 139
Wellington, Arthur Wellesley, Kammer von 58, 66

Wendekreis des Krebses 178 f., 181 f., 196, 214
Werkzeuge 221, 223, 227, 233
Widder (Sternbild) 144, 173, 175
Windrose 163
Wood, H. G. 139, 182

Yard (Maßeinheit) 74, 203, 205
Yazolino, Lauren 270, 272

Zaba, Zbynek 150, 174
Zeitbestimmung 136
Zenit 136, 182
Zikkurat 125, 178, 185 ff., 191, 277
Zirkumpolarstern 52, 150, 160, 220
Zodiac → Tierkreis
Zoll (Maßeinheit) 74 ff., 143
Zwillinge (Sternbild) 172 f.